Kapstadt, Garden Route & Kap-Provinz
Elke und Dieter Losskarn

Aktuelle Reisetipps und Neuigkeiten
Ergänzungen nach Redaktionsschluß
Büchershop und Sonderangebote
Weiterführende Links zu über 100 Ländern

www.reisebuch.de

und

www.reise-know-how.de

eMail-Adresse des Verlags:
rkhhermann@aol.com

Der
REISE KNOW-HOW Verlag

Helmut Hermann
ist Mitglied der Verlagsgruppe
REISE KNOW-HOW

Kapstadt, Garden Route & Kap-Provinz

Elke und Dieter Losskarn

Impressum

Elke und Dieter Losskarn
Kapstadt, Garden Route & Kap-Provinz

erschienen im
REISE KNOW-HOW Verlag

ISBN 3-89662-345-1

© Helmut Hermann
Untere Mühle
D - 71706 Markgröningen
2. Auflage 2005

Alle Rechte vorbehalten

– Printed in Germany –

eMail-Adresse des Verlags: rkhhermann@aol.com
Websites von Reise Know-How:
www.reisebuch.de • www.reise-know-how.de

Gestaltung u. Herstellung
Umschlagkonzept: C.Blind/H. Hermann
Inhalt, Karten: C. Blind/H. Hermann
©Karten in den Umschlagklappen:
Reise Know-How Verlag Peter Rump, Bielefeld
Druck: Wilhelm & Adam, Heusenstamm
Fotos: s. Bildnachweis im Anhang

Dieses Buch ist erhältlich in jeder Buchhandlung in
Deutschland, Österreich, Schweiz, Niederlande und Belgien
Bitte informieren Sie Ihren Buchhändler über
folgende Bezugsadressen:
D: PROLIT GmbH, Postfach 9, 35461 Fernwald
(sowie alle Barsortimente)
CH: AVA-buch 2000, Postfach 27, 8910 Affoltern
A: Mohr Morawa Buchvertrieb GmbH, Postfach 260, 1011 Wien
Niederlande, Belgien: Willems Adventure, Postbus 403,
NL-3140 AK Maassluis

Wer im Buchhandel trotzdem kein Glück hat, bekommt
unsere Bücher auch über unsere Büchershops im Internet (s.o.)

Wir freuen uns über Kritik, Kommentare und Verbesserungsvorschläge.
Alle Informationen und Daten in diesem Buch sind mit größter Sorgfalt
gesammelt und vom Lektorat des Verlags gewissenhaft bearbeitet und
überprüft worden. Da inhaltliche und sachliche Fehler nicht ausgeschlossen
werden können, erklärt der Verlag, daß alle Angaben im Sinne der Produkt-
haftung ohne Garantie erfolgen und daß Verlag wie Autor keinerlei Verantwortung
und Haftung für inhaltliche und sachliche Fehler übernehmen. Die Nennung
von Firmen und ihren Produkten und ihre Reihenfolge sind als Beispiel ohne
Wertung gegenüber anderen anzusehen. Qualitätsangaben sind subjektive
Einschätzungen der Autoren.

VORWORT

Mit der Freilassung Nelson Mandelas im Jahre 1990 und dem demokratischen Wandel im Land wurde das bis dahin geächtete Südafrika plötzlich ein beliebtes Reiseziel. Und die weltweiten Terroranschläge seit dem 11. September 2001 taten ein Übriges: Südafrika gilt plötzlich als relativ sicheres Reiseziel. Im ersten Halbjahr 2002 stieg die Zahl der Touristen aus Europa im Vergleich zum Vorjahr um 16,2 Prozent. Insgesamt kamen in diesem Zeitraum 3,5 Millionen Besucher, die meisten von ihnen aus Deutschland und Großbritannien. In der WTO-Rangliste der weltweit beliebtesten Urlaubsländer stieg Südafrika in den letzten zehn Jahren von Platz 52 auf Platz 25 auf.

Und während am Anfang des Booms noch „Südafrika in drei Wochen" angesagt war, fokussieren Besucher mittlerweile viel mehr. Favorit ist ganz eindeutig „das Kap", also **Kapstadt** und Umgebung. Kein Wunder, die Stadt gehört, umrahmt von Tafelberg und Atlantik, zu den schönsten der Welt. Hier gibt es die attraktivsten Strände, die besten Restaurants und elegantesten Übernachtungsmöglichkeiten. Im **Weinland**, in Städtchen wie *Stellenbosch, Franschhoek, Paarl, Wellington* und *Tulbagh* werden exzellente Rebsorten in grandioser Landschaft angebaut und zu vorzüglichen Weinen gekeltert. In den **Cederbergen** mit ihren bizarr verwitterten, roten Felsen gibt es sehr gute Wander- und Klettermöglichkeiten. Die **Westküste** ist berühmt für ihre Fülle an frischem Fisch und urigen Open-air-Seafood-Restaurants. Die Halbwüste der **Karoo** mit ihrer mittlerweile berühmten **Route 62** ist dann wieder etwas für Ruhesuchende: Nirgendwo sonst im Land lässt sich der Sternenhimmel samt dem „Kreuz des Südens" besser beobachten. Zwischen Kapstadt und **Afrikas südlichstem Punkt**, *Cape Agulhas*, bietet die Küste ausgezeichnete Wal-Beobachtungsmöglichkeiten, sowohl vom Land als auch vom Boot aus (und wer es abenteuerlicher mag, kann von einem versenkten Käfig unter Wasser Weiße Haie beobachten). Die **Garden Route** bietet neben hübschen Orten, wie *Mossel Bay, Knysna, George* und *Plettenberg Bay* viele Wander- und Wassersportmöglichkeiten. Am berühmtesten ist der *Otter Trail* im *Tsitsikamma National Park*. Ganz in der Nähe ist von der 216 m hohen Bloukrans-Brücke der höchste Bungee-Sprung der Welt möglich.

Und ja, die **„Big Five"** – Löwe, Leopard, Elefant, Nashorn und *Büffel* – gibt es auch. Je nach Reisetempo nur ein bis drei Tagesetappen von Kapstadt entfernt und, im Gegensatz zum

Krüger Park und den Schutzgebieten in KwaZulu-Natal, absolut *malariafrei*. In der **Eastern Cape Province,** der einst wildreichsten Region Südafrikas, wurden und werden Dutzende von ehemaligen Farmen in ihren natürlichen Zustand zurückgeführt. Zäune, Dämme und alte Gebäude verschwinden. Tiere, die über hundert Jahre lang in der Gegend ausgerottet waren, werden wieder ausgesetzt, einheimische Flora angepflanzt. Kernpunkt dieser erfreulichen Entwicklungen ist der ständig wachsende **Addo Elephant National Park,** der sich mittlerweile bis zum Meer erstreckt. Was der Region weitere Höhepunkte beschert hat – neben den „Big Five" nun noch Wale, Delfine und Weiße Haie.

Und bei dem relativ günstigen Rand-Umtauschkurs – ein Euro ist bezüglich der Kaufkraft etwa 50% mehr wert als in Deutschland –, ist ein Urlaub in Südafrika im internationalen Vergleich recht preiswert. Also, worauf warten Sie noch? Ab ans Kap!

**Ich wünsche Ihnen tolle Reiseerlebnisse,
herzlichst Ihr**

Dieter Losskarn

INHALTSVERZEICHNIS

Reisetipps von A bis Z

Anreise, Verkehrsverbindungen und Transportmittel, Verkehr	14
Exkurs Oldtimer-Szene Südafrika	18
Diplomatische Vertretungen	21
Einkaufen/VAT Return	22
Einreise-Formalitäten	23
Feste und Feiertage	23
Fotografieren	24
Geld und Banken	24
Gesundheit	25
Infostellen	25
Internet	26
Nationalparks und Natur-Reservate	27
Notruf-Nummern	30
Öffnungszeiten	31
Parken	31
Post	31
Reisezeit	31
Sicherheit	32
Sprache	32
Strom	33
Tankstellen	33
Telefonieren	33
Trinkgeld	34
Übernachten	34
Wellness	35
Zeitunterschied	35
Zollbestimmungen	35
Exkurs OP am Kap	36

Essen und Trinken

Restaurants	37
Nachlesen: Restaurants und Weine	39
Exkurs Vin de Constance	40
Bier & Co	41
Glossar Essen und Trinken in Südafrika	41

Aktiv und kreativ

„Adrenalin-Aktivitäten" und Sportliches	43
Abseilen (Abseiling)	43
Brücken- und Bungee-Springen	43
Fahrrad- und Mountainbike-Touren	43
Fliegen *(Flying)*	43

	Golf	44
	Kloofing	44
	Reiten	44
	Sandboarding	45
	Sea Kayaking	45
	Surfen	45
	Tauchen	45
Exkurs	Geländewagenfahren	46

Tiere und Pflanzen

Artenreiche Fauna	48
Einzigartige Flora	59

Geschichte

Von der Urzeit in die Gegenwart	61

Reise-Highlights in Kapstadt und in der Kap-Provinz

Coon Carnival	66
Kap der Guten Hoffnung	66
Matjiesfontein Stadtrundfahrt	67
Miss- und Mister-Wahlen	68
Robben Island	68
Safari in einem privaten Wildnis-Camp	69
Sundowner	70
Swartberg Pass	71
Tafelberg per Seilbahn oder hoch zu Fuß	72
Trommeln im Drum Café	72
Wal-Bekanntschaften in der Walker Bay	72
Weinprobe	73
Reise Know-Hows Top-Restaurants	74
Reise Know-Hows Top-Übernachtungen	74

Kapstadt

	City, Bo-Kaap, Tafelberg, Lion's Head, Signall Hill, Robben Island, Victoria & Alfred Waterfront, Canal Walk, Ratanga Junction, Grand West Casino	76
Exkurs	Feste	81
Exkurs	Kapstadts Märkte	92
	Informationen Kapstadt: Unterkunft, Restaurants, Nightlife, Adressen & Service, Shopping	94
Exkurs	Jazz und Musik in Kapstadt	102
Exkurs	Kapstadt – Afrikas Hollywood	108

Die Reiserouten

1. Kaphalbinsel 109

Woodstock – Observatory – Rhodes Memorial – Kirstenbosch Botanical Gardens – Constantia – Rondevlei – Muizenberg – St. James – Kalk Bay – Fish Hoek – Glencairn – Simon's Town – Boulders Beach/Pinguin-Kolonie – Miller's Point – Smitswinkel Bay – Cape of Good Hope Nature Reserve – Cape Point und Cape of Good Hope – Scarborough – Kommetjie – Noordhoek – Chapman's Peak Drive – Hout Bay – Llandudno – Camps Bay – Clifton – Sea Point – Mouille Point – Waterfront Kapstadt

Exkurs	Strände am Kap	119
Exkurs	Chapman's Peak Drive	129
Exkurs	Townships	139

2. Weinland 141

Somerset-West – N 2 Sir Lowry's Pass – R 321 Grabouw – Theewaterskloof Dam – R 45 Franschhoek – R 310 Boschendal – Helshoogte Pass – Stellenbosch – R 44 Paarl – R 303 Wellington – R 303 Bain's Kloof Pass – Wolseley – Tulbagh – Nuwekloof Pass – Hermon – Bartholomeus Klip – Riebeek-Kasteel – Riebeek-West – Malmesbury – Durbanville – Weingüter Hazendal und Zevenwacht

Exkurs	Wellness-Urlaub in Südafrika	164
Exkurs	Fußballweltmeisterschaft 2010	169
Exkurs	Immobilienkauf in Südafrika	178

3. Walküste 181

Muizenberg – R 310 – Gordon's Bay – R 44 – Rooi Els – Pringle Bay – Hangklip – Betty's Bay – Kleinmond – R 43 Hermanus – Stanford – Die Kelders – Gansbaai – Pearly Beach – Elim – Bredasdorp – R 319 Cape Agulhas – Bredasdorp – R 316 Arniston – Bredasdorp – De Hoop Nature Reserve – Malgas – Witsand

Exkurs	Wal-Bekanntschaft	184

4. Karoo 195

Kapstadt – N 1 Paarl – Du Toitskloof Pass – Worcester – R 60 Robertson – Ashton – Route 62 Montagu – Barrydale – (Abstecher über den Tradouws Pass nach Swellendam) – Ronnie's Sex Shop – Ladismith – Amalienstein (Abstecher: Seweweekspoort) – Huisrivier

	Pass – Calitzdorp – Oudtshoorn – N 12 Meiringspoort – (Alternative: Swartberg Pass) – Prince Albert – R 407 Prince Albert Road – N 1 Matjiesfontein – Touws River – Hex River Pass – Worcester – Kapstadt
Exkurs	Die Highway-Stars 213

5. Garden Route 218

Mossel Bay – George (Abstecher Montagu Pass) – Victoria Bay – N 2 Wilderness – Knysna – Plettenberg Bay – Keurboomstrand – Tsitsikamma N.P. – Jeffrey's Bay – Port Elizabeth (Alternativstrecke für die Rückfahrt nach Knysna: Von Port Elizabeth R 331 Hankey – Patensie – Baviaanskloof-Schlucht – Willowmore – Prince Alfred's Pass – Knysna; siehe Exkurs: „Tal der Affen – Baviannskloof").

Exkurs	Von George nach Knysna auf der Old George Road 224
Exkurs	Tal der Affen – Baviannskloof 237

6. Die „Big Five" – malariafrei 241

Die privaten und staatlichen Wildnisreservate in der Eastern Cape Province.
Port Elizabeth – N 2 – R 72 Alexandria – Kenton-on-Sea – R 343 Kariega Game Reserve – N 2 Grahamstown – R 67 Kwandwe Private Game Reserve – Shamwari Private Game Reserve – Addo – Addo Elephant National Park

7. Westküste und Cederberge 252

Kapstadt – Bloubergstrand – R 307 Mamre – Darling – Yzerfontein – West Coast National Park – Langebaan – Paternoster – Velddrif – Lambert's Bay – R 364 Clanwilliam – Cederberge – Wuppertal – Ceres

Exkurs	Rooibos Tea 265

Anhang

Die Autoren 272
Register 273

Blick vom Chapman's Peak auf das pittoresk gelegene Hout Bay mit dem Berg Sentinel (links) ▶

Allgemeiner Teil

Reisetipps von A bis Z

Anreise, Verkehrsverbindungen, Verkehr

Über 60 internationale Fluggesellschaften fliegen Johannesburg und Kapstadt mehrmals die Woche an. Die Flugzeit von Frankfurt nach Johannesburg beträgt 10 Stunden, nach Kapstadt etwa 2 Stunden länger. **South African Airways** (SAA, Tel. 069-2998030, Fax 29980355, Reservierung Tel. 29980320, www.flysaa.com, auch günstige Sondertarife) fliegt täglich von Frankfurt nach Kapstadt, entweder direkt oder mit Zwischenstopp in Johannesburg. Die deutsche **LTU** (Tel. 0211-9418888, Fax 9418881, www.ltu.de) startet zweimal pro Woche von München (mit Anschluss von Düsseldorf) nach Kapstadt. **Air Namibia** (Tel. 06105-206030, Fax 206038, www.air-namibia.de) fliegt viermal pro Woche mit der Möglichkeit Südafrika und Namibia in einem Urlaub zu kombinieren. Gabelflug Frankfurt – Windhoek (9 h, Anschlussflug nach Kapstadt 1 h 50 Min.); retour Kapstadt – Frankfurt, oder mit Zwischenstopp in Windhoek. Fragen sie Ihr Reisebüro nach den günstigsten Air-Namibia-Tarifen. Die **Lufthansa** (www.lufhansa.de) ist mehrmals wöchentlich von Frankfurt nach Johannesburg unterwegs. **British Airways** (www.british-airways.com) bietet täglich Flüge über London nach Johannesburg und Kapstadt an.

Weitere Fluggesellschaften mit Verbindungen von und nach Südafrika: **Cathay Pacific,** Tel. 021-6862617; **Malaysia Airlines,** Tel. 011-8809614, www.malaysiaairlines.co.za; **Singapore Airlines,** Tel. 021-6740601, www.singaporeair.com; **Virgin Atlantic,** Tel. 021-934 9000, www.virgin.com. Je nach Saison kosten Flüge von Europa nach Südafrika zwischen 600 und 950 Euro. Die günstigen Verbindungen sind, vor allem in der **Hochsaison zwischen Oktober und März**, schnell weg. Also möglichst lange vorher buchen. Last-Minute-Angebote gibt es nicht oft. Wer nach **Kapstadt** will, sollte gleich **einen Direktflug buchen**, dann fällt das lästige und zeitraubende Umsteigen in Johannesburg weg!

Airport-Transfer

Vom Kapstädter Flughafen fahren einige Zubringer-Busse in die City. Der Transfer kostet zwischen 100 und 140 Rand, je nach Unternehmen. Manche der größeren Hotels bieten ihren Gästen einen kostenlosen Abholservice. Die größeren Autovermieter sind alle am Flughafen vertreten, die kleineren liefern ihre Autos dorthin.

Mit dem Flugzeug

Südafrika verfügt über ein dichtes Inlandsflugnetz. **SA Airlink** gehört zur SAA und verbindet Johannesburg

und Kapstadt direkt mit Hoedspruit am Krüger Park und mit Port Elizabeth in der Eastern Cape Province. Es gibt tägliche Verbindungen zwischen Johannesburg, Cape Town, Pretoria, Durban und kleineren Orten, wie Bloemfontein, East London (Buffalo City), George, Kimberley, Nelspruit und Upington. Eine Budget-Inlands-Airline mit greller Werbung ist **Kulula**, Tel. 086–1585852, www.kulula.com. Der andere lokale Anbieter ist **Nationwide**, Tel. 021-9362050, www.flynationwide.co.za.

Mit der Bahn

Bahnfahren ist, wenn überhaupt, nur in der besten, also in der 1. Klasse, in Südafrika empfehlenswert. Zwischen Kapstadt und Pretoria ist man gut 28 Stunden unterwegs. One-way kostet das in der ersten Klasse 1350 Rand im Zweier-Abteil, einschließlich Essen, Snacks und Drinks. Die Bahn nennt sich *Spoornet*.

Die interessantesten Zugverbindungen sind: **Trans-Karoo** – tägl. von Pretoria nach Kapstadt und zurück, über Johannesburg und Kimberley (26 h). **Trans-Natal** – tägl. von Johannesburg nach Durban und zurück, über Pietermaritzburg (13,5 h). **Trans-Oranje** – montags und mittwochs von Durban nach Kapstadt und zurück, über Bloemfontein und Kimberley (36 h). Zentrale Reservierung über Tel. 086-0008888 oder www.spoornet.co.za.

Bluetrain

Südafrikas berühmte Luxuszüge heißen **Blue Train** (Joubert Park, Tel. 011-7737631, Fax 7737643, www.bluetrain.co.za) und **Rovos Rail** (Pretoria, Tel. 012-3236052-3-4, Fax 3230843, www.travelpromotion.de). Die Züge können über einige Reiseveranstalter in Deutschland gebucht werden und beide verkehren u.a. auf der Hauptstrecke Pretoria – Johannesburg – Kapstadt. Während der modern-elegante Blue Train diese Strecke in 25 Stunden bewältigt, lässt sich der historische Rovos dafür gut zwei Tage Zeit. Personal und die servierten Mahlzeiten lassen keine Wünsche offen.

Mit dem Bus

Die empfehlenswertere Alternative zu Bahnfahrten. Die großen Überlandbusse haben ein viel dichteres Beförderungsnetz, sind schneller und komfortabler. Kapstadt

– Pretoria dauert etwa 20 Stunden und kostet rund 400 Rand One-way. In den Websites der Busunternehmen kann online reserviert werden.

Greyhound Coach Lines, Tel. 021-4184310, www.greyhound.co.za; mit dem *Houndabout Pass* lässt es sich unbegrenzt auf allen Greyhound-Linien im Land reisen.

Translux Express, Tel. 021-4493333, www.translux.co.za; bietet ebenfalls Travel-Pässe an.

Intercape, Tel. 021-3864444, Fax 3862488, www.intercape.co.za; bietet sehr guten Service auf seinen Linien.

Enger sitzt man im meist in den von Backpackern frequentierten Wagen von **Baz Bus,** Tel. 021-4392323, Fax 4392343, info@bazbus.com, www.bazbus.com; der preiswerte Minibus verbindet Johannesburg mit Kapstadt über KwaZulu-Natal und die Drakensberge. Unterwegs kann nach Belieben ein- und ausgestiegen werden.

Mit Mietwagen und Wohnmobil

Fahrzeuge internationaler oder südafrikanischer Firmen wie *Avis* (www.avis.co.za), *Budget* (www.budget.co.za), *Europcar Interrent* (www.europcar.co.za), *Imperial Car Rental* (www.imperial.co.za) oder *Thrifty* (www.thrifty.co.za) können oft bereits im heimischen Reisebüro gebucht und dann direkt am südafrikanischen Flughafen übernommen werden.

Diverse Fluggesellschaften bieten Kombinationstarife in sogenannten *Fly-and-Drive-Programmen* (Flug und Mietwagen) an. Falls es Probleme mit dem Mietwagen oder Wohnmobil vor Ort geben sollte, gilt so deutsches Reiserecht, was eventuelle Regressansprüche möglich macht. Bei Direktbuchung in Südafrika ist das erheblich schwieriger. Außerdem ist die Kommunikation in Deutschland natürlich einfacher als auf Englisch in Südafrika. Ein Vorteil größerer Vermieter ist die meist kostenfreie und sofortige Lieferung eines Ersatzfahrzeuges im Pannenfall. Cabrios oder Motorräder finden sich allerdings meist nur vor Ort bei kleineren Vermietern.

Das Mindestalter für die Anmietung in Südafrika ist 23 Jahre, eine Kreditkarte und die Vorlage eines Internationalen Führerscheins.

Geländewagen Wer vorhat, ein bisschen abseits der Straßen unterwegs zu sein, kommt um einen **Geländewagen** nicht herum, der meist doppelt so viel wie ein Pkw kostet. Ein dazu gemietetes Dachzelt spart dann wieder Übernachtungskosten. Um eine aktuelle Preisidee zu be-

Reisetipps von A bis Z 17

Mit dem Mietwagen unterwegs. Stopp bei einem Straßenhändler, der aus Draht und Blechabfällen gefertigte Automodelle anbietet (Township-Art).

kommen, besucht man am besten die Websites der Anbieter *Britz 4x4 Rentals* (www.britz.co.za), *Avis Van Rental* (www.avissainbound.co.za), *Sani Van Rental* (www.sani.co.za) oder *Bundu Rent* (www.bundurent.com). Ein deutsch-südafrikanischer Anbieter für Buschcamper, Motorhomes und HiTops ist *Africamper (www.africamper.de)*.

Egal ob in Deutschland oder in Südafrika angemietet, empfiehlt sich neben einer Vollkasko-Versicherung eine eingehende Übernahme-Inspektion des Fahrzeugs, besonders dann, wenn es sich um ein Wohnmobil oder einen Geländewagen handelt. Untersuchen sollte man die Windschutzscheiben auf Risse, die Reifen einschließlich Reserverad auf Beschädigungen und rundum die Karosserie auf Lackschäden und Kratzer. Nachsehen, ob sich ein funktionierender Wagenheber im Auto befindet. Reifen und Windschutzscheiben sind bei den meisten Vermietern nicht im normalen Verschleiß enthalten, müssen also bei Beschädigung extra bezahlt werden!

Campingplätze

Es gibt mehr als 700 gut ausgestattete **Campingplätze** im ganzen Land, über 750 Caravanparks sind in der Website www.caravanparks.co.za aufgelistet und können dort auch gebucht werden.

Eine interessante, witzige und preiswerte Möglichkeit für Pärchen in und um Kapstadt herumzufahren besteht darin, ein **Smart-Cabrio** zu mieten. *Budget Car Rental* hat den City-Flitzer im Vermietprogramm (Budget Car Rental, Tel. 0861-016622, www.budget.co.za).

Oldtimer-Szene Südafrika

Klassiker am Kap. Die Autobegeisterung der meisten Südafrikaner erstreckt sich nicht nur auf Neuwagen. Oldies werden gehegt und gepflegt, am Wochenende bei schönem Wetter ausgeführt und bei Treffen ausgestellt. Zum beliebtesten Klassiker-Treffen am Kap entwickelt sich das am ersten Sonntag im Oktober stattfindende **Classics in the Bay.** Kein Wunder, die Lage des riesigen Kronendal School-Rasens mitten im Beach-Ort Hout Bay ist einfach einmalig. Es wird außerdem viel geboten, vom Bierzelt bis zu Live-Music. Teilnehmer und Zuschauer können attraktive Preise gewinnen.

Jedes Jahr im August findet in Südafrikas ältestem Gebäude, dem Kapstädter Castle of Good Hope, statt. **Cars in the Castle** bietet Clubs und Privatpersonen Gelegenheit, ihre wertvollen Oldies einem größeren Publikum vorzustellen. Die **Classic Car & Bike Show,** findet alle zwei Jahre im Januar in Kapstadt auf dem Clubgelände des Crankhandle Clubs in Plumstead statt. Alle Kapstädter Veteranenclubs nehmen teil. Infos: Tel. 021-7972582.

Ende September/Anfang Oktober treffen sich zum Anlass des Walfestivals in Hermanus alle Veteranenclubs der Region unter dem Motto **Whales and Wheels**. Infos: Tel. 028-3130928, Fax 3130927, festival@hermanus.co.za, www.whalefestival.co.za.

Jedes Jahr im Dezember veranstaltet das St. Croix Car Museum in Port Elizabeth sein Treffen **Wheels** mit mehr als 400 teilnehmenden Autos – das größte Treffen in der Eastern Cape Province. Infos: Tel. 083-4635286, Fax 041-3925364, EbenDeVos@cybertrade.co.za.

Die Clubs

The Crankhandle Club, Timour Hall Villa, Timour Hall Rd, P.O. Box 535 43, Kenilworth 7745, Cape Town, Tel. 021-7610368 o. 7943568. Auf dem schönen Rasen vor dem Clubhaus, das sich in der Riebeek Street im Stadtteil Wynberg befindet, treffen sich die Mitglieder mit ihren Oldies jeden letzten Sonntag im Monat ab 10.30 Uhr zum Fachsimpeln. Die Atmosphäre ist etwas englisch-steif. Die meisten Veteranenbesitzer sind bereits im reifen Seniorenalter. Teilweise sehr alte Autos.

Im **Cape Town Streetrod Club,** www.capetownstreetrods.co.za, geht es bei den Treffen etwas kerniger zu. Da dürfen auch mal PS-starke Ami-Klassiker beim Losfahren etwas Gummi auf dem Asphalt zurücklassen. Und niemand trägt hier Kniestrümpfe und Khaki-Shorts. Im **Early Ford Club,** Tel. 021-4612337, dreht sich alles, wie der Name bereits vermuten lässt, um frühe Ford-Modelle.

SA-Oldies im Internet

Die beste Website zum Thema ist die des in Kapstadt lebenden Schweizers Hans Matter: „**Cars in South Africa**" – www.dnya.co.za/cars.htm. Er listet u.a. Oldtimer südafrikanischer Besitzer in Wort und Bild. Mit einem anderen Link gelangt man zu Veteranen, die zum Verkauf stehen. Clubaktivitäten, Termine und Infos zu Treffen runden die übersichtliche Website ab.

Am oberen Ende der Preisskala liegen die zum Verkauf stehenden Oldtimer der Frost-Brüder aus Knysna – www.frostbrothers.co.za. Trotzdem gibt die Website gute Anhaltspunkte, was es an Klassikern in Südafrika gibt. Die Brüder, die sich rühmen, bereits über 250 Oldtimer verkauft und weltweit verschifft zu haben, sind ansonsten wenig hilfreich.

Südafrikas größter Veteranen-Club ist im Netz unter www.pistonring.co.za präsent, ebenso der Dachverband South African Veterans & Vintage Association: www.savva.org.za. Einem ganz besonderen Fahrzeug ist folgende Website gewidmet: www.corvette.co.za.

Sehenswert

Wijnland Auto Museum, Joostenbergvlakte (knapp 50 km auf der N 1 von der Kapstädter City entfernt), Abfahrt Kraaifontein von der N 1, dann links und die erste Straße (unasphaltiert) bis zum Ende fahren, Tel. 021-9036573 o. Tel./Fax 021-9884203, tägl. 8–16.30 Uhr; Auto-Museum mit Oldtimer-Friedhof, Besuch vorher ankündigen. Ein eher ungewöhnliches Automuseum, ungewöhnlich deshalb, weil die Exponate nicht wie aus dem Ei gepellt in klimatisierten Hallen stehen, sondern praktisch alle deutliche Gebrauchsspuren aufweisen und viele von ihnen regelmäßig gefahren werden. Da liegen Reifen, Werkzeuge und Motorenteile herum – ein Mekka für Alteisen-Enthusiasten. Höhepunkt ist „The Graveyard", der Friedhof: In vier langen, rostigbraunen Reihen ruhen schlafende Schönheiten neben- und aufeinander. Buick Roadmaster, Ford Fairlane, Chrysler New Yorker, Pontiac Parisienne – R.I.P., Rust In Peace ...

Oldtimer mieten

Die größte Auswahl in Kapstadt hat **Motostars** mit Dutzenden, hauptsächlich amerikanischen Klassikern, die mit und ohne Chauffeur gemietet werden können. Einige der Oldies stehen auch in den repräsentativen Räumen in der Strand Street zum Verkauf. Dort gibt es auch einen kleinen Diner für Besucher, die einfach nur mal gucken möchten. Infos: **Motostars** – Wheels in Action, 117 Strand Street, Tel. 021-4231800, Fax 4231802, gary@motostars.co.za und www.motostars.com.

Die Autoren dieses Reiseführers besitzen das einzige Original New Yorker Checker-Taxi Südafrikas, das für Touren und Rundfahrten gemietet werden kann. **Cab of Good Hope**: dieter@lossis.com, www.lossis.com.

Motorrad mieten

Harley-Davidson Cape Town, 45 Buitengracht St, Tel. 021-4243990-1, Fax 4243992, info@harley-davidson-capetown.com, www.harley-davidson-capetown.com; der offizielle Harleyhändler (einer von dreien in Südafrika, die anderen beiden sind in Johannesburg und Durban) vermietet die neuesten und immer perfekt gewarteten Maschinen des amerikanischen Herstellers, keine ist älter als anderthalb Jahre. Harleyhändler Ad spricht perfekt Deutsch. **Tipp:** Kapstadt-Harley-T-Shirt kaufen.

Mitaka Cruiser & Roller Rentals, Kapstadt, Tel. 021-4396036, Fax 4396049(Johannesburg: Tel. 011-448 1640, Fax 4444128), info@mitaka.co.za, www.mitaka.co.za; vermietet diverse Cruiser und Enduros, Website auch in deutscher Sprache. Vor Anmietung den Zustand der Maschinen genau überprüfen.

Le Cap Motorcycle Hire, 43 Church Street, Kapstadt, Tel. 021-4230823, Fax 4235566, info@lecap.co.za, www.lecap.co.za; der deutsche Besitzer ist Mechaniker und vermietet Triumph Tiger, BMW 1100 GS, kleinere Enduros und Roller.

BMW Motorcycle Hire & Tours, Johannesburg, 8 White Ash Street, Fourways Gardens, Tel. 083-3773777, Fax 4659707, dave@motoberlin.co.za, www.motoberlin.co.za; Vermietung in Johannesburg von neuen BMW F 650 GS, R 1150 GS und K 1200 LT für Selbstfahrer und die angebotenen, organisierten Touren durchs Land. Auch Verkauf von gebrauchten BMW-Motorrädern, für Leute die planen, öfter mal in Südafrika zu touren, oder sich die Maschine mit ein paar Freunden „teilen" wollen.

Super Bike Safaris, Dirk du Ploy, Johannesburg, Tel. 011-8391660, Fax 8391661, joyride@superbikesafaris.co.za, www.superbikesafaris.co.za; Vermietung von BMW GS und F 650 für Selbstfahrer, organisierte Touren; andere BMW-Modelle und Harleys auf Anfrage.

Straßenverkehr

In Südafrika wird auf der linken Straßenseite gefahren. Sowohl mit der Verkehrsinfrastruktur als auch in der Qualität seiner Straßen nimmt Südafrika auf dem Kontinent eine Spitzenposition ein. Südafrikaner aller Hautfarben sind begeisterte Autofans, Touristen sind bei der Ankunft oft überrascht über die erstaunlich hohe Anzahl brandneuer Autos und teilweise wunderbar restaurierter Klassiker im Straßenverkehr (siehe Exkurs „Oldtimer in Südafrika"). Es gibt Geschwindigkeitsbeschränkungen (generell 120 km/h auf Fernstraßen, 100 km/h auf Landstraßen und 60 km/h in der Stadt), obwohl der unbedarfte Besucher oft nicht diesen Eindruck hat. Aus diesem Grunde geht die Polizei in letzter Zeit drastisch gegen Temposünder vor. Es herrscht außerdem Gurtanlegepflicht, und das Telefonieren ohne Freisprechanlage im Auto wird ebenfalls geahndet.

Aufgrund der relativ geringen Verkehrsdichte sind Überlandfahrten meist recht geruhsam. In den Städten, vor allem Kapstadt, geht es allerdings hektisch zu. Verantwortlich dafür sind zum großen Teil die kamikazeartig agierenden Minibus-Taxifahrer, die ihren eigenen Regeln folgen. Aber auch für den durchschnittlichen südafrikanischen Autofahrer sind Begriffe wie Reißverschlussverkehr, Zebrastreifen und Sicherheitsabstand eher Fremdwörter.

Besondere Verkehrsregeln Einige **besondere Verkehrsregeln:** Bei Kreuzungen mit vier Stoppschildern *(four way stop)* hat derjenige Vorfahrt, der als erstes an die Kreuzung gefahren ist, dann kommt der zweite usw. Südafrikaner halten sich erstaunlich korrekt an diese Regel.

Besondere Verkehrsschilder: Ein weißes „T" auf blauem Grund bedeutet *Toll Road,* also eine gebührenpflichtige bzw. Mautstraße. Ein rot eingekreistes und rot durchgestrichenes „S" auf weißem Grund bedeutet Halteverbot, ebenso wie ein durchgestrichenes „S", das irgendwo auf die Straße gemalt ist. Alle tourismusrelevanten Schilder sind braun mit weißer Schrift oder weißen Symbolen, z.B. sind alle B&Bs, Gästehäuser und Lodges offiziell so gekennzeichnet.

Besondere Strecken: Südafrikas berühmteste Küstenstrecke, der *Chapman's Peak Drive* auf der Kap-Halbinsel zwischen Hout Bay und Noordhoek, war aufgrund massiver Steinschläge fast vier Jahre lang gesperrt. Er wurde am 21. Dezember 2003 als Mautstraße (20 Rand pro Strecke) wiedereröffnet.

Diplomatische Vertretungen

Botschaft der Republik Südafrika, Postfach 08 04 61, 10004 Berlin, Tel. 030-220730, Fax 220732 08, konsular@suedafrika.org, www.suedafrika.org; der konsularische Amtsbezirk schließt alle Bundesländer außer Bayern und Baden-Württemberg ein. Bewohner dieser Bundesländer wenden sich an das *Generalkonsulat der Republik Südafrika,* Sendlinger-Tor-Platz 5, 80336 München, Tel. 089-2311630, Fax 23116347 od. 53, info@saconsulate.de; die gut gemachte Website der südafrikanischen Botschaft in Berlin enthält ausführliche

Tipps zur Einwanderung nach und zum Arbeiten in Südafrika. Haus- und Grundstückserwerb s. „Immobilienkauf in Südafrika".

Einkaufen/VAT Return

Aufgrund des relativ günstigen Umtauschkurses ist Südafrika ein Einkaufsparadies. Kunsthandwerk aus ganz Afrika kann oft direkt von den Künstlern erworben werden. Es gibt viele Läden, die garantiert keine billige Airport-Art „Made in China" verkaufen. Typisch für Südafrika sind die filigranen Perlenarbeiten, bedruckte Stoffe mit kräftigen Farben, aus Draht und Blechabfällen gefertigte Township-Art vom Radio bis zum Spielzeugauto, Klamotten für Kinder und Erwachsene der südafrikanischen Marken *Naartjie* (sprich Naartschie), *Mad Dog*, *Over the Moon* oder *Aca Joe*. Prima Plätze um tolle und echte Souvenirs zu kaufen sind die Shops der verschiedenen Museen, deren Angebot meist ebenso interessant ist wie die ausgestellten Exponate. Websites zur Einstimmung: www.streetwires.co.za, www.monkeybiz.co.za.

Geschäfte sind normalerweise werktags von 8–17 Uhr und samstags von 8.30–13 Uhr geöffnet. Viele Shopping Malls in den größeren Städten haben abends länger (manchmal bis 21 Uhr) und sonntags geöffnet.

Ein großer Bonus für Shopping-Fans ist die **Mehrwertsteuer-Rückerstattung** *(VAT return)* bei der Ausreise: Touristen bekommen die in Südafrika bezahlten 14% VAT in ihrer Landeswährung oder in Rand zurückerstattet. Dabei gibt es einiges zu beachten: Mehrwertsteuer gibt es nur für Güter zurück, die tatsächlich ausgeführt werden, also Bücher, Kleidungsstücke, Schmuck, Diamanten, Kunsthandwerk usw., *nicht* jedoch für Restaurant-, Hotel- oder Mietwagen-Rechnungen. Die erworbenen Waren müssen bei der Ausreise am Flughafen für Stichprobenkontrollen vorzeigbar, also nicht irgendwo im Hauptgepäck versteckt sein. Erstattet wird ab einem Gesamt-Einkaufspreis von 250 R.

Zu jeder Ware muss eine Steuerrechnung *(tax invoice)* vorliegen, die der Verkäufer ausstellt. In der Rechnung müssen aufgeführt sein: das Wort *„Tax Invoice"* (Steuerrechnung), der berechnete Mehrwertsteuerbetrag oder eine Bestätigung, dass der Gesamtpreis die MwSt. beinhaltet, die VAT-Nummer, den Namen und die Adresse des Verkäufers, genaue Beschreibung der gekauften Gegenstände, eine Steuerrechnungsnummer, das Ausstellungsdatum und der Preis der Güter in Rand. Bei einem Warenwert von über 500 R müssen Name und Adresse des Käufers auf der Rechnung erscheinen.

Was im ersten Moment kompliziert klingt, ist bei den meisten Verkäufern mittlerweile Routine und der Aufwand lohnt sich. VAT-Büros gibt es an den Flughäfen von Kapstadt, Johannesburg und Durban. In der Kapstädter Waterfront lässt sich der manchmal etwas länger dauernde Papierkram bereits an den dortigen VAT-Schaltern erledigen. Vor dem Einchecken am Flughafen geht man mit den Rechnungen und den erworbenen Gütern zu dem ausgeschilderten *VAT Refund Office*, wo nach einer Stichproben-Kontrolle der Betrag in Landeswährung zurückerstattet wird. Manchmal wird der Scheck auch an die Heimatadresse nachgeschickt.

Einreise-Formalitäten

Deutsche, Schweizer und Österreicher müssen bei der Ankunft in Südafrika einen Reisepass vorweisen, der noch mindestens sechs Monate nach der geplanten Ausreise gültig ist. Kein Visum erforderlich. Rückflugticket muss allerdings vorgezeigt werden.

Deutsche Südafrikabesucher die planen, ihren „Lebensmittelpunkt" nach Südafrika zu verlegen, können sich für weitere Auskünfte an die deutsche Informationsstelle für Auswanderer und Auslandstätige des Bundesverwaltungsamtes, Ref. II B 6, 50728 Köln, www.bundesverwaltungsamt.de, wenden.

Feste und Feiertage

Hinweis: Sollte ein Feiertag auf einen Sonntag fallen, ist – äußerst arbeitnehmerfreundlich –, der folgende Montag frei.

1. Januar:	**New Year's Day**
21. März:	**Human Rights Day**
	(am 21. März 1960 starben beim Sharpeville-Massaker 69 Schwarze, die gegen die Apartheidpolitik protestiert hatten, im Kugelhagel der Polizei).
Karfreitag:	**Good Friday**
Ostermontag:	**Family Day**
27. April:	**Freedom Day**
	(am 27. April 1994 fanden Südafrikas erste demokratische Wahlen statt).
1. Mai:	**Worker's Day**
16. Juni:	**Youth Day**
	(am 16. Juni 1976 gingen Sowetos Schulkinder auf die Straße, um gegen Afrikaans als einzige Unterrichtssprache zu demonstrieren, die Polizei eröffnete das Feuer auf die unbewaffneten Jugendlichen und tötete viele von ihnen).

9. August:	**National Women's Day**
24. September:	**Heritage Day**
	(der Geburtstag des Zulu-Kriegers Shaka)
16. Dezember:	**Day of Reconciliation**
	(Tag der Versöhnung. Vor den ersten demokratischen Wahlen Südafrikas erinnerte der 16. Dezember an die Schlacht am Blood River, wo ein mit Kanonen und Gewehren bewaffnetes Burenkommando Tausende von speertragenden Zulukriegern tötete. Der „Tag des Gelöbnisses", *Day of the Vow,* war der höchste Feiertag der Buren.
25. Dezember:	**Weihnachten**
26. Dezember:	**Day of Goodwill** (Tag des guten Willens)

Fotografieren

Da Kapstadt als das „afrikanische Miami Beach" der Modefotografen gilt, gibt es entsprechend viele Fotoläden, auch für Profis. Alle gängigen Profi- und Amateur-Kameras, sowohl digital als auch analog sind im Angebot. In der Stadt gibt es einige Labors, die Diafilme innerhalb kürzester Zeit professionell entwickeln. Sämtliches Filmmaterial wird direkt aus speziellen Kühlschränken verkauft, allerdings zu etwas höheren Preisen als in Europa. Digitalaufnahmen können sofort auf CD-Rom gebrannt und vervielfältigt werden.

Was die Modefotografen lieben, wissen auch engagierte Amateure zu schätzen: wunderbare, transparente Lichtstimmungen, fast keine Abgasbelastung und im Sommer nahezu immer fantastisches Wetter. Nicht zu vergessen eine Fülle von Motiven, ob Landschaften aller Art oder Menschen vielerlei Herkunft. Bei allen Personen-Aufnahmen vorher um Erlaubnis fragen. Die meisten „Modelle" werden begeistert sein, dass sie fotografiert werden.

TIPP Falls die Kamera oder Zubehör kaputt gehen sollten, gibt es eine prima Anlaufstelle in der City. Die sehr freundlichen und hilfreichen Angestellten des **Camera Repair Centre** (54 Shortmarket St, 407 Greenmarket Place, 2. Stock, Tel. 021-4233757, Fax 4236032, clive @camerarepair.co.za, www.camerarepair.co.za) reparieren Kameras und Zubehör aller Marken. Wenn Touristen Foto-Probleme haben, wird versucht, ihnen sofort zu helfen.

Geld und Banken

Die Landeswährung ist der **Rand** (R), von dem nicht mehr als 500 ins Land gebracht werden dürfen. Ein Rand hat 100 Cent. Es gibt Noten zu 10, 20, 50, 100

und 200 Rand, Münzen zu 5, 10, 20 und 50 Cent sowie zu 1, 2 und 5 Rand. Travellerschecks werden fast überall akzeptiert, genauso wie Kreditkarten (vor allem Master-/Eurocard, Visa und Diners Club). Mit einer Kredit- oder einer normalen **Bankkarte** (mit dem Maestro-Logo) und Geheimzahl (PIN-Nummer) kann an den weit verbreiteten **Geldautomaten** (ATM – *Automatic Teller Machine*) Bares gezogen werden, wobei Bankkarten am gebührengünstigsten sind. Banken sind werktags von 9–15.30 und samstags von 8.30–11 Uhr geöffnet.

Gesundheit

Malaria kommt in Südafrikas Western- und Eastern Cape Province nicht vor. Wenn sich der Südafrika-Besuch auf die im Buch beschriebenen Gebiete beschränkt ist also keine Prophylaxe notwendig. Die medizinische Versorgung in den privaten Krankenhäusern ist erstklassig und auf europäischem Niveau, mit dem Vorteil, erheblich günstiger zu sein. Es muss allerdings sofort in bar oder per Kreditkarte bezahlt werden. Später kann dann zu Hause mit der (unbedingt empfehlenswerten) Reisekrankenversicherung abgerechnet werden.

Südafrika weist die höchste *AIDS*-Rate der Welt auf. Die Blutkonserven in den Krankenhäusern unterliegen deshalb strengsten Kontrollen.

Leitungswasser kann überall in den Hotels bedenkenlos getrunken werden.

Apotheken *(pharmacies)* mit sachkundigem Personal gibt es in fast allen Orten.

Infostellen

In **D:** *South African Tourism,* An der Hauptwache 11, 60313 Frankfurt, Tel. 069-9291290, Fax 280950, www.southafricantourism.de.

A: *South African Tourism,* Gottfried-Keller-Gasse 2/23, 1030 Wien, Tel. 01-7181942, south.african.tourism@chello.at

CH: *South African Tourism,* Seestraße 42, 8802 Kilchberg bei Zürich, Tel. 01-7151815, Fax 7151889.

Die südafrikanischen Touristenbüros versenden kostenlos Landkarten, Reiseführer und Übernachtungslisten.

Internet

In Südafrika gibt es über zwei Millionen Internet-Nutzer. Besucher finden eine Fülle von Internet- bzw. Cyber-Cafés zum Surfen und zum Lesen/Verschicken von eMails. Fast alle Unterkünfte und viele Restaurants haben mittlerweile eMail-Adressen und eigene Websites, so dass Vorab-Reservierung bzw. ein Blick auf das Etablissement möglich ist. Dabei lässt die Machart einer Website oft Rückschlüsse auf die Art der Unterkunft oder die Qualität des Restaurants zu. Da Preisangaben in Reiseführern häufig und schnell Änderungen unterliegen, macht es Sinn, vor der Buchung in den Websites die aktuellen (Saison-)Preise in Erfahrung zu bringen. Einige Restaurants veröffentlichen sogar ihre Speisekarten oder Teile davon mit Preisangaben.

Suchmaschinen

Folgende **Suchmaschinen** bieten viele Infos und weiterführende Links:

www.iafrica.com; www.ananzi.co.za und www.aardvark.co.za, www.woyaa.com.

Aktuelle Nachrichten zum Thema Südafrika gibt es unter www.woza.co.za, www.sundaytimes.co.za oder www.wotsnews.co.za (News mit Veranstaltungskalender).

Die Website des Südafrikanischen Fremdenverkehrsamtes in Frankfurt ist **www.southafricantourism.de**. Dort gibt es viele Tipps, Infos, Touren, Links und Broschüren als PDF-Dokumente zum Downloaden (z.B. über Golf, Wildnisreservate, Tauchen, Surfen, Angeln usw.).

Kapstadt ist im Netz besonders stark vertreten. Hier empfehlen sich zunächst die deutschen Seiten www.kapstadt-net.de, www.kapstadt.de und www.kapstadtforum.de. Auf Englisch informiert die hervorragende Seite des Kapstädter Tourismusbüros, **www.cape-town.org**. Über den Großraum Kapstadt informiert Cape Metropolitan Tourism, www.gocapetown.co.za. Über das gesamte Western Cape: www.capetourism.org.

Wer sich ein paar Gästehäuser, Bed & Breakfasts oder Hotels vorher im Netz ansehen möchte, kann hier klicken: www.places.co.za.

Kapstadts Wahrzeichen, der Tafelberg, hat seine eigene Website: www.tablemountain.net. Wie auch die Waterfront: www.waterfront.co.za, mit vielen Tipps zu Restaurants und Übernachtungsmöglichkeiten. Die älteste und längste Straße der Stadt kann bereits im Netz entlang marschiert werden: www.longstreet.co.za. Robben Island findet sich unter www.robben-island.org.za und die Kap-Spitze hier: www.capepoint.co.za.

Wer sich für die südafrikanischen Weine, Weingüter

und Weinrouten interessiert, sollte die sehr ausführliche Website www.wine.co.za besuchen (mit Möglichkeit der Suche nach Weingütern, Tipps zu Weinsorten, -kauf und Versand, Wein-News). Mit dem Gebiet des Weinlandes beschäftigt sich außerdem www.capewinelands.org. Zum Wein darf das Essen natürlich nicht fehlen: unter www.dine.co.za, www.stylemagazine.co.za und www.eating-out.co.za sind viele Restaurants gelistet. Man kann nach der Art des Restaurants auswählen und auch einige der Speisekarten einsehen. Restaurant-Beschreibungen finden sich ebenfalls in der südafrikanischen Homepage von Diners Club, www.dinersclub.co.za.

Südafrikas größte Homosexuellen-Website ist www.gaysa.co.za mit Informationen zu Veranstaltungen, Reisen, Restaurants und Treffpunkten. Die größte Schwulen-Party Afrikas veranstaltet das Mother City Queer Project in Kapstadt; jährlich mit anderem Thema und Tausenden von Teilnehmern: www.mcqp.co.za.

Veranstaltungsbuchungen jeglicher Art lassen sich problemlos per Kreditkarte über **www.computicket.com** abwickeln.

Wer die südafrikanische Fauna live erleben möchte, sollte sich bei einer der zahlreichen Webkameras einklicken, wo sogar Weiße Haie unter Wasser beobachtet werden können: www.africam.co.za.

Wer sich für Wale interessiert, sollte mal bei www.cape-whaleroute.co.za reinschauen. Mehr Meeresbewohner gibt es im *Two Oceans Aquarium* in der Kapstädter Waterfront: www.aquarium.co.za. Die besten Tauchplätze in SA gibt es bei www.scuba.co.za.

Adrenalin-Junkies kommen um www.adventure-village.co.za, www.adventurezone.co.za und www.adventure-safaris.co.za nicht herum.

Nationalparks und Natur-Reservate

Der Naturschutz in Südafrika ist eine echte Erfolgsstory. In den letzten Jahren hat sich sehr viel getan. Bestehende Schutzgebiete wurden stark erweitert und zum Teil mit Wildnisregionen in den Nachbarländern verbunden. Diese Parks über Grenzen hinweg, wie z.B. der *Kgalagadi Transfrontier Park* mit Botswana, ermöglichen Tierherden, vor allem Elefanten, ihre alten Migrationsrouten wieder zu begehen. In jeder Provinz Südafrikas gibt es außerdem kleinere Schutzgebiete, sog. **Nature Reserves.**

Im Jahre 2001 wurden auch die ersten privaten Lizenzen in staatlichen Schutzgebieten vergeben. Vorreiter war hier der **Addo Elephant National Park** in der Eastern Cape Province, in dessen Mitte das exklusive *Gorah Elephant Camp* eröffnet wurde. Die Zäune der luxuriösen River Bend Lodge im englischen Landhaus-Stil zum Park hin sind seit September 2002 verschwunden. Die Addo-Elefanten können seither wieder frei und ungehindert auf ihrer alten Route in die nördliche Zuurberg-Region des Parks wandern. Und die Riverbend-Gäste haben den Vorteil, die grauen Riesen bei einem Tässchen Earl Grey auf der Veranda vorbeiziehen zu sehen ... auch die zum Teil katastrophale Essensqualität in den Parks verbessert sich durch privates Engagement ständig.

Die Buchung von Nationalpark-Unterkünften läuft über **SA National Parks** (SANP) in Pretoria, Tel. 012-3431991, Fax 3430905, oder „ganz easy" übers Web online: reservations@parks-sa.co.za, www.parks-sa.co.za, Mo–Fr 9–16.45 Uhr, oder bei Cape Town Tourism (siehe Kapstadt-Info).

Rechtzeitig buchen! Zu Ferienzeiten sind die Parkunterkünfte auch bei Südafrikanern sehr beliebt! Die Website enthält eine genaue Beschreibung der jeweiligen Unterkünfte sowie eine detaillierte Anfahrtsskizze. Beim Parkbesuch unbedingt die Buchungsbestätigung mitbringen!

Infos zu den Natur-Reservaten, die von **Cape Nature Conservation** unterhalten werden, finden Sie unter www.capenature.org.za.

Elefanten, die größten Landsäugetiere der Erde, findet man in großen Gruppen an Wasserstellen (Addo Elephant Park)

In Kürze: Nationalparks in den Kap-Provinzen

Addo Elephant Park — Südafrikas abwechslungsreichster und kontinuierlich wachsender Park ist der beste Platz, um in Südafrika malariafrei die „Big Six" vom eigenen Auto aus zu sehen: Löwe, Leopard, Elefant, Nashorn, Büffel, Delfin und Wal. Der Addo-Park ist erste südafrikanische Nationalpark, der eine private Lodge-Lizenz, das *Gorah Elephant Camp*, innerhalb seiner Grenzen vergeben hat.

Aghulas National Park — Am südlichsten Ende Afrikas eingerichteter National Park. Highlight: das Schiffswrack des 1982 gestrandeten und mittlerweile auseinandergebrochenen taiwanesischen Frachters „Meisho Maru", und natürlich das *Cape Agulhas Lighthouse Museum* mit Teestube. Keine Übernachtungsmöglichkeiten (ÜN) im Park, aber einige nette B&Bs in L'Agulhas und Struisbaai.

Bontebok National Park — Der Park, in dem es neben Buntböcken noch viele andere Antilopen zu sehen gibt, liegt gerade noch im Kap-Florenreich, ist also etwas für Fynbos-Fans. Besucher können im Park campen, einen Caravan mieten oder die sechs Kilometer bis in Südafrikas drittälteste Stadt Swellendam fahren, wo es eine Fülle von netten B&Bs und guten Restaurants gibt.

Cape Peninsula National Park — Mitten in Kapstadt liegt mit dem Tafelberg der nördlichste Ausläufer des 1998 etablierten Table Mountain National Parks. Er umfasst praktisch die gesamte Kap-Halbinsel, einschließlich dem Kap der Guten Hoffnung und Cape Point. Ein ganz besonderes Highlight ist die Brillenpinguin-Kolonie am *Boulders Beach* südlich von Simon's Town an der Ostküste. Tolle Website des Table Mountain National Parks: www.cpnp.co.za

Karoo National Park — Der Park ist ein Highlight in der faszinierenden Halbwüstenlandschaft der Karoo. Zwei verschieden lange Geländewagenstrecken führen spektakulär und teilweise adrenalinfördernd durch die Berge. Sehr schöne Übernachtungsmöglichkeiten in Cottages und Chalets.

Knysna National Lake Area — In der Knysna-Lagune lebt das berühmte Knysna-Seepferdchen und eine enorme Vielfalt an anderen Meerestieren. Gourmets interessieren sich allerdings vor allem für die berühmten Knysna-Austern. Keine Unkünfte im Park, dafür massenhaft B&Bs und Austern-Schlürfplätze in Knysna.

Tsitsikamma National Park — Saftig-grüner Küstenpark mit Südafrikas berühmtestem Wanderweg, dem 42 Kilometer langen *Otter Trail*, der in fünf Tagen zu packen ist. Unterwegs warten einfache ÜN-Hütten auf die müden Wanderer. Alternative für weniger engagierte Fußgänger: Der Weg über diverse Holzstege zur Hängebrücke an der Mündung des

Storm-Flusses *(Storms River Mouth)*. Die verrottungsanfälligen und rutschigen Holzplanken werden derzeit durch solche aus braunem Holz-Imitat-Kunststoff ersetzt. Wenig stilvoll, aber haltbarer.

West Coast National Park Das türkisfarbene Wasser der Langebaan-Lagune gehört zu Afrikas wichtigsten Feucht-Biotopen. Tausende von Seevögeln leben und migrieren jährlich hierher. Im Frühling blühen unzählige Wildblumen in der Postberg-Sektion des Parks. Das Schutzgebiet liegt nur etwa 100 Kilometer nördlich von Kapstadt an der Westküste.

Wilderness National Park Im Herzen der *Garden Route* liegt dieses Schutzgebiet mit Flüssen, Seen, Deltas, Sümpfen und Sandstränden, gesäumt von Wäldern und Bergen. Es gibt viele Naturwanderwege und ausgezeichnete Vogelbeobachtungsmöglichkeiten.

Alljährlich im Kap-Frühling (August/September) erwacht die Blütenpracht der Wildblumen zu neuem Leben

Notruf-Nummern

Allgemeine Notrufnummer: 107
Ambulanz: 10177
Flugrettung: 021-9371116
Automobilclub (AA): 0800-010101
Feuer und Rettung: 021-5351100
Bergrettung: 10177
Vergiftungen/Schlangenbisse: 021-6895277
Polizei: 10111
Polizei/Touristen-Hilfe: 021-4215115
Seerettung: 021-4493500
Tourist Safety Unit: 021-4215116

Öffnungszeiten

Banken: Mo–Fr 8.30–15.30 Uhr, Sa 8.30–12 Uhr, in kleineren Orten Mittagspause von 12.45–14 Uhr. Geschäfte: Mo–Fr 8–17 Uhr, Sa 8–13 Uhr, Supermärkte in größeren Städten haben auch sonntags geöffnet. Behörden und Botschaften: Mo–Fr 8.30–15.30 Uhr. Post: Mo–Fr 8–16.30 Uhr, Sa 8–12 Uhr. Tankstellen: fast alle täglich und viele rund um die Uhr.

Parken

In der City von Kapstadt werden die Parkgebühren über eine Magnetkarte abgerechnet: Man tippt seine Parkbucht-Nummer, die auf dem Gehweg steht, in ein Kartenterminal ein, hält dann kurz die Karte davor, um in 30-Minuten-Schritten Parkzeit zu laden. Parkwächter sind immer präsent und verkaufen die Karten, die es auch in vielen Geschäften und bei Cape Town Tourism gibt. Die Parkwächter checken die verbleibende Parkzeit direkt am Terminal, indem sie die Parkbucht-Nummer eingeben (Parkzettel in Windschutzscheiben sind in Südafrika komplett „out"). Manche Standorte akzeptieren insgesamt nur eine Stunde, wer länger unterwegs ist, muss dann zurückkommen und nachbuchen. Ist die Karte „leer", kommt meist sofort einer der schwarz uniformierten Parkwächter und lädt die Karte am Terminal gegen Bezahlung neu auf.

Post

Eine Postkarte nach Europa kostet 2,10 R, Briefe 3 R pro 10 Gramm (Luftpost).

Reisezeit

Südafrika liegt auf der Südhalbkugel, d.h., wenn in Mitteleuropa Glühwein getrunken wird, ist es am Kap fast so heiß wie dieser sein sollte ... **Dezember** und **Januar ist Hauptferienzeit in Südafrika.** Vor allem in Kapstadt und den Orten entlang der Garden Route ist dann sehr viel los. Die **beste Reisezeit** liegt im Süd-Herbst, **zwischen April und Juni,** dann ist es tagsüber warm, nachts kühl. Wanderer ziehen diese Zeit und den Süd-Frühling (Ende August bis Ende September) vor. Anfang Juli bis Ende September kann es recht kalt werden, in der westlichen Kapregion ist dann *Green Season:* Es regnet häufig, dazwischen kommt allerdings immer wieder die Sonne durch. Im Süd-Winter kann es dann auch mal schneien. Als „schneesicher" gelten die Cederberge im Western Cape.

Die **Bekleidung** richtet sich nach den Jahreszeiten: Leichte und luftdurchlässige Textilien, dazu ein Pullover und festes Schuhwerk für Wanderungen, im Winter eine Goretex-Jacke. Südafrikaner sind meist sehr leger angezogen. In guten Restaurants sollen jedoch keine Shorts, T-Shirts und Turnschuhe getragen werden!

Die südafrikanischen Ferientermine

Western Cape, Eastern Cape, KwaZulu-Natal und Northern Cape:
7. Dezember bis 22. Januar
7. bis 17. April
30. Juni bis 22. Juli
29. September bis 7. Oktober

Gauteng, Limpopo, North-West, Free State, Mpumalanga:
8. Dezember bis 15. Januar
31. März bis 17. April
23. Juni bis 15. Juli
29. September bis 7. Oktober

Sicherheit

Ein oft angesprochenes Thema ist die Sicherheitslage im Land. Da hat sich in den letzten Jahren viel getan. Nach dem Vorbild New York und dem Motto *„zero tolerance"* wurde „aufgeräumt", speziell in der Innenstadt von Kapstadt. Dort hat man mit Initiativen wie *Business against Crime,* die zusätzliche Sicherheitskräfte zu Fuß und zu Pferde mobilisiert und Dutzende von Überwachungskameras installiert haben, den schönen Kernbereich für Touristen zurückgewonnen. Gelegenheit macht allerdings immer noch Diebe, also Fotoapparat und Schmuck nicht offen und achtlos präsentieren. Und zum ausführlichen Orientierungsblick in den Reiseführer oder Stadtplan besser in einen Shop oder in ein Restaurant/Café gehen. Mietwagenfahrer sollten keine Anhalter mitnehmen, die Gefahr gehijackt zu werden ist relativ hoch!

Für Rundreisen im Land empfiehlt es sich für den Fall einer Panne ein Handy dabei zu haben (siehe „Telefonieren").

Sprache

Von den elf offiziellen Landessprachen Südafrikas werden in der Western- und Eastern Cape Province vornehmlich 3 gesprochen: Englisch, Afrikaans und Xhosa. Die viertmeist gesprochene Sprache am Kap ist Deutsch.

Strom

Die Spannung beträgt wie in Mitteleuropa 220 Volt. Für deutsche Schukostecker benötigt man einen Adapter, damit diese in die dreipoligen südafrikanischen Steckdosen passen. Es gibt sie in den meisten Elektrogeschäften, in vielen Hotels sind sie bereits im Zimmer. Am besten gleich von Europa mitbringen (auf dem Abflughafen in Shops erhältlich). Euro-Flachstecker (Rasierer, Lockenstab) passen in die Sicherheitssteckdosen in den Badezimmern der Unterkünfte.

Tankstellen

Viele größere Tankstellen haben täglich und rund um die Uhr geöffnet und verkaufen in ihren Shops auch Lebensmittel und Getränke (doch kein Bier!). Benzin selbst kann nicht mit der Kreditkarte, sondern nur in bar bezahlt werden. Der Benzinpreis beträgt 4,50–5,00 Rand (ca. 0,55–0,60 Euro) pro Liter. An allen Tankstellen in Südafrika wird der Kunde bedient. Die freundlichen Tankwarte checken außerdem Öl, Wasser, Reifenluftdruck *(oil, water, tyre pressure)* und waschen die Windschutzscheibe. Ein paar Rand Trinkgeld sind angebracht.

Telefonieren

Die internationale Vorwahl für Südafrika ist 0027, die „0" der Ortsvorwahl fällt dann weg. Vorwahl für Anrufe nach Deutschland: 0949, nach Österreich 0943 und in die Schweiz 0941. Telefonieren, auch Ferngespräche, ist von den blauen Münz- und den grünen Kartentelefonen kein Problem und günstiger als in Deutschland. Telefonkarten gibt es für 10, 20, 50, 100 und 200 Rand bei allen Postämtern, Flughäfen und in den Filialen der Zeitschriften- und Schreibwarenkette CNA. Alle größeren Hotels haben Direktwahl-Telefone (vorher nach den Tarifen erkundigen).

Seit 2002 gibt es in Südafrika ein Zehn-Nummern-Wahlsystem, d.h., die dreistellige Ortsvorwahl wird immer zusammen mit der folgenden siebenstelligen Nummer gewählt, auch bei Ortsgesprächen (Beispiel Kapstadt und nähere Umgebung: bei allen Nummern wird die 021 vorgewählt). Die Telefonauskunft ist unter 1023 erreichbar.

Ein **Funktelefon** bzw. **Handy** heißt in Südafrika *Cellular-* oder *Mobil Phone,* oder kurz und cool *Cell Phone.* Südafrika-Besucher können in den internationalen südafrikanischen Flughäfen für die Dauer Ihres

Aufenthalts Handys anmieten. Zu empfehlen ist *Cellurent* (www.cellurent.co.za) mit Filialen in Kapstadt (Tel. 021-4185656) und Johannesburg (Tel. 011-706 5650). Die Miet-Handys kosten etwa 10 Rand pro Tag. Die Gebühren pro Minute liegen je nach Netzanbieter bei etwa 2 Rand. Für die Anmietung ist eine Kreditkarte erforderlich. Manche Autovermieter bieten Handys zusammen mit dem Mietwagen an, was meist günstiger kommt und sinnvoll ist.

Sie können am Flughafen von Kapstadt aber auch eine SIM-Karte für ihr deutsches Handy mit südafrikanischer Handynummer mieten und mit Gebührenkarten der drei landesweiten Netzanbieter Vodacom, MTN oder Cell C Einheiten aufladen (in vielen Geschäften, Supermärkten und an Tankstellen erhältlich). Teuerste Alternative: Mit den deutschen D 1, D 2, E-Plus und O^2-Karten *roamen* (Details bei Ihrem Provider erfragen).

Trinkgeld

Wie in den USA auch leben südafrikanische Bedienungen vom Trinkgeld, da sie kein oder nur ein sehr geringes Grundgehalt bekommen. Der Service-Zuschlag ist auf den Rechnungen fast immer nicht enthalten. Angebracht ist ein *tip* von 10 bis 15 Prozent. Bei ausgesprochen gutem Service auch mehr. Einige Restaurants, vor allem in touristischen Gebieten, sind dazu übergegangen, einen 10%igen Service-Zuschlag auf die Recnung zu addieren. Dann sollte man, wie in Deutschland auch, den Betrag lediglich aufrunden. Gepäckträgern im Hotel und am Flughafen sollte man drei Rand pro Gepäckstück geben.

Übernachten

Südafrika weist, vor allem in der Western- und Eastern Cape Province, sehr viele schöne und stilvolle Übernachtungsmöglichkeiten auf. Sowohl Rucksackreisende als auch luxusverwöhnte Individual-Reisende finden Entsprechendes. Selbst kleinere Orte haben oft eine Tourist-Info mit einer Liste von Übernachtungsmöglichkeiten, die dann gleich von dort aus gebucht werden können. Vor allem in der Saison sind die oft kleinen B&Bs bereits ausgebucht. Wo immer es möglich war, haben wir bei unseren Übernachtungstipps die Websites mitangegeben, damit man sich bereits vor der Reise ein Bild von der Unterkunft machen und eventuell online buchen kann.

Es gibt zahlreiche Übernachtungsführer, am bekanntesten sind die drei übersichtlich gestalteten Büchlein in der Portfolio-Reihe *„The Country Places and Safari Collection", „Retreats Collection"* und *„Bed & Breakfast Collection"* (www.portfoliocollection.com) mit oft sehr schönen und stilvollen Plätzen. Die Häuser zahlen allerdings sehr viel Geld, um bei Portfolio zu erscheinen, d.h., nicht alle Unterkünfte sind wirklich gut und die Führer sind redaktionell nicht unabhängig. Wer also mit einer Unterkunft glücklich war, kann mit der nächsten, die in der gleichen Kategorie erscheint, schon wieder Pech haben.

Übernachtungskategorien in diesem Buch

(DZ mit Frühstück):
RRRRR: über 1500 Rand
RRRR: 900–1500 Rand
RRR: 600–900 Rand
RR: 300–600 Rand
R: unter 300 Rand

Wellness

siehe Exkurs S. 164: „Very well"

Zeitunterschied

Während der mitteleuropäischen Sommerzeit (also zwischen März und September) gibt es keine Zeitdifferenz. Ansonsten ist es in Südafrika eine Stunde später.

Zollbestimmungen

Südafrika bildet zusammen mit Botswana, Namibia, Swaziland und Lesotho eine Zollunion. Zwischen diesen Grenzen gibt es also keine Zollprobleme. Bei der Einreise in die Zollunion gelten die üblichen Duty-Free-Regeln. Es dürfen ein Liter Hochprozentiges, zwei Liter Wein und 400 Zigaretten p.P. zollfrei eingeführt werden. Wer mit dem eigenen Fahrzeug einreisen möchte, benötigt ein Carnet de Passage seines heimischen Automobilclubs.

Medizin-Tourismus – OPs am Kap

Dank des günstigen Umtauschkurses und des hervorragenden Rufes südafrikanischer Ärzte und privater Krankenhäuser boomt der Medizin-Tourismus ans Kap.

Stellen Sie sich vor, nicht nur gut erholt und braungebrannt, sondern auch fett- und faltenfrei aus dem Urlaub zurückzukehren ... Kein Problem, südafrikanische Schönheitschirurgen gehören mit acht Jahren Ausbildung zu den besten der Welt. Hier gibt es keine Hinterhof-Dr. Frankensteins, die mit dem Bordwerkzeug ihres Pickups zu Dumping-Preisen Menschen verunstalten.

Der Standard der privaten Krankenhäuser ist erstklassig, die Operationskosten betragen etwa ein Drittel von dem, was in Europa oder den USA üblich ist. Oder, wie die englische Presse es treffend bezeichnete: „First world standard, third world prices". Mit dem gesparten Geld lässt sich dann ein exzellenter Urlaub erleben. *Meditourism* nennen das die Südafrikaner. Über 30 Prozent der Patienten kommen mittlerweile aus dem Ausland.

Schönheitsfehler, vor allem Falten, werden schnell ausgebügelt. Aber auch Fettabsaugen, Brustvergrößerungen oder -verkleinerungen, Haarverpflanzungen, dentale Renovierungen oder Laser-Operationen am kurzsichtigen Auge sind Routine.

Viele Interessenten orientieren sich zunächst im Internet auf den ausführlichen Webseiten der kosmetischen Chirurgen, später persönlich bei einem Besuch in den Praxen. Sie konsultieren einige Ärzte, diskutieren ihre Renovierungspläne, die Kosten und Risiken. Ein ausführliches und unverbindliches Info-Gespräch mit einem Spezialisten kostet nur etwa 30 Euro. Die Mehrheit der Schönheitsaspiranten sind Frauen, die sich meistens Augen und Busen operieren lassen wollen. Männer tendieren zum Fettabsaugen ihrer Bierbäuche oder „Rettungsringe" (engl. *love handles*), aber auch zum Ent-Falten ihrer Augen, hauptsächlich, um gegen jugendlichere Konkurrenz im Beruf bestehen zu können.

Für die meisten *OPs* genügt ein Aufenthalt von zwei Wochen in Südafrika, 90% aller Eingriffe dauern nicht länger als 90 Minuten, bei lokaler Anästhesie. Lediglich die etwas komplizierteren und aufwendigeren Bauchstraffungen mit Fettabsaugen *(tummy tuck plus liposuction)* benötigen insgesamt drei Wochen Urlaubszeit. Meist ein Tag im privaten Krankenhaus, dann zur Erholung (mit regelmäßiger, im Preis enthaltener Nachkontrolle) in einem Hotel, Gästehaus oder Wellness Centre.

Und um das Ergebnis der Oberweiten-Expansion ihrer Partnerin bzw. der Bauchstraffung ihres Partners auch richtig scharf sehen zu können, empfiehlt sich eine Laser-Augenoperation (Lasik – *Laser Assisted In-situ Kertomileusis*) am kurzsichtigen Auge. Mit etwa 1500 Euro pro Augenpaar ein weiterer Preishit. Angaben zu Prozeduren, Preisen und Adressenlisten von Schönheitschirurgen, die Mitglieder der renommierten *Association of Plastic and Reconstructive Surgeons of Southern Africa* (APRSSA) sind, kann man auf diversen Websites nachlesen:

Kosmetische Chirurgie:
www.plasticsurgery.co.za
www.plasticsurgeon.co.za
www.cosmeticsurgeon.co.za
www.medhair.co.za
www.faceliftsa.com
www.cosmeticweb.co.za

Laserbehandlung am Auge:
www.eyelaser.co.za
www.eyenet.co.za
www.healthyeye.co.za

Zahnbehandlung:
www.hbds.co.za

Meditourism:
www.surgeon-and-safari.co.za

Essen und Trinken

Aufgrund des günstigen Rand-Umtauschkurses führen selbst häufigere Besuche in südafrikanischen Gourmet-Restaurants nicht zum finanziellen Ruin. Und ausgezeichnete Esstempel gibt es viele am Kap. Beliebt ist **Seafood** in allen Variationen, von Austern *(oysters)* bis Felslangusten *(crayfish)* und natürlich **Fleisch**, mit Vorliebe von hier und in Botswana aufgewachsenen „wahnsinnsfreien" Rindern. Aber natürlich auch vom **Wild** *(venison)*, wie Springbok, Kudu und Strauß *(ostrich)*. Südafrikaner sind echte Grillfanatiker: Fast alles, was sich bewegt, kommt auf den Rost. Barbecue wird hier **Braai** genannt und ist für Schwarz und Weiß eine fast kultische Handlung – und Sache der Männer.

Restaurants

Mit **Fast-food-Restaurants** ist Südafrika glücklicherweise nicht so flächendeckend versorgt wie die USA. Neben den beiden bekannten „Amerikanern" *KFC* und *McDonald's* gibt es die einheimischen Schnell-Plätze **Wimpys** (mit Bedienung am Tisch) und **Steers**, deren Pommes und Hamburger allerdings nicht an die des gelbroten Amis herankommen. Ein anderes südafrikanisches Fast-food-Restaurant schlägt dafür alle: **Nandos.** Der portugiesisch angehauchte Hühnerplatz hat außerdem eine witzig gemachte Website (www.nandos.co.za) und expandiert gerade in die USA. Die besten Pizzas gibt es bei **St. Elmos's** und **Butler's**, auch „to go".

Ein beliebtes südafrikanisches Familienrestaurant ist **Spur**, mit sehr kinderfreundlichen Filialen im ganzen Land. Das Plastik-Ambiente wirkt ebenso amerikanisch wie die Speisekarte mit Hühnchen, Burgern, Fajitas und Pommes in guter Qualität. Die recht gemütlich im New Orleans/Cajun-Stil dekorierten Filialen von **Mugg & Bean** finden sich meist in den großen Einkaufszentren. Es gibt viele kleine Gerichte und guten Kaffee, von dem man sich an einer Art Koffein-Tankstelle zu einem Festpreis beliebig viele Tassen nachschenken darf.

Sehr empfehlenswerte „Ketten"-Restaurants sind die Steakhäuser **Famous Butcher's Grill** und **Cattle Baron** und die Seafood-Spezialisten von **Ocean Basket.**

Preiskategorien

Restaurant-Preiskategorien im Buch (ein Menü, ohne Getränke und Trinkgeld)

RRRR: über 150 Rand **RRR:** 100 bis 150 Rand
RR: 50 bis 100 Rand **R:** unter 50 Rand

Africa Café in Kapstadt: Super-Restaurant im Ethno-Look

Eine andere, vor allem im Sommer am Kap sehr beliebte Art der Nahrungsaufnahme, ist das **Picknick.** Fertig zusammengestellte Gourmet-Picknickkörbe gibt es auf vielen Weingütern und in Hotels (siehe dort). Sie sind allerdings meist recht teuer (50 bis 90 Rand pro Korb). Günstiger ist Selber-Aussuchen der Leckereien in Delikatessen-Läden *(delis),* Farmläden *(farm stalls)* und in den hervorragend sortierten Lebensmittelabteilungen von **Woolworths** (www.woolworths.co.za), **Pick 'n Pay** (www.picknpay.co.za), **Spar** und **Shoprite/Checkers,** dem **preisgünstigsten** der vier großen Supermarkt-Ketten des Landes. In den Läden gibt es viele delikate Fertiggerichte und gut sortierte Frisch-Theken. Einzelne Produkte nebst diversen Rezepten sind in den Websites aufgelistet. Zur Überraschung vieler Besucher bekommt man im Supermarkt den Einkauf von den Verkäuferinnen in (kostenpflichtige) Plastiktüten gepackt. Woolworths hat außerdem in seinen Filialen im *Constantia Village* (s.S. 113) und im *Canal-Walk-Einkaufszentrum* stilvolle **Woolworths Cafés** (R-RR) eröffnet, wo leichte Gerichte, Kuchen und Kaffee aus dem Woolworth-Sortiment serviert werden.

Auch für **Braais** sind obengenannte Läden gut bestückt. Fleisch gibt es vom Rind, Kalb, Schwein und natürlich Strauß in allen Formen, wie Schnitzel, Steaks oder Hack, vakuumverpackt oder eingelegt in verschiedene Soßen. Besonders lecker sind die eingelegten Schweinerippchen *(pork spare ribs).* Dazu gibt es natürlich überall wo Grillfleisch verkauft wird auch Holzkohle, Anzünder und Grillroste. Utensilien, die selbstversorgende Mietwagenfahrer neben einer Kühlbox im Kofferraum transportieren sollten, da es auf vielen Rastplätzen, in Naturschutzgebieten und vor allem auf *Self Catering*-Übernachtungsplätzen Holzkohlengrills gibt.

Nachlesen: Restaurants und Weine

Im monatlich erscheinenden „*style*"-Magazin (R 16,95) sind neben interessanten Artikeln zu Südafrika regelmäßig Restaurant-Kritiken enthalten. Einmal im Jahr, in der November-Ausgabe, gibt es den sehr gut gemachten, handlichen 150seitigen „*style – Restaurant Guide*" im A-5-Format mit unabhängigen Restaurantkritiken als kostenloses Supplement zum Heft. Website: www.stylemagazine.co.za.

Ein andere Empfehlung für Gourmets ist der jährlich erscheinende „*Eat out – The Restaurant Guide of SA*" (R 34,95), ebenfalls im Magazin-Format und dort erhältlich, wo es Zeitschriften gibt. Herausgegeben wird er von Südafrikas Gourmet-Päpstin Lannice Snyman (editor@eat-out.co.za), die auch einige hervorragende Kochbücher, wie das ins Deutsche übersetzte „*Rainbow Cusine*", herausgebracht hat. Mit über 800 der besten Restaurants im Land auf 175 Seiten ist *Eat out* noch übersichtlicher und ausführlicher als der style-Magazin-Guide. Die Website zum Heft ist www.eat-out.co.za (dort können die Besucher u.a. die beschriebenen Restaurants selbst bewerten und die Speisekarten einsehen).

Immer aktuelle Restaurant-Kritiken finden sich außerdem in dem zweimonatlich erscheinenden Szene- und Veranstaltungsmagazin „*Cape etc.*" (R 14,95), wo es ausschließlich um Kapstadt und Umgebung geht.

Wer sich ernsthaft und etwas intensiver mit den **Weinen** Südafrikas beschäftigen möchte, kommt nicht um den „*Platter*" herum. Er gilt mit Recht als die „vinikulturelle Bibel" Südafrikas. Das dicke Büchlein erscheint jährlich neu. Regelmäßige Updates finden sich auf der Website www.platterwineguide.co.za. Neben Weinbeurteilungen (von keinem bis fünf Sternen) aller südafrikanischen Weinkeller gibt es u.a. genaue Beschreibungen aller Güter, der in SA angebauten Rebsorten, Tipps zu Gourmet-Restaurants und stilvollen Übernachtungen im Weinland. Sehr empfehlenswert ist das Buch **„Die Weine Südafrikas"** (Heyne Verlag).

In diesem Reise Know-How-Führer finden sich unter den **Weingütern** aufgrund ihrer Qualität oder Originalität von den Autoren ausgesuchte Plätze mit einer Auflistung ihrer jeweiligen Spitzenprodukte. Wer einen der genannten Weine zu seinem Lunch oder Dinner bestellt, wird auf keinen Fall eine böse Überraschung erleben.

Vin de Constance

Zu süß, um wahr zu sein. Der natursüße Dessertwein *Vin de Constance* aus Constantia, dessen Wurzeln mehr als 300 Jahre zurückgehen, darf wieder in die EU importiert werden. Napoleon soll ihn noch auf seinem Totenbett getrunken haben. Auch Bismarck hat ihn nachweislich geliebt. Und Jane Austen und Charles Dickens haben ihn literarisch gelobt. Jahrelang stand der Muskateller Constantia gleichberechtigt neben Sauternes und Madeira, Tokajer und Beerenauslese. Europäische Adels- und Bürgerhäuser delektierten ihn. Dann kam das abrupte Ende: Ende des 19. Jahrhunderts zerstörte die Reblaus die südafrikanischen Weinreben. Viele Betriebe gaben auf. Das Weingut Constantia wurde aufgeteilt.

1980 kaufte der südafrikanische Weinhändler Duggie Jooste einen Teil davon, das verlassene *Klein Constantia*. Er hatte eine Idee, ging durch die alten Aufzeichnungen und engagierte einen Muskateller-Traubenspezialisten, den in Deutschland ausgebildeten Ross Gower. 1990 wurde sein Traum Wirklichkeit: Nach über 100 Jahren erfreuten sich Weinliebhaber erstmals wieder an einem *Vin de Constance*.

Allerdings nicht in der EU. Der „süße Südafrikaner" verstieß gegen deren Gesetze, nach denen ein Wein nicht mehr als 15 Volumenprozent Gesamtalkohol (vorhandenen plus Restzucker) haben darf. Der Vin de Constance, gewonnen aus eingetrockneten Trauben, erreicht einen Alkoholgehalt von 14% und einen Resttraubenzucker von 100 g je Liter. In Deutschland wurde bezweifelt, dass so etwas überhaupt auf natürlichem Wege möglich sei. Aber die EU ließ sich belehren. Mittlerweile darf Südafrika 42 Millionen Liter Wein zollfrei einführen, und der weiße Muskateller wurde ebenfalls „verkehrsfähig", darf also jetzt auch nach Deutschland importiert werden. Im Gegenzug verpflichtete sich Südafrika, die geschützten original-europäischen Namen *Port* und *Sherry* in den kommenden Jahren nicht mehr für seine Produkte zu verwenden.

Bier & Co

Auch für **Biertrinker** wird das Kap immer interessanter. Nicht zuletzt deshalb, weil Ende 2001 in der Kapstädter Waterfront ein **Paulaner Bräuhaus** mit Biergarten (u.a. Weißbier vom Fass) seine Türen geöffnet hat. Selbst Südafrikaner, die sonst stur ihr fades Einheitsprodukt *Castle* abkippen, bekommen hier feuchte Augen. Einige Mikro- und Pub-Brauereien, wie *Mitchell's* und *Foster's* sind über die Kap-Provinz verteilt und bei den jeweiligen Orten genauer beschrieben. Wer gutes Bier in Flaschen oder Dosen (dann ist der Geschmack allerdings meist schlechter) kaufen möchte, sollte zu den Hopfenprodukten des Nachbarlandes Namibia greifen: *Hansa Bier* und *Windhoek Lager, Light, Export* und *Spezial* sind nach dem deutschen Reinheitsgebot gebraut. Andere empfehlenswerte Marken, die in und um Kapstadt verkauft werden: *Bavaria, Hofbräu* (von SA Breweries), *DAS* und die importierten Biere von *Becks, Carlsberg, Erdinger* und *Pilsner Urquell*.

Alkoholische Getränke gibt es in Südafrika meist nicht im Supermarkt, sondern nur in lizensierten **Bottle-** oder **Liquor Stores.** Über die Aufhebung des Verkaufsverbotes von Alkohol an Sonntagen wird gerade diskutiert. Einige Spar, Pick 'n Pay und Woolworth-Filialen verkaufen ebenfalls Wein.

Glossar Essen und Trinken in Südafrika

Biltong	durch Trocknen und Würzen haltbar gemachtes Fleisch, ähnlich wie *Beef Jerky* in den USA, aber von erheblich besserem Geschmack.
Bobotie	traditionelles Kapgericht: Hackfleisch-Curry, getoppt mit herzhaftem Ei-Pudding und auf mit Gelbwurz gewürztem Reis serviert.
Boerewors	wörtlich: Bauernwurst, würzige Bratwürste, die zu praktisch jedem Braai gehören und oft an Straßenständen wie Hot Dogs verkauft werden.
Bottle Store	Laden mit Lizenz zum Verkauf alkoholischer Getränke
Braai/Braaivleis	Barbecue, grillen
Bredie	traditionelles Kapgericht: Eintopf mit Gemüse und Lamm, Hühnchen oder Fisch.
Diner	klassisches amerikanisches Hamburger-„Restaurant" aus den 50er Jahren mit massig Chrom und Neon.
Dumpie	kleine Bierflasche.
Farm Stall	Laden, meist an der Straße (Road Stall), der hauptsächlich farmfrische Produkte verkauft.
Frikkadel	Fleischküchle, Frikadelle.

Kingklip	Südafrikas bester Fisch, mit festem, weißem Fleisch, wird meist gegrillt serviert.
Koeksisters	extrem süßes und klebriges Gebäck.
Linefish	allgemein für fangfrischen Fisch des Tages, auch wenn dieser, was meist der Fall ist, nicht geangelt, sondern im Netz gefangen worden ist.
Malva Pudding	traditioneller Nachtisch aus Aprikosen-Marmelade und Essig – muss nicht sein!
Mealie	Maiskolben
Mealie Pap	Maisbrei, Hauptnahrungsmittel der schwarzen Bevölkerung Südafrikas.
Melktart	Mischung aus Vanillepudding und Käsekuchen, mit Zimt bestreut, lecker!
Padkos	Picknick.
Pap and Sous	Maisbrei mit Soße.
Rooibos	wohlschmeckender und gesunder Tee aus den Blattspitzen des Rotbusches.
Rusk	steinhartes Gebäck, in das nur nach dem Einweichen in Kaffee oder Tee gebissen werden sollte.
Russian	große, rote Wurst *(sausage)*, die gebraten, aber meist kalt serviert wird.
Soft Drink	nichtalkoholisches Getränke (wie Coke oder Fanta).
Snoek	berühmter südafrikanischer Fisch mit festem Fleisch, der meist geräuchert verkauft wird.
Samoosas	mit Fleisch- oder Gemüse-Curry gefüllte kleine Teigtaschen nach indischer Art.
Sosatie	marinierte Hackfleischspieße.
Vienna	kleinere Version der Russian sausage.
Waterblommetjie Bredie	traditionelles Kapgericht: ein Eintopf aus Hammel, hyazinthenähnlichen Wasserblumen und Weißwein.

Schwein gehabt: zur Abwechslung mal kein Steak

Aktiv und kreativ

„Adrenalin-Aktivitäten" und Sportliches

Abseilen (Abseiling)

Direkt unterhalb der Seilbahnstation auf dem Tafelberg befindet sich der mit 112 m höchste kommerzielle *abseil* in Südafrika. Täglich möglich, 250 Rand p.P., ohne Seilbahnfahrt. Nicht vergessen: Nach dem Adrenalinstoß heißt es wieder zu Fuß auf'n Berg, und zwar 20 Min. steil nach oben. Vorher nach den Windverhältnissen erkundigen: oft ist es in der City windstill und oben bläst es wie verrückt. – Anbieter: *Abseil Africa,* 229 Long St, Tel. 021-4244760, thrills@adventure-village.co.za, www.adventure-village.co.za.

Brücken- und Bungee-Springen

Den mit 216 m welthöchsten kommerziellen Bungee-Jump kann man von der Bloukrans-Brücke an der Garden Route zwischen Plettenberg Bay und Tsitsikamma National Park absolvieren. An der niedrigeren Gouritsbrücke, ebenfalls an der Garden Route, gibt es sowohl Bungee-Sprünge als auch Brücken-Swingen im Tarzan-Stil. – Anbieter: *Face Adrenalin,* 10 Porterdown Rd, Bergvliet, Tel. 021-7125839, Fax 7126420, www.faceadrenalin.com.

Fahrrad- und Mountainbike-Touren

Rund um Kapstadt und natürlich an der Garden Route gibt es diverse Fahrrad- und Mountainbike-Trails. An vielen Orten lassen sich Fahrräder mieten. Von Kapstadt aus gibt es organisierte Biketouren ans Kap oder ins Weinland. Fahrräder und Fahrer werden per Bus und Anhänger in die jeweiligen Zielgebiete transportiert. – Anbieter: *Downhill Adventures,* Tel. 021-4220388, Shop 10, Overbeek Building, Ecke Orange-, Kloof- u. Long Street, downhill@mweb.co.za, www.downhilladventures.com; Mo, Mi und Fr je nach Buchung; ganztägige Touren ins Weinland und ans Kap; halbtägige Downhill-Fahrt den Tafelberg hinab. Die gesamte Ausrüstung wird gestellt. Ein weiterer Veranstalter von organisierten Radtouren ist *African Bikers,* Tel. 021-4652018, www.africanbikers.de.

Fliegen (Flying)

Die Schallmauer in einem Ex-Kampfjet zu durchbrechen ist derzeit die ultimative Flugerfahrung. Direkt am internationalen Flughafen von Kapstadt liegt *Thunder City* mit der größten Ex-Militär-Jet-Sammlung der Welt. Die Lage von „Donnerstadt" könnte nicht besser sein – zwischen Kapstadt und der Antarktis liegen einige zehntausend Quadratkilometer Meer, wo sich kaum jemand an Überschall-Detonationen stört. Es stehen einige Jets, vom *Bac Strikemaster* über *Hawker Hunter* und *Bae Buccaneer* bis zum *English Electric Lightning* für die nicht gerade preisgünstigen Flüge zur Verfügung. Aber es war bekanntlich schon immer etwas kostspieliger, einen außergewöhnlichen Geschmack zu haben. In diesem Fall sind zwischen 3500 und 9000 US-Dollar hinzublättern. Dafür gibt es neben dem eigentlichen Flug mit diversen Luftkampf-Manövern noch eine gründliche Vorbereitung am Boden, einschließlich Überlebenstraining, Schleudersitz- und Sauerstoff-Flaschenbedienung. Hangar-Besichtigung Di–So 10–17, 30 Rand Eintritt p.P. Infos: *Thunder City,* Cape Town International Airport, Tel. 021-9348007, www.thundercity.com.

Golf

Südafrika ist bekanntlich ein Paradies für Golfer und es gibt viele Plätze, vor allem in der Western Cape Province. Golfspielen ist erheblich günstiger und natürlich wettersicherer als in Mitteleuropa. Am besten erstmal im Internet durchchecken. Eine deutschsprachige Seite mit ausführlicher Beschreibung der 50 schönsten Plätze sowie weitere 300 Adressen ist www.suedafrikagolf.de. Die südafrikanische Seite zum Thema ist www.g-i.co.za mit Infos zu über 500 Golfclubs im Land.

Kloofing

Klettern und dann von ganz oben in mit Wasser gefüllte Felsenpools springen. – Anbieter: *Suicide Gorge,* Hottentots Holland Nature Reserve, Grabouw, shonep@hottentotsholland.co.za. 17 km Länge bzw. 5 h Dauer, Erwachsene 46 R, erm. 23 R. Fünf Gruppen zu je sechs Leuten sind an Wochenenden erlaubt, an Werktagen zwischen 12 u. 15 Leuten. Anstrengende Klettertour für erfahrene Wanderer. Der höchste Sprung ist 14 m hoch; leichte Schuhe und Neoprenanzug empfohlen. Eine andere, die *Riversonderend Route,* ist 15 km lang bzw. dauert 6 h. Höchster Sprung aus 7 m Höhe.

Reiten

Es gibt zahlreiche Möglichkeiten. Am Kap gilt *Noordhoek* als das Mekka für Pferdefreunde. Es gibt aber auch organisierte Ausritte im Weinland. Website: www.kapritt.co.za. – Anbieter: *Mont Rochelle Equestrian Centre,* Tel. 083-3004368, Mont Rochelle, Franschhoek, für Anfänger und erfahrene Reiter. *Noordhoek Beach Horse Rides,* Tel. 021-7831168, Imhoff Farm, M 65, Kommetjie, tägl. 9 u. 12 Uhr (120 R), 18 Uhr (140 R), zweistündige Sonnenuntergangs- und Frühstücksritte.

Sandboarding

Mit einem Snowboard mangels Schnee die Sanddünen runterrauschen. – Anbieter: *Downhill Adventures,* Tel. 021-4220388, www.downhilladventures.com.

Sea Kayaking

Entweder die Pelzrobben vor Hout Bay oder die Wale in der Walker Bay mit See-Kajaks aus nächster Nähe beobachten. – Anbieter: *Coastal Kayak,* Tel. 021-4391134, www.kayak.co.za. *Felix Unite,* Tel. 021-6701300, www.felixunite.co.za.

Surfen

Die Kapwellen locken Surfer mit und ohne Segel oder Kite aus aller Welt an. Die besten Windbedingungen für den Atlantik herrschen zwischen September und Mai. An der Garden Route brechen sie besonders schön in Mossel und Jeffrey's Bay. Websites: www.wavescape.co.za und www.windsurf.co.za. *Downhill Adventures* (Tel. 021-4220388, www.downhilladventures.com) bietet Surfkurse an.

Tauchen

Kalt, aber eindrucksvoll. Es gibt einige interessante Wracks und natürlich das berühmt-berüchtigte Käfigtauchen mit den Weißen Haien in Gansbaai und Mossel Bay.

Anbieter: *Dive Action,* 22 Carlisle Street, Paarden Island, Tel. 021-5110800, Sa/So 8.30, 10.30 u. 12.30 Uhr; spezialisiert auf Wracktauchen, 90 R pro Tauchgang. *Marine Dynamics,* Gansbaai, Tel. 082-3803405, jpb@iafrica.com, www.dive.co.za; tägl. 7–19 Uhr, Tauchen mit Weißen Haien, einschließlich Transport von/nach Kapstadt, 1000 Rand p.P. *Table Bay Diving,* Waterfront Adventures, Shop 7, Quay 5, Waterfront, Tel. 021-4198822, spero@netactive.co.za; verschiedene Tauchkurse, Wrack-, Nacht- und Haitauchen. *Two Oceans Aquarium Shark Dives,* Dock Rd, Waterfront, Tel. 021-4183822, market@twooceans.co.za, www.aquarium.co.za; tägl. 10, 12 u. 14 Uhr, 350 R mit Miet-

Tauchen am Kap

Ausrüstung, 275 R mit eigener Ausrüstung; halbstündige Tauchkurse im gigantischen Haitank des Aquariums und vielen Zuschauern auf der anderen Seite der dicken Glasscheibe, nur für qualifizierte Taucher und nach Voranmeldung. *Two Oceans Divers,* 15 Victoria Rd, Hout Bay, 021-7908833, campsbay@intekom.co.za, www.two-ocean.co.za; Tauchkurse, Tauchen vom Boot aus, Käfigtauchen mit Haien. *White Shark Adventures,* 13 Main Rd, Gansbaai, Tel. 028-3841380, www.whitesharkdiving.com; tägl. 8.30–14.30 Uhr, 850 Rand p.P., Transfer von/nach Kapstadt 200 Rand, einschließlich Frühstück und Mittagessen. *White Shark Diving Company,* Gansbaai, www.cape-explorer.com/shark/dive; tägl. 800 Rand p.P., einschließlich Ausrüstung und Verpflegung.

Tauch-Websites: Tauchzentren und -plätze unter www.divesouthafrica.com. Guide zu Riffen, Wracks und marinem Leben: www.openwater.co.za. Tauchplätze und -lodges: www.africandiving.com.

Geländewagenfahren

Auf allen Vieren. In Südafrika wird Geländewagenfahren unter 4x4 (*four by four*) abgehandelt, was sich auf die vier angetriebenen Räder bezieht. Eine äußerst populäre Freizeitbeschäftigung.

Am beliebtesten sind doppelkabinige 4x4 Pickups japanischer Herkunft, die auch oft mit Dachzelt und Safariausrüstung gemietet werden können. In der Kap-Provinz gibt es einige exzellente

4x4-Trails, meist auf privaten Farmen mit Übernachtungsmöglichkeiten – und immer durch grandiose, einsame Landschaften führend.

Eine jährlich aktualisierte Auflistung aller 4x4-Trails im Land bietet das Magazin **Drive Out**, das überall im Zeitschriftenhandel und in Buchläden für 34,95 R erhältlich ist. Das Heft hat auch eine eigene Website, www.driveout.co.za.

Die RKH-Top Five 4x4-Trails für die in diesem Buch beschriebenen Regionen:

Klipbokkop Mountain Resort Trail

Einer der schönsten Geländewagen-Trails im südlichen Afrika in grandioser Berglandschaft, 30 km von Worcester in der Western Cape Province. Insgesamt drei verschiedene Routen von 60 km Gesamtlänge. Camping und Hütten für Selbstversorger. Infos: *Elmarie Groenewald*, Tel. 082-579 4515, Fax 023-3420378, www.klipbokkop.co.za.

Wuppertal 4x4 Route

Die lokale *Coloured*-Gemeinde hat diesen spektakulären Trail gebaut, der vom Western Cape Tourism Board unterstützt wird; zwei Runden mit 14 km (3 h) und 49 km (9 h) Länge; einige haarig-steile Adrenalin-Sektionen, oder „Weißfingerknöchel"-Angelegenheit *(white knuckle stuff)*, wie die Südafrikaner sagen. Infos und Buchung: *Nollace Salamo*, Die Werf, Wuppertal 8138, Tel. 027-4823410 o. 4823033, Fax 4823410.

The Dunes 4x4 Trail

Sandfahren in einem riesigen, privaten Dünengebiet, Farm Suurfontein, 10 km außerhalb von Lambert's Bay, auf der Straße nach Clanwilliam, Tel./Fax 027-4321244; fantastischer Geländewagen-Spielplatz in kalahari-ähnlichen Inlands-Sanddünen auf einer privaten Farm. Auf Wunsch mit motorisierten Guides, die Besucher in wild modifizierten Ex-VW-Käfern begleiten, atemberaubende Dünenauf- und -abfahrten.

Hex River 4x4 Trail

Die wohl dramatischste Geländewagenstrecke im Western Cape, etwa 90 Min. von Kapstadt entfernt, Streckenlänge 75 km (8–10 h), einfache, aber schöne Übernachtungshütten, begleitete Touren möglich, die richtig schwierigen Strecken können umfahren werden. Kontakt: Niel de Kock, P.O. Box 53, Orchard 6870, Tel. 023-3562041, Fax 3568918.

Baviaanskloof

Von der landschaftlichen Schönheit her fast nicht zu schlagen, 250 km und vier Tage lang Natur pur, zwischen Patensie und Willowmore in der Eastern Cape Province, parallel zur berühmten Garden Route im Landesinneren, schöne Camp-Plätze mit Bademöglichkeit in glasklaren Flüssen. Kontakt: *Heston Ferreira*, P.O. Box 112, Patensie 6335, Tel. 042-2830578. Siehe Exkurs „Tal der Affen", S. 237.

Tiere und Pflanzen

Artenreiche Fauna

Wie im Vorwort erwähnt, können Besucher seit einiger Zeit in der malariafreien Region der Eastern Cape Province auf „Big Five"-Safari gehen. Viele nicht mehr ertragreiche Viehfarmen wurden zusammengelegt, Häuser samt Fundamenten und Dämmen entfernt, die ursprüngliche Vegetation wieder angepflanzt und Tiere, die z.T. seit über 100 Jahren ausgerottet waren, wieder angesiedelt.

Historische Aufzeichnungen zeigen, dass Mitte des 19. Jahrhunderts große Elefantenherden am Fish River gelebt haben, neben Löwen, Geparden und Leoparden. Die dicht mit Aloen und Speckbäumen bewachsenen Hügel und Berge der Region beherbergten einst Zehntausende von Tieren, waren damit Südafrikas am dichtesten bevölkertes Wildgebiet. Jäger und Farmer erlegten die letzten Löwen und Nashörner vor über 150 Jahren. Während Leoparden es immer verstanden haben „mit dem Menschen" zu leben, ihn zu meiden und zu überleben, mussten Löwen, Büffel und Nashörner wieder angesiedelt werden. Innerhalb des **Addo Elephant National Park** überlebten Gruppen von Elefanten, doch die „neuen" Dickhäuter der privaten Schutzgebiete stammen allerdings allesamt aus dem übervölkerten Krüger-Park. Nashörner und Löwen kamen zum Teil aus Namibia und Zimbabwe, andere ebenfalls aus dem Krüger-Park. Und in der Western Cape Province gibt es diverse Zuchtprojekte, wo maul- und klauenseuchenfreie Büffel von Jersey-Kühen aufgezogen werden. Im November 2002 wurde nur 90 Minuten von Kapstadt entfernt, in der Karoo zwischen Ceres und der N 1, im *Aquila Game Reserve,* das erste

Auf Safari: im Geländewagen mit Spurensucher

Breitmaulnashorn wieder angesiedelt. 200.000 Rand zahlte der neue Besitzer, und ein Weibchen soll demnächst nachkommen.

Der größte Vertreter der südafrikanischen Landsäugetiere ist der **Elefant** *(elephant)*, wobei das private *Shamwari Game Reserve* und der Addo Elephant National Park die wohl am leichtesten aufzuspürenden Herden besitzen.

Das seltene **Spitzmaulnashorn** *(black rhino)* lebt als Einzelgänger. Im Gegensatz zum Breitmaulnashorn frisst es kein Gras, sondern zupft mit seinen spitzen Lippen Blätter und Triebe von Büschen und Ästen. Sie sind leichter und kleiner als ihre breitmäuligen Kollegen. Das **Breitmaulnashorn** *(white rhino* – doch nicht von „weiß" ableitend, sondern vom afrikaansen Wort für weit bzw. breit, „wyd") lebt in kleineren Gruppen. Charakteristisch sind die nicht zu übersehenden Reviermarkierungen dominanter Männchen, gewaltig große, breitgetretene Dunghaufen. Das Breitmaulnashorn ist ein Relikt aus prähistorischer Zeit, als riesige Mega-Grasfresser die Erde bevölkerten.

Das recht harmlos wirkende **Flusspferd** *(hippopotamus)* ist in Afrika bei Tierbegegnungen für die meisten Todesfälle verantwortlich. Die tonnenschweren Kolosse sind an Land erstaunlich schnell. Selbst ein schneller Sprinter wäre nicht in der Lage, einem attackierenden Hippo davonzulaufen. Da ihre rosa Haut unheimlich empfindlich ist, kommen sie erst nach Sonnenuntergang aus dem Wasser, um zu grasen. Dann sollte man möglichst nicht zwischen sie und ihr Gewässer kommen. In der Western Cape Province haben vier Exemplare im sumpfigen *Rondevlei Nature Reserve,* am Stadtrand von Cape Town in den Cape Flats, überlebt. Im Shamwari Game Reserve und im Addo Elephant National Park leben größere Populationen.

Ebenfalls gefährlich sind **Büffel** *(Cape buffalo)*, vor allem ältere Bullen, die von ihrer Herde nicht mehr akzeptiert werden. Das *Buffalo Hills Nature Reserve* bei Plettenberg Bay hat neben wilden einige recht zahme Exemplare, die oft versuchen, beim Frühstück auf die Veranda des ehemaligen Farmhauses zu kommen um dort den Gästen das Brot vom Teller zu fressen ... Die Nashörner von dort kommen zwar ebenfalls auf den Rasen, sind aber nicht zahm, lediglich an Menschen gewöhnt. Also nicht streicheln! Das Naturreservat *Bartholomeus Klip* zwischen Tulbagh und Kapstadt (s.S. 173 hat ein interessantes Büffelaufzuchtprogramm etabliert: Jerseykühe ziehen die jungen, maul- und klauenseuchenfreien Jungbüffel auf.

Lieblinge aller Touristen sind die großen afrikanischen **Raubkatzen.** Nummer eins ist natürlich der **Löwe** *(lion),* der einzige, die in Gruppen bis zu 30 Tieren gemeinschaftlich lebt und jagt. Meist sind die Verbände jedoch kleiner. In privaten Naturparks, wie Kwandwe und Shamwari, wurden Löwen wieder erfolgreich eingeführt. Ihr kilometerweit zu hörendes Gebrüll während einer nächtlichen Pirschfahrt gehört zu den aufregendsten Geräuschen Afrikas.

Die schönste Katze ist der **Leopard** *(leopard).* Er ist ein Einzelgänger und Nachtjäger. Nur Weibchen leben mit ihrem Nachwuchs, bis dieser erwachsen ist. Selbst in der Nähe von Kapstadt, in den Hottentots Holland Mountains und den Cederbergen, haben einzelne Exemplare überlebt, von denen jedoch meist nur die Spuren gesichtet werden.

Der elegante **Gepard** *(cheetah)* ist kleiner, schlanker und erheblich langgestreckter als der Leopard. Sein Fell weist schwarze Punkte auf, das des Leoparden besitzt schwarze Rosetten. Die Krallen des schnellsten Landsäugetiers lassen sich, im Gegensatz zu allen anderen Raubkatzen, nicht ganz einziehen, da er seine Beute mit Geschwindigkeiten von bis zu 100 km/h hetzt und die Krallen als Spikes fungieren. Seinen langen Schwanz benutzt er dabei als Steuer. Er schafft jedoch nur recht kurze High-Speed-Sprints und ist danach meist so „fertig", dass ihm oft Hyänen, Leoparden, Wildhunde oder Löwen die Beute wegnehmen und, falls es ihm nicht gelingt zu flüchten, ihn sogar töten. Aus diesem Grund gehen Geparden – sehr touristenfreundlich –, meist tagsüber auf die Jagd, denn die anderen Raubkatzen sind alle Nachtjäger. In den beiden priva-

Der Leopard ist Afrikas schönste Großkatze

ten Game Reserves Kwandwe und Shamwari wurden einige Exemplare wieder angesiedelt. In „Gefangenschaft" lassen sie sich im *Wiesenhof Game Park* und bei *Cheetah Outreach* im Spier Wine Estate, beide bei Stellenbosch, sowie in der *Cango Wildlife Ranch* bei Oudtshoorn aus der Nähe beobachten.

Die **Ginsterkatze** *(genet)* wiegt nur zwei bis drei Kilo, hat ein gepunktetes Fell und einen langen Schwanz mit neun oder zehn schwarzen Ringen und ähnelt einer Hauskatze. Sie ist ein Einzelgänger und Nachtjäger.

In Bodennähe leben **Zebra- und Fuchsmangusten** *(banded* und *yellow mongoose)*. Während letztere meist Einzelgänger sind, kommen die Zebramangusten in Gruppen bis zu 40 Tieren vor.

Die **Afrikanische Wildkatze** *(african wild cat)* unterscheidet sich von der Hauskatze nur durch die längeren Beine und die rotbraunen Ohren. In Südafrika ist ihr Genbestand sehr gefährdet, da sie sich problemlos mit verwilderten Hauskatzen paart. Sie ist die am meisten verbreitete Katze im südlichen Afrika.

Tüpfelhyänen *(spotted hyaena)* mit ihrem charakteristischen, abfallenden Rücken wurden früher gerne als feige Aasfresser bezeichnet. Neuere Forschungen, die vor allem nachts stattfanden, enthüllten das genaue Gegenteil: Hyänen sind ausgezeichnete Jäger, die keine Angst haben, im Kampf um ihre Beute oder beim Schutz ihres Nachwuchses Löwen anzugreifen. Mit ihren mächtigen Kiefern knacken sie Knochen wie Nüsse. Ihr heiseres „Lachen" gehört zu den typischen Buschgeräuschen in Südafrika. Die **Schabrackenhyäne** *(brown hyaena)* ist etwas leichter und kleiner, außerdem kein so guter Jäger, verlässt sich daher mehr auf Aas und andere Futterquellen wie z.B. Straußeneier.

Der **Wild- oder Hyänenhund** *(cape hunting dog)* ist das gefährdetste Säugetier Südafrikas: Er ist schlank, langbeinig, besitzt große, runde Ohren und einen geraden Rücken. Das Fellmuster ist braun, schwarz und weiß gefleckt. Wildhunde leben in Rudeln von 6 bis 15 erwachsenen Tieren, plus Jungen. Sie sind tagsüber aktiv und hetzen ihre Beute im Pack zu Tode.

Der **Schabrackenschakal** *(black-backed jackal)* kommt fast überall in Südafrika vor. Sein Fell ist rotgelblich gefärbt, mit einem charakteristischen silberschwarzen Sattel. Er ernährt sich von Insekten, Beeren, Aas und von kleineren Säugern bis zur Größe einer kleinen Antilope. Hält sich am liebsten in trockener, offener Savannenlandschaft auf.

Kleiner sind die **Löffelhunde** *(bat-eared fox)* mit ihren riesigen Ohren, sie kommen wie die Schabrackenschakale in vielen Regionen Südafrikas vor. Sicher derjenige Fleischfresser, den Südafrika-Besucher am wahrscheinlichsten zu sehen bekommen.

Der dunkelbraune **Kap-Fingerotter** *(Cape clawless otter)* lebt in Flüssen und Flussdeltas, von wo aus er ab und zu bis ins Meer schwimmt. Er ist spätnachmittags und frühmorgens aktiv und auch recht flott auf dem Land unterwegs.

Das **Buschschwein** *(bushpig)* kommt in der Nähe von Wasserläufen vor. Da es mit Vorliebe Felder leerfrisst, mögen es Farmer nicht so gerne. Und weil ihr Hauptfeind, der Leopard, selten geworden ist, hat ihr Bestand dramatisch zugenommen.

Das **Stachelschwein** *(porcupine)* ist kein Fleischfresser. Es ernährt sich hauptsächlich von Knollen und Wurzeln. Seine langen schwarzweißen Stacheln, die man oft im Busch findet, werden gerne für Dekorationen verwendet. Das nachtaktive Tier ist relativ schwer zu beobachten. In den Randgebieten von Kapstadt gräbt es nachts bei der Futtersuche ganze Gärten um. Das **Warzenschwein** *(warthog)* ist im Gegensatz dazu tagsüber auf Nahrungssuche, deshalb auch recht häufig zu beobachten. Der Name rührt von den beiden Warzen unterhalb der Augen. Respekteinflößend sind seine gewaltigen Hauer, wobei die kleineren der Unterseite die erheblich gefährlicheren sind, da sie beim Fressen ständig von den oberen scharfgeschliffen werden, was schon vielen Leoparden das Leben gekostet hat. Warzenschwein-Fleisch ist eine Delikatesse, die manchmal in den privaten Wildniscamps auf den Tisch kommt.

Das **Erdhörnchen** *(Cape ground squirrel)* ist die einzige Hörnchen-Art im südlichen Afrika, die in großen Gruppen mit bis zu 30 Tieren zusammenlebt. Während der Tageshitze benutzen sie ihre buschigen Schwänze als Sonnenschirme.

Durch seine Sprünge erinnert der in der Dämmerung aktive **Springhase** *(springhare)* an Kängurus.

Die murmeltiergroßen **Klippschliefer** *(rock dassie)* sind echte Kämpfer. Selbst wenn sie dabei mehrere Meter tiefe Felsen hinunterstürzen, bekriegen sie sich weiter. Ähnlich wie Erdmännchen stellen sie Wachposten auf, wenn der Rest der Gruppe auf Nahrungssuche geht. Vor allem in den Bergen in und um Kapstadt sind sie sehr häufig zu sehen. Die auf dem Tafelberg sind die Zutraulichsten – trotzdem bitte nicht füttern.

In den im Buch beschriebenen Regionen gibt es zwei Affenarten: **Bärenpaviane** *(chacma baboon)* und **Grün-

Tiere und Pflanzen

meerkatzen *(vervet monkey)*. Während letztere nur an Flüssen und Wasserflächen leben, sind Paviane in nahezu allen Ökosystemen heimisch. Die Grünmeerkatzen verfügen über eine primitive Vor-Form einer Sprache. Die Affen kennen spezielle Warngeräusche für verschiedene Raubtiere.

Die bis anderthalb Meter großen **Paviane** sind nach dem Menschen die größten Primaten im südlichen Afrika. Wie Menschen auch fühlen sie sich in den verschiedensten Ökosystemen zuhause. Zwischen 30 und 40 Tiere leben unter Leitung eines dominanten Männchens in einem Clan zusammen. Ihre Nahrung besteht hauptsächlich aus Früchten, Insekten und Wurzelknollen. Wenn sich die Gelegenheit bietet, töten Paviane allerdings auch kleinere Säugetiere und Vögel. Berüchtigt sind die vier Pavian-Clans, die am Kap der Guten Hoffnung leben und durch Erfahrung Touristen und ihre Autos mit Nahrung assoziieren: Auf keinen Fall die Fenster offen stehen lassen oder die Paviane füttern!

Ein „herausragender" Bewohner Südafrikas ist das höchste Landsäugetier, die **Giraffe.** Sie ernährt sich fast ausschließlich von den oberen Blättern der Dornakazie. Mit ihrer guten Nase erschnüffelt sie die jungen Triebe, die sie dank ihres langen Halses ganz alleine für sich hat. Außerdem können sie so das Savannengelände, in dem sie sich aufhalten, besser beobachten. Starrt eine Gruppe von Giraffen gebannt in eine bestimmte Richtung, sind garantiert Löwen in der Nähe, ihre Hauptfeinde. In Shamwari und Kwandwe lassen sich Giraffen gut beobachten.

Nicht wegzudenken aus der afrikanischen Savannen- und Berglandschaft sind die attraktiven **Zebras,** von denen in Südafrikas zwei Arten vorkommen, das **Steppen-** *(Burchell's)* und das deutlich seltenere **Bergzebra** *(Hartmann's zebra)*. Im Gegensatz zu den Steppenzebras sind die Beine der Bergzebras gestreift. Bei beiden Arten fungiert das Streifenmuster als eindeutiges Identifizierungsmerkmal, quasi als „Fingerabdruck". Jedes Muster ist anders, und neugeborene Fohlen werden von ihrem Müttern einige Tage von der Herde abgeschirmt, um sich an deren individuelles Streifenmuster zu gewöhnen. An Wasserlöchern gesellen sich Steppenzebras gerne zu Antilopen, vor allem Gnus, die von den ausgezeichneten Geruchs-, Gehör- und Seheigenschaften der Gestreiften profitieren. Steppenzebras verteidigen sich gegen Geparden, Löffelhunde und Tüpfelhyänen durch Kicken und Beißen. Selbst Löwen haben oft Schwierigkeiten, ausgewachsene Zebras zu töten. Neben „normalen" Zebras lassen sich im Naturreservat Bartholomeus Klip auch rückgezüchtete *Quaggas* beobachten, eine nahezu streifenlose, ausgestorbene Zebraart.

Am häufigsten werden Südafrika-Besucher den Springbok und die **Schwarzfersenantilope** *(impala)* beobachten können. Sie haben sich bestens angepasst, überleben selbst auf stark in Mitleidenschaft gezogenem, ehemaligen Farmland, womit sie anderen, weniger anpassungsfähigen Antilopen den Lebensraum streitig machen. Charakteristisch ist das tiefe Röhren brünftiger Männchen, das man von solch eleganten Antilopen kaum erwartet. Impalas sind rotbraun mit weißem Bauch, ein schwarzes Band zieht sich vom Rumpf über den Oberschenkel. Nur die Männchen tragen Hörner.

Der **Springbock** *(springbok),* der von Besuchern anfangs oft mit dem Impala verwechselt wird, weil er ebenfalls in größeren Herden vorkommt, hat zwar ungefähr die gleiche Größe, unterscheidet sich allerdings durch die charakteristische Dreifärbung seines Fells: zimtbraune Oberseite, dunkelbrauner, breiter Seitenstreifen und weißer Bauch. Sowohl weibliche als auch männliche Springböcke tragen ein herzförmiges Gehörn. „Springbok" ist das Wildgericht, das in den Restaurants am häufigsten auf den Tisch kommt.

Das **Streifengnu** *(blue wildebeest)* lebte einst in riesigen Herden im südlichen Afrika. Sein Bestand hat durch Wilderei, Konkurrenz von Rindern und durch Zäune, die Migration verhinderten, drastisch abgenommen. Oft sterben die Tiere bei Trockenheit zu Tausen-

Elen-Antilope (Eland), eine der vielen Antilopenarten Südafrikas

Tiere und Pflanzen

den, weil Viehzäune ihre traditionellen Wanderungen zu den Wasserlöchern stoppen. Das **Weißschwanzgnu** *(black wildebeest)* kommt nur in Südafrika vor. Um 1900 stand die Antilope, die einst in Herden von Hunderttausenden durch die Ebenen zog, kurz vor dem Aussterben. Lediglich 550 Exemplare gab es noch. Heute sind es dank wirksamer Schutzmaßnahmen wieder gut 12.000 Tiere in vielen privaten und staatlichen Naturparks Südafrikas.

Der hübsche **Buntbock** *(bontebok)* gehört zu den seltensten Antilopen Südafrikas und kommt nur im südwestlichen Teil der Kap-Provinz vor. 1830 war er praktisch ausgerottet, doch 1992 war der Bestand durch strenge Schutzmaßnahmen wieder auf insgesamt 2000 Exemplare angewachsen. Speziell zu seinem Schutz wurde 1931 der *Bontebok National Park* in der Nähe von Swellendam gegründet. Die mit gut 400 Tieren größte Herde lebt heute im *De Hoop Nature Reserve* (südlich von Swellendam am Meer). Auch am Kap der Guten Hoffnung lassen sie sich gut beobachten.

Der **Blessbock** *(blesbok)* wird oft mit dem Buntbock verwechselt, hat allerdings viel weniger Weiß im Fellkleid und ist nicht so kräftig gefärbt. Um 1900 stark reduziert, haben sich die Bestände in Südafrika auf etwa 120.000 Exemplare erholt.

Die wunderschöne **Oryx-Antilope** *(gemsbok)* ist ein nicht zu unterschätzender Kämpfer. Ihre zwei langen, V-förmigen Hornspieße dienen bei der Verteidigung als tödliche Waffen, was schon des öfteren Löwen und Wilderern zum Verhängnis geworden ist. Sie kommen in den im Buch beschriebenen Regionen nicht natürlich vor. Einige Reservate, wie Kwandwe, haben jedoch Exemplare ausgesetzt, weil sie so attraktiv aussehen.

Die **Elen-Antilope** *(eland)* ist die größte der afrikanischen Antilopen. Wie die Oryx-Antilope auch, ist das Eland hervorragend an ein trockenes Klima angepasst. Eine sehr gute Chance Elen-Antilopen zu sehen, besteht im De Hoop Nature Reserve und im Cape of Good Hope Nature Reserve, das zum Table Mountain National Park gehört.

Einen majestätischen Anblick bietet die schwarze **Rappenantilope** *(sable antelope)*, die aufgrund ihrer bis zu 120 cm langen und nach hinten geschwungenen Hörner eine beliebte Jagdtrophäe darstellt. Das Tier ist zunächst braun und wird mit zunehmenden Alter immer schwärzer. Wiederansiedlungen der Antilopen in privaten Wildniscamps funktionieren gut. In den im Buch beschriebenen Regionen kam die Antilope allerdings nie natürlich vor.

Zu den häufiger vorkommenden Antilopen gehören das **Große Kudu** *(greater kudu)*. Die Hörner der Männchen drehen sich spiralförmig nach oben und erreichen Längen von bis zu 1,8 Meter. Kudus sind berühmt für ihre Sprungkraft. Selbst zwei Meter hohe Zäune sind kein Problem, sie werden locker aus dem Stand bewältigt.

Der kräftig gebaute **Ellipsenwasserbock** *(waterbuck)* lebt in wasserreichen Gebieten. Charakteristisch ist der runde, weiße Kreis an seinem Hinterteil, der aussieht, als hätte das Tier eine Zielscheibe auf dem Hintern. Die Markierung dient bei der Flucht als Orientierung für nachfolgende Herdenmitglieder.

Der **Kronenducker** *(common duiker)* gehört zu den am weitesten im südlichen Afrika verbreiteten Antilopen und überlebt sogar sehr nahe an menschlichen Wohn- oder landwirtschaftlichen Nutzgebieten. Er kommt in allen Vegetationsgebieten vor, von Meereshöhe bis auf 1800 m. Sein Afrikaans-Name *duiker* kommt von seiner Eigenschaft, bei Gefahr ins Unterholz abzutauchen.

Der **Klippspringer** *(klipspringer)* ist ein unglaublich guter Kletterer, den selbst steile Felswände und Klippen nicht aufhalten können. Er ist in allen Berggebieten Südafrikas heimisch.

Die kleinen **Steinböckchen** *(steenbok)* mit ihren großen Ohren sind im gesamten südlichen Afrika weitverbreitet.

Der **Kap-Greisbock** *(Cape grysbok)* lebt in den Küstengebieten der südwestlichen, südlichen und östlichen Kap-Provinz, hauptsächlich in der Fynbos-Vegetation. Im Addo Elephant National Park wurden einige Exemplare ausgesetzt. Ihr Bestand hat sich gut entwickelt. Sein Hauptfeind heute sind verwilderte Haushunde in der Nähe menschlicher Siedlungen.

Neben den natürlich vorkommenden Tieren haben sich im Laufe der Zeit auch „Ausländer" an das südafrikanische Klima gewöhnt. Cecil Rhodes brachte im 19. Jahrhundert ein Pärchen der putzigen, ursprünglich aus Nordamerika stammenden **Hörnchen** *(grey squirrel)* aus England mit und setzte sie in den Kapstädter *Gardens* aus, von wo sie sich weit in die Wälder der gesamten Western Cape Province ausgebreitet haben. Er war jedoch nicht der erste. Vor über 300 Jahren setzte Jan van Riebeeck **Kaninchen** *(rabbit)* auf Robben Island aus, deren Nachkommen noch heute dort herumhoppeln.

Wesentlich seltener zu sehen ist das **Himalaya-Tahr**, von dem mehrere hundert Stück gut versteckt auf dem

Tafelberg leben. 1935 kam ein Paar dieser ziegenartigen Tiere aus China in den ehemaligen Zoo des Groote Schuur Estates, unterhalb vom Devil's Peak. Beide brachen aus und vermehrten sich flott. 1971 wurden bereits 270 Stück gezählt. Da sie, typisch Ziege, alles fressen was grün ist, stellen sie eine ernste Gefahr für die einheimische Fynbos-Vegetation dar. Die Tiere auszurotten ist nicht einfach, da sie sich oft in kleinen, geschützten und unzugänglichen Kluften des Tafelbergmassivs aufhalten. Die Männchen mit ihren beeindruckenden Mähnen werden bis zu 105 Kilogramm schwer.

Zu Anfang des 20. Jh. zur Jagd ausgesetzte **Wildschweine** *(wild boar)* leben auf den Farmen der Westküste in großer Zahl. Weitere Einwanderer sind europäische **Hausratten** *(house rat)* und **-mäuse** *(house mouse)*, die auf Schiffen in die südafrikanischen Hafenstädte gelangten und sich von dort aus im ganzen Land verbreitet haben.

Auf Inseln vor der Atlantikküste leben **Pelzrobben** *(Cape fur seals)* in größeren Gruppen. Bootstouren zum Robben-Beobachten gibt es nach *Duiker Island* bei Hout Bay und *Dyer Island* vor Gansbaai.

Südafrikas größte Säugetiere sind die Wale, vor allem **Glatt-** *(southern right whale)* und **Buckelwale** *(humpback whale)*, die mittlerweile wieder in großer Zahl zwischen Juli und November die Küste östlich und westlich des Kaps besuchen und dort hervorragend vom Land (Hermanus und De Hoop Nature Reserve) oder vom Schiff aus beobachtet werden können. Adrenalinfördernd sind Tauchgänge im Käfig zu den Jagdgründen der **Weißen Haie**.

In Südafrika gibt es eine ganze Reihe von **Schlangen.** Die Bisse vieler von ihnen, wie **Kap-Kobra** *(Cape Cobra)*, **Puffotter** *(puff adder)* und **Baumschlange** *(boom slang)* sind meist tödlich. Die meisten Besucher bekommen sie allerdings nur in **Schlangenparks** *(snake parks)* zu sehen.

Vogelfreunde finden traumhafte Verhältnisse vor. In Südafrika leben gut zehn Prozent aller weltweit existierenden Vogelspezies – über 900 Arten kommen vor. Mehr als 130 von ihnen sind endemisch, leben also nur hier. Berühmt ist Südafrika für seinen flugunfähigen Laufvogel, den **Strauß** *(ostrich)*, der früher wegen seiner Federn gezüchtet worden ist. Heute verdienen die Farmer hauptsächlich an seinem Leder. In einigen Schutzgebieten kommt er noch wild vor.

Auffallend groß (Höhe bis zu 1,25 m) sind die **Sekretäre** *(secretary bird)*, die auf der Suche nach Schlangen und anderen Kriechtieren immer paarweise durch Wiesen und Felder stolzieren. Erwachsene haben leuchtend orange-farbene Gesichter, Jungvögel gelbe.

Vor allem auf den der Küste vorgelagerten Inseln, aber in der westlichen Kap-Provinz auch auf dem Festland, gibt es die bis zu 60 Zentimeter großen **Brillenpinguine** *(African penguins)*.

Andere Seevögel, die im Meer jagen, sind die verschiedenen **Sturmvögel** *(petrels)*, **Sturmtaucher** *(shearwaters)* und **Albatrosse** *(albatrosses)*, die weit draußen in der See leben und nur zum Brüten an Land kommen, die wunderschönen **Kap-Tölpel** *(gannets)*, **Fregattvögel** *(frigatebirds)* und die fischfressenden **Kormorane** *(cormorants)*.

Die Frisch- und Brackwasservögel umfassen vor allem **Enten** *(ducks)* und **Gänse** *(geese)* und kommen an Seen, Tümpeln und Wasserläufen vor. Manche sind auf Sümpfe im Landesinnern spezialisiert, andere auf Meereslagunen. Die meisten von ihnen sind sehr mobil und ständig auf dem gesamten afrikanischen Kontinent unterwegs, um gute Brut- und Futterplätze zu finden.

In Südafrika wurden bislang 70 verschiedene Raubvögel gezählt. Adler, Geier, Falken und Habichte kommen im ganzen Land vor. Beeindruckend sind die über einer kurz zuvor gerissenen Beute kreisenden **Geier** *(vultures)*, oder der einsame **Gaukler** *(bateleur eagle)* mit seinem knallroten Schnabel und seinen ausgezeichneten Flugkünsten. **Fischadler** *(osprey)* und der attraktive **Schreisee-Adler** *(fish eagle)* fressen ausschließlich Fisch, und der 20 cm große **Zwergfalke** *(pygmy falcon)* ist so klein, dass er mit den Webervögeln in deren riesigen Nestern lebt.

Kraniche ähneln Störchen oder Reihern, sind aber typische Graslandbewohner. Schönstes Beispiel ist der **Kronenkranich** *(crowned crane)* mit seiner „Punkfrisur". Der **Paradieskranich** *(blue crane)* trägt sein Gefieder lang wie eine Schleppe und ist Südafrikas Wappenvogel (das Kwandwe Private Game Reserve ist nach ihm benannt, Kwandwe kommt aus der Xhosa-Sprache und bedeutet „Platz des Paradieskranichs").

Die Watvögel haben alle lange Beine und Hälse und Schnäbel, die den verschiedenen Fressgewohnheiten angepasst sind. **Reiher** *(herons)* haben dolchähnliche Schnäbel, um Fische und Frösche aufzuspießen. **Löffler** *(spoonbills)* haben eigenartige, flach endende Schnäbel, mit denen sie im Wasser hin- und herstreichen

um kleine Tiere zu fangen. **Ibisse** *(ibis)* besitzen lange gebogene Schnäbel, um im weichen Sumpfboden herumzustochern, und die der Störche *(stork)* sind groß und fest, um kleine Tiere und Frösche aufzupicken.

Weitere Vogelarten sind **Tauben** *(pigeons);* Turakos *(louries);* **Bartvögel** *(barbets);* **Mausvögel** *(mousebirds,* die, wenn sie an Bäumen und Ästen „entlangkrabbeln", tatsächlich an Nagetiere erinnern); **Fischer** *(kingfishers,* die ihre kompakten Körper mit den festen Schnäbeln ins Wasser tauchen, um Fische zu erbeuten); **Bienenfresser** *(bee-eaters);* **Racken** *(rollers);* **Wiedehopf** *(hoopoe);* **Eulen** *(owls);* **Nachtschwalben** *(nightjars);* **Segler** *(swifts);* **Schwalben** *(swallows);* **Finken** *(finches);* **Webervögel** *(weavers);* **Wida** *(widows);* **Stare** *(starlings);* **Lerchen** *(larks);* **Pieper** *(pipits);* die kleinen **Nektarvögel** *(sunbirds)* und **Honigfresser** *(sugarbirds)* sind wunderschön gefärbt und leben im *Kap-Fynbos.*

Einzigartige Flora

Das Wort **Fynbos** kommt ursprünglich aus dem Holländischen und bedeutet „feinblättrige Pflanzen". Obwohl der **Fynbos** nur ein kleines Areal in der Kap-Provinz einnimmt, ist er mit nur 0,04 Prozent der Landfläche der Erde eines der sechs großen Florenreiche der Welt (die anderen fünf bedecken riesige Gebiete, wie zum Beispiel fast die gesamte nördliche Hemisphäre oder ganz Australien).

Das Kap-Florenreich ist das kleinste, trotzdem aber das artenreichste der Welt mit der größten Konzentration von Pflanzenarten. Es gibt über 7700 im Fynbos, von denen 5000 im Western Cape endemisch sind. Die 470 km² große Kaphalbinsel weist 2256 verschiedene Pflanzenarten auf, der 60 km² große Tafelberg 1470. Es kommen 600 verschiedene Erica-Arten vor, im Rest der Welt gibt es nur 26.

Fynbos ist sehr anfällig für Biotop-Veränderungen. Der Bevölkerungsdruck im Western Cape hat bereits dazu geführt, dass einige Arten ausgestorben sind, 500 gelten als sehr gefährdet.

Die Böden unter dem Fynbos sind extrem nährstoffarm, was bedingt, dass auch die Pflanzen selbst wenig Nährstoffe aufweisen, deshalb keine größeren Tierherden am Leben halten können. So existiert im Fynbos nur eine eingeschränkte Artenvielfalt.

Auch an der **Westküste** und im Namaqualand gibt es viele endemische Pflanzen. Das Gebiet, das sich bis zur namibischen Grenze erstreckt, hat sehr geringe, episodische Niederschläge, was sich im Pflanzenleben widerspiegelt. Es gibt sehr viele **Sukkulenten** (wasserspeichernde, dickblättrige Pflanzen), und etwa 200 von ihnen sind gefährdet. Sobald es allerdings regnet, kommt es zu dramatischen Veränderungen: Das braune *Veld* explodiert im Frühling (August und September) zu einem gewaltigen Farbenrausch, bunte **Blumenteppiche** ziehen sich oft bis zum Horizont. Beste Plätze um dieses Naturschauspiel zu erleben, ist der *Westcoast National Park* und nördlich davon die Gegend zwischen Lambert's Bay und Clanwilliam in den Cederbergen.

Das aride Inland-Plateau wird von typischer **Karoo-Vegetation** beherrscht: kleinen, niedrigen Büschen und Sukkulenten, die weit auseinanderstehen. Sobald es mehr regnet, entstehen großflächige Graslandschaften. Die einzigen Bäume in dieser Region kommen an den wenigen Wasserläufen vor.

In den Inlandgebieten der Eastern Cape Province herrscht **Grasland** vor, ebenfalls mit wenigen Bäumen. In den heißen und feuchten Sommern wächst das Gras sehr schnell, kommt dann im trockenen, kalten Winter in eine Ruheperiode. Das Grasland geht ohne klare Trennung in die halbwüstenhafte **Karoo** über. Sobald es trocken wird oder Gebiete von Vieh überfressen worden sind, breiten sich die Karoo-Büsche ins Grasland aus.

Die dicht besiedelten Küstenstreifen der östlichen *Western Cape Province* und der westlichen *Eastern Cape Province* waren einst dicht bewachsen mit **immergrünem Urwald**. In und um Knysna sind noch einige Bestände erhalten geblieben und geben einen guten Eindruck, wie die Gegend vor der Ankunft der ersten Europäer ausgesehen hat.

Die Königsprotea (Protea cynaroides) ist Südafrikas Nationalblume

Geschichte
Von der Urzeit in die Gegenwart

Vor etwa 120.000 Jahren
Hinweise auf erste menschliche Siedlungen an der Langebaan-Lagune. Die dort entdeckten versteinerten Fußabdrücke sind die ältesten der Welt von aufrecht gehenden Menschen.

Vor etwa 70.000 Jahren
Im Dezember 2001 wurden in der Blombos-Höhle in der Nähe vom Cape Agulhas, Afrikas südlichstem Punkt, etwa 250 Kilometer östlich von Kapstadt, sensationelle neue archäologische Funde gemacht, ca. 70.000 Jahre alte Artefakte und Felsgravuren, die erneut bestätigen, dass die Wiege der Menschheit in Afrika lag. Neben 28 Knochenwerkzeugen fanden Archäologen etwa 8000 Ockersteine mit Gebrauchsspuren, die zeigen, dass die Steine gemahlen und zur Verzierung der Körper verwendet wurden. Ein Indiz für zeremonielle und religiöse Aktivitäten. Am beeindruckendsten war jedoch der Fund zweier roter Ockerstücke, die abgeflacht und mit komplizierten, gekreuzten Mustern graviert worden waren – möglicherweise die ältesten jemals gefundenen Relikte menschlicher Kunst.

Südafrika ist eine wahre Fundgrube an prähistorischen Felsmalereien und Relikten erster menschlicher Ansiedlungen

Vor etwas 30.000 Jahren
Skelette und Werkzeuge von steinzeitlichen Jägern und Sammlern wurden im Bereich von Foreshore, Maitland, Peers Cave in Fish Hoek, im südlichen Teil der Kaphalbinsel und in den Cape Flats entdeckt.

Um 700
Rinderknochen aus dieser Zeit werden in der gesamten südwestlichen Kap-Provinz entdeckt. Ein Hinweis auf frühe Viehzüchtung der Khoikhoi am Kap.

1497
Der portugiesische Seefahrer *Vasco da Gama* umsegelt das Kap der Guten Hoffnung auf seinem Weg von Europa nach Indien.

1503
Ein anderer portugiesischer Seefahrer, *Antonio de Saldanha,* gilt als der erste Europäer, der in der Tafelbucht südafrikanischen Boden betrat. Er taufte sie daraufhin, wenig bescheiden, *Saldania*. Nach dem Besteigen des Tafelberges wurde er in einer Auseinandersetzung mit Angehörigen der Khoikhoi verletzt und verließ das Kap. 1601 tauften die Holländer Saldania in „Tafelbucht" *(Tafel Baai)* um.

Die holländische „Noord-Nieuwland" in der Tafelbucht (1762)

1510	*Dom Francisco de Almeida,* erster portugiesischer Vize-König von Indien, landete am Kap, um in der Nähe des heutigen Kapstadt an einem Fluss Trinkwasser aufzunehmen. Beim Versuch, in einem in der Nähe liegenden Khoikhoi-Dorf Rinder zu stehlen und Kinder zu entführen, werden er und die Hälfte seiner 150 schwer bewaffneten Männer von den Khoikhoi getötet.
1608	Die ersten holländischen Seefahrer führen einen Tauschhandel mit den Khoikhoi, um Frischfleisch für ihre Schiffsbesatzungen zu bekommen.
1652	**Jan van Riebeeck** und seine Frau Maria de la Quellerie kommen im Auftrag der holländischen *Vereinigde Oost-Indische Compagnie* (VOC) ans Kap und gründen mit Auswanderern die erste permanente europäische Siedlung. Eine Tagebuchaufzeichnung spricht von Schnee auf dem Tafelberg bei der Ankunft und von Khoikhoi, die den Neuankömmlingen Nahrung verweigerten, worauf diese gezwungen waren, Vogeleier zu sammeln und Pinguine von Robben Island zu fangen, zu schlachten und zu essen.
1666	Es wird mit dem Bau des Kastells *Goode Hope* (Castle of Good Hope) begonnen.
1688	Hugenotten flüchten vor religiöser Verfolgung in Frankreich auf holländischen Schiffen ans Kap. Sie lassen sich in Franschhoek, der „französischen Ecke" nieder, wo sie Weinreben anpflanzen und Trauben keltern.
1693	Nachdem er in Java einen Aufstand organisiert hatte, wird Scheich Yusuf ans Kap exiliert. Er ist einer von vielen Moslems, die in der Folgezeit ans Kap geschickt werden und die Wurzeln der moslemischen Gemeinde legen.
1713	Eine Pockenepidemie tötet Tausende von Menschen in Kapstadt. Weitere Ausbrüche folgen 1755 und 1767.
1750	Kapstadt besteht mittlerweile aus etwa 1200 Gebäuden und einer Bevölkerung von 2500 Bürgern, freien Schwarzen und Sklaven. Die Straßen sind schlammig und voller Abfall und Fäkalien, die nachts dorthin anstatt ins Meer gekippt werden. Haustiere und Zugochsen laufen frei herum. Die

Geschichte

Wäsche der Bürger wird von Sklaven in den Flüssen gewaschen, die vom Tafelberg ins Meer fließen, während die Kanäle in der Stadt immer wieder mit Dreck verstopfen. Weltweit geht die Dominanz der Holländer zurück.

1756 Das *Burgherwacht Huys* wird fertiggestellt. Es heißt heute *Old Town House* und ziert noch immer den Greenmarket Square.

1780–1783 Vierter Englisch-Holländischer Krieg. Französische Truppen werden ans Kap geschickt, um die Holländer gegen die Briten zu verteidigen. Kapstädter werden von der französischen Mode stark beinflusst.

1795 Erste britische Besetzung des Kaps. Nach Schlachten in Muizenberg und am Wynberg Hill etablieren sich die Engländer und führen einige britische Traditionen in Kapstadt ein, wie Tageszeitungen, Cafés und Pferderennen.

1806 4000 britische Soldaten landen nördlich der Tafelbucht und schlagen die Holländer in der Schlacht von Blouberg. Sie ernennen Kapstadt zur Hauptstadt ihrer Kapkolonie (die Engländer hatten bereits 1620 formell das Kap annektiert, aber keine Siedler geschickt, um den Anspruch zu untermauern). Zwischen 1795 und 1803 hatten sie das Kap kurz besetzt. Nun kamen sie, um zu bleiben.

1838 Am 1. Dezember endet offiziell die Sklaverei am Kap. Alle Sklaven erhalten ihre Freiheit.

1860 Sträflinge bauen Kapstadts Wellenbrecher und die Alfred Docks in der Tafelbucht. Nach dem Zweiten Weltkrieg ging die Bedeutung Kapstadts als Hafen deutlich zurück. Erst in den 1990er Jahren begannen sich die aufwendigen Hafenkonstruktionen richtig auszuzahlen: die neue Touristenattraktion **Victoria & Alfred Waterfront** entstand.

1864 Die Fertigstellung der Eisenbahnlinie zwischen Kapstadt und Wynberg beschleunigte das Wachstum der südlichen Vororte. 1885 wurde Kapstadt mit Kimberley verbunden, 1892 mit Johannesburg.

1879 In Kapstadt wird eine Rollschuhbahn eröffnet, allerdings nur für Weiße. Obwohl Kapstadt bis in die 1950er Jahre als Südafrikas liberalste Stadt galt, nahm die Trennung der Rassen im späten 19. Jahrhundert rapide zu – in Krankenhäusern, Gefängnissen, Schulen, Hotels und Theatern.

1896 Carl Herz führt den ersten Film in Kapstadt vor. Seine 90-Sekunden-Produktion zeigt schottischen Tanz, marschierende Soldaten und einen Boxkampf.

1899 Der Beginn des Englisch-Burischen Krieges.

1901 In Kapstadt bricht die Beulenpest aus. Die Kapregierung nutzt die Epidemie als Begründung, um eine räumliche Rassentrennung für Schwarze, die hauptsächlich betroffen waren, einzuführen. Zwei Gebiete werden etabliert, eines in der Nähe der Hafendocks, das andere in Ndabeni bei Maitland.

Geschichte

1902 — Die African Political Organisation (APO) wird bei einem Treffen in Claremont gegründet. Sie ist die erste wichtige politische Partei mit mehrheitlich *Coloureds* als Mitglieder. Ihr Vorsitzender zwischen 1905 und 1940 war Dr. Abdullah Abdurahman, der 1904 zum ersten farbigen Stadtrat gewählt worden war.

1929 — Etablierung der Kirstenbosch Botanical Gardens.

1950 bis 1991 — Der *Group Areas Act* – das Gesetz der räumlich getrennten Entwicklung – zerstört natürlich gewachsene Gemeinden. Die *National Party* entfernt gewaltsam Hunderttausende von Menschen aus ihren Häusern und Wohnungen. Der multiethnische, historische Stadtteil District Six wird 1966 mit Bulldozern dem Erdboden gleichgemacht. Das menschliche Elend ist unbeschreiblich. Es gibt viele Selbstmorde, und die Kriminalitätsrate in den „neuen" Wohngebieten steigt rapide an – und bleibt bis heute sehr hoch.

1960 — Nach zwei Wochen Anti-Pass-Protesten und -Streiks marschieren 30.000 schwarze Bewohner der beiden Townships Langa und Nyanga in die City zur Polizeistation am Caledon Square. Eine spontane Reaktion auf die einige Tage vorher erfolgte Erschießung von streikenden Arbeitern. Die Polizei gibt vor, ein Treffen mit der Regierung zu organisieren, woraufhin sich die Menge beruhigt und auflöst. Zwei Tage später werden die Streikführer verhaftet und der Ausnahmezustand erklärt.

1961 — Südafrika verlässt den Commonwealth, um eine Republik zu werden.

1967 — Christiaan Barnard führt die erste Herztransplantation der Welt im Kapstädter Groote-Schuur-Krankenhaus durch.

1985 — Die Aufhebung der Passgesetze führt dazu, dass Kapstadt zu einer der am schnellstwachsenden Städte der Welt wird. Etwa 6000 verarmte Schwarze aus ländlichen Gebieten strömen pro Woche auf der Suche nach Arbeit in die Stadt. Schul- und Universitätsproteste nehmen ebenso zu wie Aufstände in den Townships. Die National Party dehnt den Ausnahmezustand auf die Kap-Provinz aus.

1989 — Ein Jahr „illegaler" Proteste, Demonstrationen und Märsche in der Kapstädter City und an den Stränden, die immer noch nach Hautfarben getrennt sind.

1990 — Nach 27 Jahren Haft steht *Nelson Mandela* kurz nach seiner Entlassung aus dem Gefängnis von *Robben Island* auf dem Balkon der City Hall vor einer gigantischen Menschenmenge. Seine Anhänger wollen Rache, doch der große alte Mann ruft zur Versöhnung und zum friedlichen Nebeneinander aller Rassen auf, ohne das es keine Zukunft für Südafrika geben könne. Ein Wendepunkt in der Geschichte des Landes.

Geschichte

1994 *One man, one vote.* Die ersten demokratischen Wahlen gewinnt, wie zu erwarten, der *ANC* mit großer Mehrheit. Der ehemalige Staatsfeind Nummer eins, Nelson Mandela, wird der erste schwarze Staatspräsident Südafrikas.

1996 Die Wahrheit- und Versöhnungskommission *(Truth and Reconciliation Commission),* ins Leben gerufen, um die Apartheidverbrechen öffentlich zu machen, beginnt mit ihren im Fernsehen übertragenen Anhörungen von Opfern und Tätern. Die neue, liberale und föderale Verfassung wird Gesetz. Die letzten Gefangenen und Wärter verlassen Robben Island.

1997 Mandela tritt als ANC-Präsident zurück und übergibt das Amt an seinen Nachfolger, *Thabo Mbeki.*

1999 Der ANC gewinnt die zweiten demokratischen Wahlen mit noch größerer Mehrheit als 1994. Robben Island wird UN-Weltkulturerbe *(UN World Heritage Site).*

2000 Eine Ölkatastrophe in der Tafelbucht führt zur weltgrößten Pinguin-Rettungsaktion.

2003 Nelson Mandela ruft, und internationale Top-Musiker, von Bono bis Queen, von Peter Gabriel bis Eurythmics, von Jimmy Cliff bis Ladysmith Black Mambazo, aus aller Welt kommen, um in einem Aids-Benefiz-Konzert in Kapstadt aufzutreten. Das Motto der gigantischen Veranstaltung ist „46664", Mandelas Gefängnisnummer auf Robben Island. Über 40.000 Zuschauer sind vor Ort im Kapstadter Greenpoint Stadium, Millionen weltweit vor den Fernsehern.

TIPP
> **46664** – die Doppel-DVD zum Aids-Benefiz-Konzert mit der beeindruckenden Rede des 85jährigen Nelson Mandela und einzigartigen Darbietungen internationaler und lokaler Rock-Größen. Das Lebensgefühl Südafrikas und Kapstadts kommt in dem überarbeiteten Live-Mitschnitt hervorragend rüber. Einige Höhepunkte des 255 Minuten langen Konzerts sind der erste öffentliche Auftritt von Yusuf Islam (früher Cat Stevens) nach 25 Jahren Pause und Peter Gabriels berühmter Anti-Apartheid-Song „Biko" zur Erinnerung an den von der Polizei zu Tode gefolterten Aktivisten Steve Biko, den er zum ersten Mal in Südafrika singt. Die Doppel-DVD gibt es in Musikgeschäften um die 36 Euro.

Am 21. Dezember wird der berühmte Chapman's Peak Drive nach vierjähriger Schließung als Mautstraße wiedereröffnet.

2004 2004 Südafrika feiert zehn Jahre Demokratie. Bei den dritten demokratischen Wahlen im April erzielt der ANC wieder einen Erdrutsch-Sieg und gewinnt auch in den Provinzen. Präsident Thabo Mbeki tritt seine zweite Amtszeit an.

Der **15.05.2004** ist ein weiteres historisches Datum in der Geschichte des Landes: Südafrika erhält den Zuschlag für die Austragung der **Fußballweltmeisterschaft** 2010, nachdem sich Nelson Mandela persönlich in Zürich dafür eingesetzt hatte. Erstmals seit Gründung der FIFA vor 100 Jahren finden die Spiele auf dem afrikanischen Kontinent statt. Tagelange Feiern folgen Sepp Blatters Verkündung.

Reise-Highlights in Kapstadt und in der Kap-Provinz (alphabetisch)

Coon Carnival

Kapstadt „wie es singt und lacht" können Besucher jedes Jahr am 2. Januar erleben. Dann findet der Coon Carnival statt. Musikgruppen der Coloureds, jedes Team in einer anderen Farbe, ziehen laut singend mit ihren Instrumenten durch die Straßen. Die Umzüge beginnen meist im Stadtteil Bo-Kaap und enden im Green Point Stadium mit einem großen Sängerwettbewerb. Das Ereignis hat seinen Ursprung in der Sklaverei: Der 1. Januar war der einzige Tag, an dem die Sklaven nicht arbeiten mussten, sondern Zeit hatten zu musizieren, zu singen und zu tanzen. Am 1. Januar 1834 entließ England die letzten 39.000 Kap-Sklaven in ihre Freiheit. Seither wird am 2. Januar *Tweede Nuwejaar* gefeiert, mit dem Coon Carnival als Höhepunkt.

Infos Cape Town Tourism (s. Kapstadt-Info)

Farbenprächtig: Coon-Karneval Anfang Januar in Kapstadt

Kap der Guten Hoffnung

Die Kaprunde gehört zu den schönsten Tagestrips in Südafrika. Vor allem oben ohne im Cabrio oder im Sattel eines Motorrades lässt sich der etwa 160 km lange Ausflug besonders intensiv genießen. Aus sonnenuntergangs-"technischen" Gründen am besten auf der (östlichen) False Bay-Seite beginnen und vom Kap aus zurück am Atlantik entlang bis Hout Bay und über Llandudno und Camps Bay zurück nach Kapstadt fahren. Dann kann man den Chapman's Peak Drive im besten Licht unter die Räder nehmen. Unterwegs unbedingt ansehen: die *Trödelläden von Kalk Bay,* die *Pinguin-Kolonie am Boulders Beach bei Simon's Town,* die beiden Kaps *Cape Point* und *Cape of Good Hope,* die Strecke zwischen *Scarborough* und *Kommetjie* und natürlich Südafrikas bekannteste Küstenstraße, der bereits erwähnte Chapman's Peak Drive, der nach schweren Steinschlägen vier Jahre lang geschlossen war und im Dezember 2003 als Mautstrasse (20 Rand pro Strecke) wiedereröffnet wurde (Exkurs s.S. 129).

Wo Afrika zu Ende ist: Cape Point

Matjiesfontein Stadtrundfahrt

Die Fahrt im roten Ex-Londoner Doppeldecker-Bus durch das mitten in der Karoo liegende Dörfchen Matjiesfontein (sprich: Maikiesfontän) gehört zu den skurrilsten ihrer Art im Land. Der informative „Trip" dauert etwa vier Minuten, beginnt am altehrwürdigen Hotel Lord Milner und endet am ein paar Meter entfernten Pub, nachdem es vorher einmal die Main Street rauf und runter ging. **Tipp:** Übernachtung in einem der Balkonzimmer des Lord Milner und Besuch des Oldtimer-Museums, dessen interessante Exponate, die hauptsächlich aus historischen Leichenwagen zu bestehen scheinen, alle unrestauriert sind.

Infos Lord Milner Hotel, Tel. 023-5513011, Fax 5513020, www.matjiesfontein.com.

„Stadtrundfahrt" in Matjiesfontein

Miss- und Mister-Wahlen

An den "in"-Stränden Kapstadts, in Clifton und Camps Bay, findet alljährlich im Sommer eine gigantische „Fleischbeschau" statt. Hunderte von Zuschauern finden sich vor den Bühnen, die auf den weißen Sandstränden aufgebaut werden, ein, um die schönsten Körper auszuwählen. Beschallt von Live-Rock-Musik zeigen Mann und Frau, was ihnen die Natur bzw. das Fitness-Studio mitgegeben hat: gerippte Waschbrett-Bäuche, wohlgeformte Bizeps und „hervorragende" Oberweiten ... und das alles in einem appetitlichen Bronzebraun. Eintritt frei. Unbedingt Kamera mitnehmen.

Infos Cape Town Tourism, The Pinnacle, Ecke Burg- u. Castle Street (Mo–Fr 8–18, Sa 8.30–13, So 9–13 Uhr), Tel. 021-4264260, Fax 4264266, info@cape-town.org, www.cape-town.org.

Anregend: Wahl der schönsten Körper der Kap-Provinz

Robben Island

Noch berühmter als Alcatraz in San Francisco ist Kapstadts kleine Gefängnis-Insel Robben Island. Nelson Mandela verbrachte dort, in Sichtweite der Stadt, fast zwei Jahrzehnte seines Lebens. Seit 2000 ist die Insel Weltkulturerbe der UNESCO (*world heritage site*) mit höchstem internationalen Schutzstatus.

Besucher setzen von der Waterfront vom *Nelson Mandela Gateway* mit einem der beiden Schnellboote über. Nach der Ankunft im Hafen werden sie mit Minibussen über die Insel chauffiert. Zu sehen gibt es sowohl das Gefängnis mit Mandelas zwei Quadratmeter kleiner Zelle als auch den Kalksteinbruch, in dem er und die anderen politischen Häftlinge arbeiten mussten. Die Tourguides sind meist ehemalige Häftlinge.

Die Insel ist außerdem ein beeindruckendes Naturschutzgebiet, mit Elen-Antilopen, Spring-, Stein- und

Buntböcken. Immer mehr Seehunde siedeln sich an, auch die Pinguin-Kolonie wird ständig größer und die Möwen-Brutkolonie ist die größte in der südlichen Hemisphäre.

Der Trip, einschließlich Fährüberfahrt, Gefängnis- und Inselbustour, dauert 3,5 Stunden und findet täglich (außer bei stürmischem Wetter) jede Stunde, von 8–15 Uhr, statt. Kosten: 100 R für Erwachsene, Kinder 50 R (4–17 Jahre). Für Änderungen in den Preisen und Abfahrtszeiten bitte die Website konsultieren.

Infos **Robben Island Museum,** Tel. 021-4191300, Fax 419-1057, bookings@robben-island.org.za, www.robben-island.org.za.

Safari in einem privaten Wildnis-Camp

Die Nonplusultra-Safari in Südafrika. Mit Ranger im offenen Geländewagen und nur einer Handvoll Mitfahrer auf Pirschfahrt. Ein zwar teures, aber garantiert unvergessliches Erlebnis. Die meisten der im Buch beschriebenen luxuriösen Lodges in privaten Wildschutzgebieten liegen in der Eastern Cape Province, die den Vorteil hat, malariafrei zu sein. Im hohen Übernachtungspreis der exklusiven Lodges sind zwei Pirschfahrten pro Tag und alle Mahlzeiten enthalten. Die Lieblings-Lodge der Autoren liegt im Kwandwe Private Game Reserve und gehört zum Portfolio von Conservation Corporation Africa (CCA).

Infos CCA, Tel. 011-8094300, Fax 8094400, www.ccafrica.com; Buchung in Deutschland unter Tel. 0211-51333400, Fax 51333450.

Aufregend: Pirschfahrt zu Rhinos (Shamwari Game Reserve E.C.)

Sundowner

Ein vor allem im Sommer in Südafrika oft zelebriertes Ritual: Man nehme einen besonders schönen Platz mit Blick aufs Meer oder ein von wilden Tieren umringtes Wasserloch (dann aber bitte im Auto bleiben), eine Flasche gekühlten Weißwein (wenn die Außentemperaturen etwas kühler sein sollten, darf es natürlich auch ein Roter oder gar ein Cocktail sein) und trinkt dann der meist eindrucksvoll untergehenden Sonne zu. Auf das diese am nächsten Morgen wolkenlos wiederkommen soll (was sie, im Gegensatz zu Mitteleuropa, auch fast immer tut). In und um Kapstadt, am Tafelberg (die letzte Seilbahn fährt im Sommer um 22 Uhr herab!), am Lion's Head, Signal Hill, in den Kirstenbosch Botanical Gardens, am Chapman's Peak Drive oder einem der vielen Strände (hier vor allem der von Llandudno mit seinen gewaltigen Granitfelsen) wird der Sundowner gerne mit einem Gourmet-Picknick kombiniert. Wer sich bedienen lassen will, kann zum Beispiel in der Bar *Baraza* (The Promenade, Victoria Rd, Tel. 021-4381758) relaxen oder im Restaurant *Blues* ein paar Snacks einnehmen, beide mit Blick auf die Camps-Bay-Szene auf der unterhalb liegenden Promenade. Das meist dicht bevölkerte *La Med* (Bar-Restaurant) in Clifton ist nach wie vor ein Sonnenuntergangs-Favorit. Die beste Aussicht auf den Tafelberg und die Tafelbucht hat man vom Restaurant *Blue Peter* in Blouberg. Vom Deck des Radisson Hotels in der Waterfront bieten sich tolle Aussichten bis Robben Island, und vom hoch über die Felsen gebauten Hotel *Ambassador* in Bantry Bay, zwischen Camps Bay und Sea Point, lassen sich oft Delfine und Wale im Meer beobachten.

Idylisch: Zum Sundowner auf den Tafelberg

Swartberg Pass

Eine Fahrt über Südafrikas schönsten, geschotterten Bergübergang, den Swartberg Pass, ist ein Ausflug in die automobile Vergangenheit. Ein Meisterwerk des südafrikanischen Straßenbau-Künstlers Thomas Bain, auf dessen Konto 23 weitere Passprojekte am Kap gehen. Der am 10. Januar 1888 nach vier Jahren Bauzeit eröffnete Swartberg Pass war sein Abschlussprojekt. Anstelle von Maschinen benutzten die etwa 200 zwangsverpflichteten Sträflinge Pickel, Spaten, Hämmer, Meißel, Schubkarren und Schießpulver. Größere Felsbrocken wurden mit Feuern erhitzt und dann mit kaltem Wasser abgeschreckt, was sie förmlich explodieren ließ. Mit Hämmern zerkleinerten sie das Gestein weiter und schichteten es am Wegesrand als Trockenmauern auf. Diese können heute noch bewundert werden. Am besten auf einem der vielen Parkplätze anhalten und zurückschauen. Die Mauern sind Meisterwerke, gebaut zu einer Zeit, als noch niemand an motorisierte Fortbewegung dachte.

Selbst heute ist die Pass-Überquerung noch ein kleines Abenteuer. Eng schmiegt sich die Trasse an die Verwerfungen und Falten im Sedimentgestein. Die Aussicht vom meist windigen, 1585 m hohen Pass ist grandios. Mit jeder Kehre die es nun wieder hinuntergeht ändert sich der Blickwinkel. Die wild verformten Gesteinsschichten sehen vor allem im letzten Tageslicht aus wie von innen beleuchtet. **Tipp:** Übernachtung in Prince Albert.

Infos: Prince Albert Tourism Bureau, Church Street, Tel./Fax 023-5411366, princealberttourism@intekom.co.za, organisierte Trips auf den Swartberg Pass.

*Swartberg Pass:
Die abenteuerliche
Strecke ins
Hinterland*

Tafelberg per Seilbahn oder hoch zu Fuß

Kapstadts größte Sehenswürdigkeit ragt unübersehbar über 1000 Meter hoch hinter der City empor. Bei den Khoikhoi hieß das riesige flache Sandstein-Monument *hoeri 'kwaggo* – Meeresberg. 1503 kletterte der portugiesische Seefahrer Antonio de Saldanha nach oben und nannte ihn *Tábua do Cabo*. Der Name blieb hängen. Heute stehen über 300 verschiedene Routen nach oben zur Verfügung – von der anstrengenden Wanderung bis zur extremsteilen Kletterpartie.

Bequemer geht es mit der 1929 eröffneten Seilbahn, die 1997 in neun Monaten komplett renoviert wurde. Die alten eckigen Kabinen wurden gegen runde ausgetauscht, die sich während der Himmelfahrt einmal um 360 Grad drehen und 65 Fahrgäste aufnehmen können. **Tipp:** zum Sonnenuntergang hochfahren. Die lichterglühende Stadt im Abendlicht, die einem von oben und bei der Rückfahrt dann praktisch zu Füßen liegt, ist ein wunderbarer Anblick.

Infos: Tafelberg-Info, Tel. 021-4248181, www.tablemountain.net.

Trommeln im Drum Café

Jeden Montag, Mittwoch, Freitag und Samstag finden Trommel-Workshops statt, und Live-Bands spielen in diesem *funky* Platz. **Tipp:** der *Drum circle* am Mittwochabend mit Instruktion und Dutzenden von Trommlern.
Näheres auf der Website des Cafés, www.drumcafe.co.za. Eintritt 30 R, Trommelmiete 20 R.

Infos: Drum Café, 32 Glynn St, Gardens, Kapstadt, Tel. 021-4611305.

Wal-Bekanntschaften in der Walker Bay

Die Walker Bay, an der u.a. **Hermanus** liegt (ca. 110 km südöstlich von Kapstadt), wurde vom World Wide Fund for Nature (WWF) in eine der besten Walbeobachtungs-Regionen der Welt erklärt. Nur ein paar hundert Meter vom Land entfernt schwimmen, tauchen und springen die gewaltigen Meeressäuger herum. Free Willy – live. In der Walsaison zwischen Juni und November läuft ein Walschreier *(Whale Crier)* mit Seetanghorn durch die Straßen von Hermanus. Auf seiner umgehängten Tafel sind die neuesten Walsich-

Walschreier: Auf einem Kelphorn blasend informiert er über Walsichtungen in der Bucht von Hermanus

tungen vermerkt. In letzter Zeit wurde die Tafel immer voller. Jährlich kommen mehr und mehr Wale in die Bucht. Einheimische nennen das dann richtiggehend brodelnde Atlantikwasser respektlos „Walsuppe". Ein Klippenpfad schmiegt sich auf einer Länge von etwa 12 Kilometern die Küste entlang. Im *Old Harbour* ist ein Teleskop für Walbeobachter montiert.

Im September/Oktober wird in Kleinmond und in Hermanus das jährliche Walfestival gefeiert. Es gibt viele Stände mit Kunsthandwerk, Essen usw., Theateraufführungen, Freiluftshows und das immer gut besuchte Oldtimertreffen *Whales and Wheels*.

Infos Hermanus Tourism Bureau, Old Station Building, Mitchell Street, Tel. 028-3122629, Fax 3130305, www.hermanus.co.za. Infos zum Walfestival: Tel. 028-313 0928, www.whalefestival.co.za Weitere Wal-Infos bei der gebührenfreien MTN Whale Hotline, Tel. 0800-228 222 oder 083-9101028, www.cape-whaleroute.co.za.

Weinprobe

Südafrikas Weine gehören zu den besten der Welt und sollten natürlich mindestens einmal vor Ort verkostet werden. In *Constantia* begann im 17. Jahrhundert der südafrikanische Weinbau, heute beginnt dort die gleichnamige Weinroute. An einem Tag zu schaffen ist ein Trip ins Weinland, mit dem Besuch der Städte Paarl, Stellenbosch und Franschhoek. Die meisten Besucher werden aber wahrscheinlich in einem der gemütlichen Bed & Breakfasts oder stilvollen Landgüter „hängenbleiben". Dann kann nicht nur probiert, sondern auch „richtig" getrunken werden ...

Beste Vorbereitung zum Weinland-Trip ist die folgende, sehr ausführliche und gut gemachte Website: www.wine.co.za, die jedes Weingut detailliert auflistet.

Im Weinland verlocken zahllose Weingüter zu Proben ihrer Produkte

Sinnvoll ist außerdem der Erwerb der jährlich neu aufgelegten Weinbibel von John Platter, einfach der „Platter" genannt, mit ausführlichen Bewertungen aller südafrikanischer Weine.

Reise Know-Hows Top-Restaurants:

- **Five Flies,** City Kapstadt (s.S. 97)
- **Africa Café,** City Kapstadt (s.S. 97)
- **Madame Zingara,** City Kapstadt (s.S. 98)
- **Bukhara,** City Kapstadt (s.S. 97)
- **Savoy Cabbage,** City Kapstadt (s.S. 98)
- **La Colombe,** Constantia, Kaphalbinsel (s.S. 115)
- **Ginja,** City Kapstadt (s.S. 98)
- **Le Quartier Français,** Franschhoek, Weinland (s.S. 148)
- **Bartholomeus Klip,** Hermon, Weinland (s.S. 174)
- **Voorstrand Restaurant,** Paternoster, Westküste (s.S. 259)

Reise Know-Hows Top-Übernachtungen:

- **Cape Grace Hotel,** Kapstadt (s.S. 95)
- **Birkenhead House,** Hermanus (s.S. 188)
- **Kwandwe Private Game Reserve,** nördl. von Grahamstown (s.S. 251)
- **Elephant House,** Addo Park (s.S. 250)
- **Riverbend Lodge,** Addo Park (s.S. 250)
- **Retreat at Groenfontein,** bei Calitzdorp (s.S. 207)
- **Falcon's View Manor,** Knysna (s.S. 230)
- **Die Bergkant Lodge,** Prince Albert (s.S. 215)
- **Bartholomeus Klip,** Hermon (s.S 174)
- **Buffalo Hills,** Plettenberg Bay (s. S. 234)

Reiseteil

In den Cederbergen

KAPSTADT

Geografisches

Der mitten in der Stadt über 1000 m aufragende *Table Mountain* mit dem *Devil's Peak* ist der nördlichste Ausläufer einer Bergkette, die sich die gesamte Kaphalbinsel nach Süden zieht, um dann beim *Cape of Good Hope* im Meer zu verschwinden. Die auf den Tafelberg folgenden Küsten-Felsformationen heißen (unpassend) „*Twelve Apostles*", denn es sind mehr als zwölf Gipfel. Die Orte entlang der Atlantikküste und auch der östlichen *False Bay* liegen alle auf einem relativ schmalen Küstensaum.

Die *Cape Flats* sind sandige Ebenen, dahinter ragen wieder Berge auf. In deren Tälern liegen die bekanntesten Weinorte Südafrikas (Stellenbosch, Paarl u.a.). Hinter der nächsten Bergkette geht es auf das etwa 1000 m hohe *Great Southern African Plateau* und in die Halbwüste der Karoo.

Menschliches

Die Bevölkerungsmehrheit in Kapstadt sind *Coloureds,* was in direkter Übersetzung „Farbige" bedeutet. In Südafrika ist dieser Begriff allerdings nicht negativ behaftet, wie zum Beispiel in Großbritannien oder in den USA (dort bedeutet *coloured* „Schwarz"). Coloureds in Südafrika sind Nachfahren von Sklaven, die zwischen dem 17. und frühen 19. Jahrhundert ans Kap geschafft worden sind. Aufgrund seiner Lage zwischen Westen und Osten kamen die Bewohner des Kaps sowohl aus

Kapstadt

Europa und Asien (Malayen). Und Elemente aller drei Kontinente finden sich in den Genen, der Sprache, der Kultur, der Religion und der Küche der farbigen Südafrikaner wieder. Im Gegensatz zu den USA arbeiteten die südafrikanischen Sklaven nicht auf Plantagen, sondern praktisch ausschließlich in den Haushalten und auf den Farmen der Weißen. Durch den engen Kontakt kam es zu vielen Mischlingskindern, den ersten *Coloureds*.

Die andere Gruppe von *Coloureds* stammt von den ursprünglichen Kapbewohnern und deren Kontakte mit Weißen und Schwarzen ab. In ihren Gesichtszügen lassen sich oft noch deutlich die *Khoisan* (Hottentotten und Buschmänner) erkennen. Sie sprechen *Afrikaans*, basierend auf dem alten Holländischen des 17. Jahrhunderts mit Lehnwörtern anderer Kapeinwanderer und lokaler Sprachen.

Eine große Gruppe der Weißen, *Afrikaner* genannt (im Gegensatz zu den schwarzen *Africans*), sind Nachkommen der ersten weißen Siedler aus Holland, Deutschland und anderer europäischer Nationen (französische Hugenotten). Afrikaner oder *Buren* (Boeren, „Bauern") werden auch von den Schwarzen Südafrikas als weißer „Stamm" angesehen. Im Gegensatz zur zweiten Gruppe von Weißen, den englischstämmigen Südafrikanern, die ab 1820 ins Land kamen, haben die Buren keine alte Heimat oder Commonwealth-Länder, in die sie zurückkehren könnten. Für Afrikaans-sprechende Weiße ist Südafrika das Land ihrer Ahnen.

Zwei Schönheiten am Strand von Camps Bay

„Mother City"

Südafrikas älteste und „Mutterstadt" ist nicht nur die schönste des afrikanischen Kontinents, sondern auch eine der attraktivsten Metropolen der Welt. Die 1652 zunächst nur als Versorgungsstation für holländische Schiffe etablierte Siedlung ist eine großartige Kombination aus multiethnischer Gesellschaft und grandioser Naturkulisse.

Die Wildnis beginnt nur wenige Minuten vom quirligen Stadtzentrum entfernt. Der über 1000 Meter hohe Tafelberg, auf dem mehr Pflanzenarten gedeihen als in ganz Großbritannien, ragt direkt hinter der Stadt auf und liegt bereits im *Table Mountain National Park*. Er strahlt eine gelassene Ruhe aus, die sich über die gesamte Stadt ausbreitet und die neben dem mediterranen Klima dafür verantwortlich ist, dass hier alles sehr relax abläuft – Geschäfte machen mit *Capetonians*, Kapstädtern, treibt *Gauties*, den Bewohnern der Provinz Gauteng mit den Städten Johannesburg und Pretoria oft fast in den Wahnsinn ... Bei Verabredungen gilt afrikanische „Gummi"-Zeit, Pünktlichkeit ist etwas „Uncooles", und zum Mittagessen fehlt selten bereits eine Flasche Wein, damit der Nachmittag ein bisschen gemütlicher wird ... In Johannesburg wird so richtig Geld verdient, in Kapstadt wird gelebt. Am Beach, am Berg und in einem der vielen Cafés. Solange man mit Kapstädtern keine Geschäfte machen muss, ist das alles prima.

Im parkähnlichen, mit Eichen und Nadelbäumen bewachsenen Stadtteil **Constantia** wurden Südafrikas erste Weinreben angepflanzt. Heute gedeihen dort einige der besten Tropfen des Landes. Auf dem Weg ans Kap reiht sich ein einsamer Sandstrand an den nächsten, entweder am eiskalten Atlantik oder an der leicht besser temperierten False-Bay-Seite. Wer es belebter mag, sucht die „in"-Strände Kapstadts auf: In **Camps Bay** und **Clifton** räkeln sich muskelbepackte Jungs und formvollendete Girls in der Sonne.

Die andere Seite Kapstadts liegt etwas außerhalb: In den auf den ersten Blick trostlos wirkenden **Cape Flats**, die sich bis zur False Bay erstrecken, leben Schwarze und Coloureds eng nebeneinander. Hier prallen „Erste" und „Dritte" Welt direkt aufeinander. Unbedingt empfehlenswert für Besucher ist eine von einem Einheimischen geführte **Township-Tour** (siehe Exkurs). Das aufstrebende Kleinunternehmertum, die Lebensfreude und der Optimismus von Menschen, die wenig besitzen, steckt an und lässt eigene „Probleme" plötzlich als nichtig erscheinen ... hier spürt man, dass sich etwas tut in Südafrika.

Zum Thema **Sicherheit:** Kapstadt ist die sicherste Großstadt im Land. Spaziergänge in der Innenstadt sind dank Kameraüberwachung und deutlich aufgestocktem Sicherheitspersonal erheblich risikoloser geworden. Long- und Kloof Street sind jetzt selbst abends sicher. Auch Ausflüge zu Fuß von der City nach Greenpoint und von dort in die **Waterfront** sind seit kurzem möglich. Potentiell gefährliche, dunkle Ecken wurden entschärft, die Polizeipräsenz erhöht. Die Waterfront selbst ist rund um die Uhr ein sicheres Shopping- und Bummelziel. Vorsichtig sein sollte man nach wie vor nach Einbruch der Dunkelheit am Aussichtspunkt **Signal Hill.**

Während zu Beginn des Südafrika-Reisebooms Kapstadt eher Endpunkt einer Rundreise durch das Land war, ist es heute bei den meisten Besuchern der Drehpunkt. Ohne Zeitverschiebung zu Mitteleuropa fällt der lästige Jetlag weg, was auch einen kürzeren Städtetrip zum Einkaufen, Essen und Weintrinken angenehm macht. Selbst wer mehr als eine Woche in Kapstadt bleibt, dem bietet sich jeden Tag etwas Neues.

Die absoluten Highlights sind: Trip auf den **Tafelberg,** bequem mit der Seilbahn oder anstrengend zu Fuß, Bummeln durch die **Waterfront** und eine Bootsfahrt nach **Robben Island.** Sobald mehr Zeit zur Verfügung steht, sollte ein Spaziergang entlang der historischen **Long Street** in der City folgen. Und, falls das Wetter schlecht sein sollte (was im Süd-Sommer selten vorkommt), kann eines oder alle der unten aufgelisteten **Museen** besucht werden. Ein Großteil der Kapstädter Museen sind unter dem Namen „iziko" organisiert, Website: www.museums.org.za.

TIPP Erstmal eine organisierte **Stadtrundfahrt** machen, um sich einen Überblick zu verschaffen. Am besten hierzu eignet sich der oben offene, doppelstöckige **Cape Town Explorer Bus,** der die Stadt auf einer zweistündigen Tour vorstellt, die auch **Camps Bay, Bantry Bay, Sea Point,** die **Waterfront** und eine Fahrt auf den **Signal Hill** beinhaltet. Tickets gibt es direkt im Bus oder bei Cape Town Tourism in der Burg Street. Der Bus hält überall, wo es geht, um Passagiere aufzunehmen oder abzuladen. Offizieller Start ist bei Cape Town Tourism.

Feste

Auskünfte und Übersicht zu Festen und Festival unter www.capetownevents.co za. Tickets unter www.ticketweb.com und www.computicket.co.za.

Januar

Kaapse Klopse Carnival (auch *Tweede Nuwejaar* oder *Coon Carnival* oder *Ministrel Carnival* genannt) Umzüge Anfang Januar zwischen dem Gebiet des ehemaligen District Six und der Wale Street, gefolgt von einem Sängerwettbewerb im Greenpoint Stadium. Eines der ältesten Festivals der Stadt, das bis zum 19. Jh. zurückdatiert.
Infos: Cape Ministrels Association, Tel. 021-4653919

Shakespeare at Maynardville
Shakespeare-Festival (Jan-Feb) im Freiluft-Theater des Maynardville-Parks im Stadtteil Wynberg. Picknick auf dem Rasen vor dem See, bevor die Aufführungen beginnen. *Infos: Tel. 021-4217695*

J&B Metropolitan Horse Race
Wichtigstes Pferderennen Südafrikas an der Kenilworth-Pferderennbahn, wo die Reichen und Schönen ihre Klamotten und ihren Schmuck ausführen.
Infos: Tel. 021-7001600

Februar

Eröffnung des Parlaments
(Opening of Parliament)
Sehen, wer noch oder wieder in der Regierung sitzt, was die Politiker so anhaben, von Stammestracht bis Armani. Vor allem bei den Kopfbedeckungen versuchen sich die Frauen jedes Jahr zu übertrumpfen. Fahrzeug-Korso von Newlands bis zum Parlament in der City, Salutschüsse und Air-Force-Präsenz.
Infos: Cape Town Tourism, Tel. 021-4264260

März

Cape Argus Pick 'n Pay Cycle Tour
Das **größte Fahrradrennen der Welt** mit über 38.000 Teilnehmern. Die Streckenlänge beträgt 109 km und geht um die Kaphalbinsel. Während des Rennens kommt es entlang der Strecke zu erheblichen Verkehrsbehinderungen!
Infos: Tel. 021-6856551, www.cycletour.org.za

Red Bull Downhill Extreme Race
Teilnehmer rasen die kurvenreiche und steilste Straße Kapstadts auf Skateboards (stehend und liegend) und Rollerskates hinunter – vom Kloofnek nach Camps Bay. Das wildeste Rennen der Stadt.
Info: Tel. 021-5055675, www.redbull.co.za

North Sea Jazz Festival
Siehe Exkurs „Jazz in Kapstadt", S. 102. *Infos: Tel. 021-4185614*

April

Old Mutual Two Oceans Marathon
Ein 56-km-Rennen auf einer spektakulären Ultra-Marathon-Strecke. Südafrikas wichtigster Lauf.
Infos: Tel. 021-6719407

Nederburg Wine Auction and Fashion Show
Um die Tickets zu dieser Veranstaltung wird jedes Jahr gekämpft. Alles, was in der Weinwelt Südafrikas Rang und Namen hat, ist anwesend. Die Modenschau ist inoffizieller Beginn der südafrikanischen Modesaison.
Infos: Tel. 021-4395063

Scream Xtreme Festival
Ein Tag für Adrenalin-Süchtige am Tafelberg. Akrobatische Stunts beim Bungee-Sprung aus der Gondel der Tafelberg-Seilbahn, Bungee-Schwingen unterhalb der Gondel und ein Rollerskate-Rennen.
Infos: Table Mountain Aerial Cableway Company,
Tel. 021-4240015

Mai

MasterCard Gourmet Festival
Zwei Wochen lang zeigen die besten Restaurants in Kapstadt und Umgebung was sie zu bieten haben. Gastköche aus der ganzen Welt finden sich dann ebenfalls am Kap ein, um ihre Stile mit denen der lokalen *chefs* zu fusionieren.
Infos: Tel. 021-4659445,
www.capegourmet.co.za

Juli

Franschhoek Bastille Festival
Am Wochenende, das dem 14. Juli am nächsten liegt, findet dieses Festival zum Gedenken an den Sturm der Bastille während der Französischen Revolution statt. Straßenparaden, Weinproben und Spezialitäten in den Restaurants.
Infos: Tel. 021-8763603

August

Hout Bay Snoek Derby
Karneval-Atmosphäre beim jährlichen Snoek-(Fisch)Festival in Hout Bay. Wer den größten Snoek fängt, gewinnt. Viele Stände, natürlich auch mit geräuchertem Snoek. *Infos: Tel. 021-7901264*

Cape Times Waterfront Wine Festival
Ein Ereignis für Weinkenner und –liebhaber, mitten in der Waterfront. Über 300 südafrikanische Weine können probiert werden.
Infos: Tel. 021-4188640 o. 4182369

September

Cape Town One City Festival
Einwöchiges Kunst- und Kulturfestival an der Grand Parade und in den Company's Gardens.
Infos: Tel. 021-4884911,
www.onecity.co.za

Oktober

Cape Times Southern Life Big Walk
Das größte Geh-Rennen der Welt mit über 30.000 Teilnehmern, Streckenlänge zwischen 10 und 90 km; Zieleinlauf an der Grand Parade.
Infos: Tel. 021-4884008,
www.bigwalk.co.za

November

Dragon Boat Race
Eine farbenfrohe Regatta mit asiatischen Drachenbooten, in denen Trommler sitzen, die die Bootsbesatzungen anfeuern. Internationale Teams nehmen an dem 500-Meter-Rennen im Victoria-Becken der Waterfront teil.
Infos: Tel. 021-4253238

Dezember

Mother City Queer Project Party
Jedes Jahr verkleiden sich Tausende von Teilnehmern zu einem anderen Thema und feiern die ganze Nacht durch. Die Veranstaltung hat mittlerweile Kultstatus erreicht und ist eine der größten Feten der Stadt.
Infos: Tel. 021-4265709,
www.mcqp.co.za

Besichtigung

City

Nach der Rundfahrt dann ein Rundgang durch Kapstadt, der, um die wichtigsten Highlights der City zu tangieren, folgendermaßen aussehen könnte: Start bei **Cape Town Tourism** in der Burg Street (Ecke Castle St). Gegenüber beim deutschen Buchladen von Ulrich Naumann die Süddeutsche, FAZ oder den Spiegel kaufen und dann in eines der Cafés am **Greenmarket Square** setzen. Cappuccino trinken und das Geschehen an einem der umtriebigsten Plätze Kapstadts auf sich wirken lassen. Nach einiger Zeit kommen fliegende Händler, die von Uhren über Sonnenbrillen und frischen Blumen alles Erdenkliche – *„Good price for you, mister, missie"* – anbieten. *Bergies,* die Clochards Kapstadts, schieben Einkaufswagen, die ihren gesamten Besitz beinhalten, ratternd über das Kopfsteinpflaster. Straßenmusikanten spielen, oft in den Satinkostümen der *Kaapse Klopse*. Und Schwarze aus ganz Afrika verkaufen Kunsthandwerk an vielen kleinen Ständen. Eingerahmt wird der Greenmarket-Platz von den schönsten Baubeispielen der Art-déco-Architektur in Kapstadt.

Die Burg- trifft auf die **Church Street,** in der täglich außer sonntags ein Trödelmarkt mit Ständen im Freien stattfindet. Es ist außerdem die Straße mit den meisten **Antikläden** in der City. Nach rechts gehend führt sie in die bereits erwähnte **Long Street,** in deren Second-Hand-Buchläden man alleine schon ein paar Stunden verbringen könnte. Es gibt außerdem Restaurants, Bars, Trödel-Läden, Internet-Cafés, Buchungsbüros für „Adrenalin"-Sportarten, Roller-Vermietungen und die größte Dichte an Backpacker-Unterkünften und -Reisebüros.

Am Ende der Long Street, in Richtung Tafelberg, beim türkischen Bad links halten und nach der Tankstelle links hinunter zu den **Company's Gardens** gehen. In der grünen, friedlich ruhigen Lunge der Stadt mit Blick auf den Tafelberg kann man die müden Füße eine Weile ausruhen. Rund um den Park liegen mit **South African Museum, South African National Gallery, Cape Holocaust Centre** und **Bertram House** einige der besten Museen der Stadt.

Die Government Avenue ist Fußgängerzone und führt, wie der Name bereits andeutet, zum **Parlamentsgebäude,** das ebenfalls besichtigt werden kann (nur nach Voranmeldung). An ihrem Ende links (Wale Street) steht die beeindruckende **St. George's Cathedral,** in der Erzbischof Desmond Tutu einst gegen die Apartheidpolitik gepredigt hat.

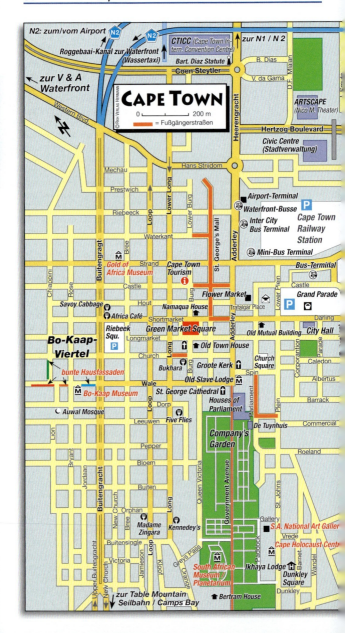

Gegenüber befindet ein anderes lohnenswertes Museum mit vielen interessanten Exponaten zur Kulturgeschichte Südafrikas, untergebracht im zweitältesten Gebäude der Stadt, den einstigen Sklavenquartieren – **Slave Lodge** (früher South African Cultural Museum genannt).

Über die Plein- und Barrack- dann in die Buitenkant Street, wo sich mit dem **District Six Museum** das wohl eindrucksvollste der Stadt präsentiert. Hier wird an das historische Viertel im Herzen Kapstadts erinnert, das 1966 zu Apartheidzeiten plattgewalzt worden ist. Dass Menschen aller Hautfarben friedlich nebeneinander leben konnten, passte nicht in das Weltbild der Burenregierung. Auf dem Fußboden der ehemaligen Kirche ist ein großer Plan von District Six, in dem einstige Bewohner ihre Erinnerungen bei einem Besuch im Museum eintragen können – eine oft sehr emotionale Angelegenheit. Ein anderes Detail sind die District-Six-Schilder mit den Straßennamen *(s. Foto unten)*. Ein Mann war damit beauftragt, diese, bevor die Bulldozer anrückten, abzuschrauben und ins Meer zu werfen. Er versteckte sie allerdings über 20 Jahre lang in seinem Haus und brachte sie dann ins Museum.

Von hier ist Südafrikas ältestes europäisches Gebäude noch ca. 300 m entfernt. Die einstige Festung, das zwischen 1666 und 1679 erbaute **Castle of Good Hope,** beherbergt heute noch eine Militäreinheit, kann aber zum größten Teil besichtigt werden. Beim Eingang (kleiner Glockenturm) gibt es einen genauen Lageplan, der auch die drei Museen im Castle-Komplex – **Good Hope Gallery**, **Military Museum** und **William Fehr Collection** – näher beschreibt.

Bo-Kaap

Im ältesten Stadtteil mit seinen steilen, oft kopfsteingepflasterten Straßen und den kleinen, vorwiegend bonbonbunt gestrichenen Häuschen aus dem 19. Jahrhundert lebt Kapstadts Moslemgemeinde. Sie sind die Nachfahren ehemaliger Sklaven und Opponenten, die die Holländer im 16. und 17. Jahrhundert von Niederländisch-Indonesien (Java) ans Kap geschafft hatten. Die kollektive Bezeichnung für sie war *Cape Malays,* Kapmalaien, was man heute auch noch ab und zu hören kann, obwohl der Begriff irreführend ist. Nur ein Prozent aller Sklaven kamen tatsächlich aus (dem heutigen) Malaysia.

Das Bo-Kaap-Viertel jenseits der Buitengracht Street an den Hängen des Signal Hill („Bo-Kaap" heißt „oberhalb Kapstadts") lässt sich am besten mit einer organisierten Tour besichtigen. Dann besteht auch die Möglichkeit, Südafrikas älteste Moschee, die 1797 erbaute **Auwal Mosque** zu besuchen. Die Rundgänge mit einem Guide, der in Bo-Kaap lebt, starten meist am **Bo-Kaap Museum** in der Wale Street.

Touren in Bo-Kaap: Zwei-Stunden-Rundgang mit Bo-Kaap Guided Tours, Tel. 021-4221554 o. 082-4236932, 60 Rand p.P.

Rose Corner Café: typischer „Supermarkt" im Stadtviertel Bo-Kaap

Tafelberg · Lion's Head · Signal Hill

Von den drei Möglichkeiten, Kapstadt aus der Vogelperspektive zu erleben, ist der 1086 Meter hohe **Tafelberg** natürlich die beliebteste. Mit den aus der Schweiz importierten Gondeln, die 1997 installiert worden sind, geht es flott nach oben, während sich die Kabine einmal um 360 Grad dreht, um allen Passagieren den Rundumblick zu ermöglichen. Deutlich anstrengender ist es, einen der über 300 Wanderwege nach oben zu wählen. Genaue Karten und Wanderführer gibt es bei

Der Blick vom Tafelberg auf Südafrikas Mutterstadt bleibt haften

den CNA-Läden und Exclusive Books in den großen Einkaufszentren, wie Waterfront, Cavendish, Constantia oder Canal Walk.

Auf den **Lion's Head** geht es nur zu Fuß. An den steilen Stellen sind Ketten angebracht, an denen man sich hochhangeln muss. Bei Vollmond findet sich halb Kapstadt auf dem relativ kleinen Gipfelplateau ein, um dessen Aufgang zu feiern.

Vom Kreisverkehr an der Kreuzung zwischen Kloof- und Tafelberg Road führt eine sehr schöne Straße auf den **Signal Hill**. Von den Haltebuchten entlang der ca. 3 km langen Zufahrtsstrecke lassen sich die besten Fotos von Kapstadt mit dem Tafelberg im Hintergrund machen. Vom Parkplatz am Ende der Straße hat man hervorragende Blicke auf Sea Point, die Waterfront, den Hafen, die Tafelbucht und Robben Island. Den Namen hat der Berg von der Kanone, die früher dazu benutzt wurde, mit den in der Bucht ankernden Schiffen zu kommunizieren. Zum Gedenken daran feuert die **Noon Gun** jeden Tag um Punkt 12 Uhr einen überall in der Stadt zu hörenden Salutschuss ab, der bis heute die Tauben in der City erschreckt auffliegen lässt.

Robben Island

Seit 1999 ist das ehemalige Hochsicherheitsgefängnis der Apartheid-Ära UN-Weltkulturerbe. Mit einem Tragflächenboot geht es in nur 30 Minuten von der Waterfront vom beeindruckenden **Nelson Mandela Gateway** (Clocktower-Platz) auf das elf Kilometer entfernte und sechs Quadratkilometer große Eiland. Die Besucher kommen, wie einst die Sträflinge, in Murray's Bay an, dem winzigen Hafen der Insel, um dann eine Busrundfahrt um die mit niedrigem Buschwerk bewachsene Insel zu machen, gefolgt von einer geführten Tour durch das Gefängnis. Natürlich steht auch Nelson Mandelas winzige, zwei Quadratmeter kleine Zelle in der B-

Sektion mit auf dem Programm, in der er fast zwei Jahrzehnte seines Lebens verbracht hat. Interessant ist auch die Foto-Ausstellung in Section D. Die Bilder stammen von Häftlingen, die Kameras wurden Ende der 80er Jahre ins Gefängnis geschmuggelt. An den fröhlichen Gesichtern der Fotografierten ist zu erkennen, dass diese spürten, dass die Apartheidpolitik an ihrem Ende angelangt war.

In der Hochsaison besichtigen täglich bis zu 1800 Besucher die ehemalige Gefängnisinsel, jährlich gut 400.000.

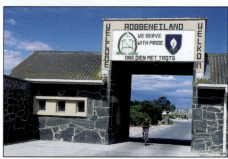

Gefängnisinsel Robben Island, Eingangstor im Hafen

Victoria & Alfred Waterfront

Wie bereits erwähnt, ist die Waterfront mit Abstand Südafrikas meistbesuchte Touristenattraktion, alljährlich kommen Millionen. Kein Wunder, dürfte es doch weltweit die wohl gelungenste Revitalisierung eines einst heruntergekommenen Hafenviertels sein (die „Victoria & Alfred Waterfront" leitet ihren Namen von den beiden so heißenden Hafenbecken ab, Prinz Alfred war der Sohn der englischen Königin Victoria).

Bevor das Projekt Anfang der 90er Jahre in Angriff genommen wurde, reisten Architekten und Planer um die Welt, um aus den Fehlern anderer, ähnlicher Sanierungen zu lernen. Bis heute werden die ehemaligen Hafenanlagen ständig um neue Attraktionen erweitert. Letzte Ergänzungen sind das **Clocktower-Viertel** rund um das gleichnamige, älteste Gebäude der Waterfront, das nun nicht mehr am Rand, sondern verdienterweise im Zentrum steht, die **Waterfront Marina,** extrem teure Appartements mit Yachtanlegeplatz und der von ihr in die Stadt führende **Roggebaai Canal,** der mit Taxibooten befahren werden kann und deren Anlegeplatz sich direkt vor dem neuen **Cape Town International Convention Centre (CTICC)** an der Foreshore befindet.

Kapstadt

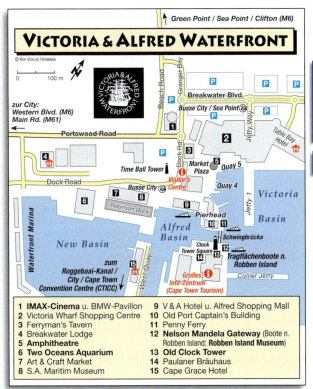

1 IMAX-Cinema u. BMW-Pavillon
2 Victoria Wharf Shopping Centre
3 Ferryman's Tavern
4 Breakwater Lodge
5 Amphitheatre
6 Two Oceans Aquarium
7 Art & Craft Market
8 S.A. Maritim Museum
9 V & A Hotel u. Alfred Shopping Mall
10 Old Port Captain's Building
11 Penny Ferry
12 **Nelson Mandela Gateway** (Boote n. Robben Island; **Robben Island Museum**)
13 **Old Clock Tower**
14 Paulaner Bräuhaus
15 Cape Grace Hotel

TIPP   Bei den Visitor Centres ist ein detaillierter, dreidimensionalen Plan erhältlich, der das Waterfront-Gelände mit allen Details und Sehenswürdigkeiten zeigt (auch auf Deutsch).

Was die Waterfront so attraktiv macht, ist, dass nach wie vor regulärer Hafenbetrieb herrscht, sie also kein steriles Kunstgebilde ist. Bei allen neuen Gebäuden, vor allem der großen Einkaufsmalls mit Läden, Boutiquen, Bars und Restaurants, wurden viktorianische Stilelemente in die Architektur mitaufgenommen. Deshalb wirkt auch alles so homogen und echt. In erster Linie ist die Waterfront mit ihren über 240 Geschäften heute ein Shopping-Paradies, es gibt aber auch einige exzellente Restaurants, Nightlife-Lokalitäten und elf Kinos (empfehlenswert ist ein 3-D-Film im IMAX-Theatre beim BMW-Pavillion).

Tanz und Show im Amphitheater der V&A Waterfront

Zu den historischen Gebäuden in der Waterfront gehört der bereits erwähnte, unter Denkmalschutz stehende **Clocktower,** der 1882 als Büro für den Hafenmeister gebaut und heute wieder in seinem originalen Rot renoviert worden ist. Der achteckige Bau mit gotisch anmutenden Fenstern besteht aus drei mit einer Teak-Wendeltreppe verbundenen Zimmern, die übereinander liegen und im spätviktorianischen Stil renoviert worden sind. Der Spiegelraum im zweiten Stock ermöglichte dem Hafenmeister, alle Dock-Aktivitäten zu beobachten ohne sein Büro zu verlassen. Selbst die alte Uhr auf der Spitze, hergestellt von Ritchie & Son in Edinburgh, funktioniert noch – damit auch die Gäste im schräg gegenüberliegenden **Paulaner-Biergarten** wissen, was die Stunde geschlagen hat ...

Ein paar Jahre später zog der Hafenmeister vom Clocktower in das auf der anderen Seite der **Schwingbrücke** liegende, 1904 erbaute **Old Port Captain's Of-**

Rund um den Clocktower ist es abends besonders stimmungsvoll

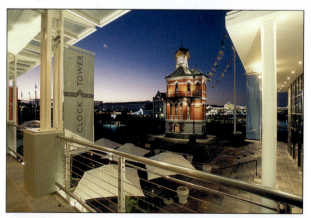

fice mit seinen beeindruckenden Giebeln. Die Schwingbrücke ermöglicht Besuchern, den Kanal zwischen Clocktower und Pier Head zu überwinden und großen Schiffen die Passage vom Alfred-Hafenbecken ins offene Meer.

Zwischen Schwingbrücke und **Nelson Mandela Gateway,** dem monumentalen Ablege-Terminal der Robben-Island-Fähre, lebt eine Mini-Kolonie dicker Pelzrobben.

Die Hauptsehenswürdigkeit in der Waterfront ist ganz klar das **Two Oceans Aquarium,** das mit seiner Backstein-Fassade gut zum restlichen Waterfront-Image passt. Hier wird das marine Leben der Kap-Provinz anschaulich dargestellt. Es gibt einen Rundgang durch die neun Galerien, die im Erdgeschoss mit dem „Indischen Ozean" beginnen. Die verschiedenen Tanks sind so naturnah wie möglich dekoriert. Von Quallen bis Seepferdchen ist alles geboten, was sich vor den Küsten Südafrikas im Meer bewegt. Es gibt außerdem ein mit dem Hafenbecken verbundenes Pelzrobben-Display, ein Pinguin-Gehege und den gewaltigen, runden **Haitank,** in den Mutige mit Lizenz abtauchen können. Sonntags um 15.30 Uhr werden die Haie von Tauchern handgefüttert – ein sehr interessantes Schauspiel!

Die anderen Fische, Schildkröten und Rochen werden montags, mittwochs und freitags um 15.30 Uhr gefüttert. Ab und zu finden im Aquarium Konzerte nach dem Motto *„Music for the Sole"* statt. Wenn die Sonne, die von oben in die Tanks scheint, sich im Wasser und in den Schuppen der Fische reflektiert, während diese ihre Kreise ziehen, und die mächtigen Seetangwälder sich im Rhythmus der Wellen hin und her wiegen, dabei klassische Musik in die Ohren dringt, ergibt das eine Symphonie der ganz besonderen Art.

Canal Walk · Ratanga Junction · Grand West Casino

Wer mit den Sehenswürdigkeiten Kapstadts durch ist, kann sich wie nachfolgend beschrieben weiter vergnügen: **Canal Walk** ist das größte Einkaufszentrum Afrikas und sieht von außen aus wie ein orientalischer Palast. Das Innendekor ist ebenfalls sehr stilvoll gemacht. Auf einem Kanal kann man per Boot nach **Ratanga Junction** schippern, einem Vergnügungspark mit afrikanischem Thema. Nicht nur Kinder haben auf den teilweise wilden Fahrgeschäften ihren Spaß. Am adrenalinförderndsten ist die *Cobra,* eine Achterbahn, in der Passagiere mit freibaumelnden Füßen eingehängt werden, um dann zunächst 34 Meter hoch und dann anschließend mit bis zu 100 km/h und vierfacher Schwerkraft die 910 Meter lange Bahnstrecke entlangzurasen ... Im Kapwinter bleiben die Tore von Ratanga Junction allerdings geschlossen.

Von der N 1, die aus **Canal Walk** Richtung Paarl hinausführt, ist das **Grand West Casino** in Goodwood ausgeschildert. Auch Nichtzockern dürfte die Architektur gefallen. Der gesamte Komplex besteht aus Nachbauten berühmter Kapstädter Gebäude, die heute nicht mehr existieren: Altes Postamt, Bahnhof, Tivoli Music Hall und Grand Hotel (in dem heute wieder stilvoll übernachtet werden kann), wurden nach Original-Plänen hier wieder aufgebaut – eine clevere Idee. Genau wie „The District": Mit kopfsteingepflasterten Straßen und vor den Fenstern hängender Wäsche sowie künstlichem Sternenhimmel wurde das Ambiente eines alten Kapstädter Stadtviertels nachempfunden. In den Replika-Straßen finden sich einige sehr gute Restaurants.

Kapstadts Märkte

Souvenirs, Souvenirs. Es ist immer das Gleiche: Für sich selbst oder für jene, die zu Hause geblieben sind, gilt es ein Andenken, natürlich möglichst etwas typisch Südafrikanisches, mit heimzubringen. Mit seinen diversen Kunsthandwerks- und Flohmärkten leistet Kapstadt Hilfestellung bei der Suche.

In der City, zwischen Short- und Longmarket Street, liegt der kopfsteingepflasterte **Greenmarket Square**, der von Montag bis Samstag ab 8 Uhr geöffnet ist. Das Angebot umfasst afrikanische Masken, Kunsthandwerk, Perlenarbeiten, Schmuck, Klamotten, Ledersachen und Handtaschen.

Zwischen Burg- und Long Street findet in der Church Street täglich außer sonntags der **City Antique Market** statt.

Im **Pan African Market** in der Long Street gibt es 35 verschiedene Geschäfte auf drei Stockwerke verteilt – mit sehr schön gemachten Dingen aus ganz Afrika. Südafrika ist mit viel Blech- und Township-Art vertreten.

Entlang der Adderley Street verkaufen Straßenhändler ihre afrikanischen Souvenirs. Ende Dezember bis Anfang Januar ist die festlich mit Lichtern geschmückte Adderley Street abends für den jährlichen Weihnachtsmarkt gesperrt.

In der Waterfront gibt es zwei Zentren für Kunsthandwerk mit vielen Ständen, den **Red Shed Craft Workshop** in der Victoria Wharf, der bis 21 Uhr geöffnet ist, und die **Waterfront Trading Company**, neben dem Aquarium.

An der **Kaphalbinsel** empfiehlt sich ein Blick auf die Holz- und Steinskulpturen am **Redhill Street Market**, vom Kap kommend kurz vor Scarborough rechts. Direkt bei den Herstellern kauft man im **Khayelitsha Craft Market**, der auf einer organisierten Township-Tour besucht werden kann.

Am Wochenende finden einige Flohmärkte statt: Der **Constantia Craft & Farmers Market** jeden Samstag am oberen Ende der Kendal Road, der **Green Point Flohmarkt** und der **Muizenberg-Flohmarkt** jeweils sonntags und der **Hout Bay Flohmarkt** am Village Green, auch sonntags.

Alleine im Western Cape sind etwa 18.000 Kunsthandwerker beschäftigt, mit Glasblasen, Perlenarbeiten oder Kunstproduktionen aus Abfällen, der Township-Art. Ausschau halten nach besonderen Souvenirs, wie z.B. Perlenarbeiten von **Monkey Biz** (Tel. 082-4245927, Fax 79011 33, siren@iafrica.com, www.monkeybiz.co.za), deren Erlöse komplett zu den etwa 180 weiblichen Erzeugern in die Townships zurückfließen.
Streetwires (Tel. 021-4262475, Fax 4260860, info@streetwires.co.za, www.streetwires.co.za) produziert funktionale und dekorative, handgearbeitete Drahtobjekte, wie Motorräder, Autos und Radios.

Die Xhosa-Frauen des **Philani-Projekts** (Tel. 021-3875124, Fax 3875170, philani@telkomsa.net) bedrucken Stoffe mit grellbunten Motiven aus der Werbung, machen handgefertigtes Papier, Perlen- und Webarbeiten.

Die wunderbar gestalteten Bestecke und Haushaltsgegenstände aus Zinn, Aluminium und Edelstahl der Südafrikanerin **Carrol Boyes** sind Kunst zum Anfassen (43 Rose St, Tel. 021-4248263 o. 4248264, pewter@iafrica.com, www.carrolboyes.co.za). 1992 fing Carrol mit zwei Helfern in ihrem Studio unter ihrem Haus in Llandudno mit ihrer funktionalen Kunst an, heute arbeiten 400 Leute für sie, in einem großen Studio in Bo-Kaap. Ihre Vasen, Teller, Bestecke und Lampen finden sich mittlerweile in Designer-Shops der ganzen Welt, wie New York, Hong Kong, Manila, London oder Sydney.

Ecke Trafalgar/Adderley Street: Kapstadts herrlicher Blumenmarkt ▼

Informationen Kapstadt

Tourismusbüros

Nachfolgende Büros sind mit Sicherheit die besten in Südafrika und lohnen auf alle Fälle einen Besuch, besonders zu Anfang eines Kap-Trips.

Cape Town Tourism, Cape Town Visitor's Centre, Pinnacle Building, Ecke Castle- u. Burg Street, Tel. 021-4264260, Fax 426-4266, info@cape-town.org, www.cape-town.org. Öffnungszeiten Süd-Sommer (Okt-März): Mo-Fr 8-19, Sa 8.30-14, So 9-13 Uhr; Süd-Winter (April-Sept): Mo-Fr 8-17, Sa 8.30-13, So 9-13 Uhr.

Cape Town Tourism, Waterfront Visitor's Centre, Clock Tower Precinct, South Arm Rd, V&A Waterfront, Tel. 021-4054500, Fax 4054524, welcome@tourcapetown.com, www.cape-town.org; tägl. 9-21 Uhr.

Das sehr freundliche Personal in beiden Info-Büros empfiehlt und reserviert Unterkünfte und Mietwagen aller Preisklassen. Ausführliche Informationen über Kapstadt und Umgebung zu Aktivitäten wie Wandern, Haitauchen, Bootsfahrten usw., zahllose Info-Broschüren. **South African National Parks** (SANP) hat ebenfalls einen Buchungsschalter, wo Unterkünfte in den Nationalparks reserviert werden können. Außerdem Internet-Café, diverse sehr schöne Souvenir-Shops, Coffee-Shop mit gutem Cappuccino und kleinen Gerichten, Geld- und Reisescheckumtausch, Geldautomaten, Impfungen, Weinproben.

Waterfront Visitor Centre, Dock Rd, Tel. 021-4087600, www.waterfront.co.za, Karten und Infos, Tour- und Taxibuchungen. Ein weiteres Büro befindet sich im roten Clocktower.

Unterkunft

Für Übernachtungen im stadtnahen **Camps Bay, Bantry Bay** und **Sea Point** sowie in den etwas weiter entfernten Vororten (etwa 25 Minuten Fahrzeit von der City) **Constantia** und **Hout Bay** bitte die Unterkunftseinträge unter „Kaphalbinsel" unter dem jeweiligen Ortsnamen ansehen.

City

Lezard Bleu (RRR-RRRR), 30 Upper Orange Street, Oranjezicht, City, Tel. 021-4614601, Fax 4614657, welcome@lezardbleu.co.za, www.lezardbleu.co.za. Sechs

Zimmer, nette deutsche Besitzer, die ihr Haus mit viel Liebe und Engagement in ein Gästehaus umgewandelt haben, großer Garten, Blick auf den Tafelberg, Internet-Zugang für Gäste, Swimming-Pool. **Tipp:** die über einen hölzernen Steg erreichbare Baum-Suite, wo zwischen Palmenwipfeln Tarzangefühle aufkommen.

Ikhaya Lodge (RRR-RRRR), Dunkley Square, Gardens, Tel. 021-4618880, Fax 4618889, ikhaya@iafrica.com, www.ikhayalodge.co.za. Übernachtungen im Safari-Lodge-Stil mitten in Kapstadt, stilvolle ethnisch-afrikanische Einrichtung, von einigen Zimmern Tafelberg-Blick.

Green Point

Romney Park Luxury Suites (RRRR), Ecke Hill St/Romney Rd, Tel. 021-4394555, Fax 4394747, reservations@romneypark.co.za, www.romneypark.co.za. Großzügig-moderne Appartements mit dezentem afrikanisch-ethnischem Touch für Selbstversorger mit höchsten Ansprüchen; sehr schönes Wellness-Zentrum im Haus.

De Waterkant Lodge & Cottages (RRR), 20 Loader St, De Waterkant, Tel. 021-4191077, Fax 4191097, waterknt@iafrica.com, www.dewaterkant.co.za. An den Hängen vom Signal Hill gelegen, oberhalb von Green Point, Übernachtungen im vor über 150 Jahren erbauten, historischen und mit Antiquitäten eingerichteten Haupthaus oder in einem der benachbarten kleinen Cottages für Selbstversorger. Tolle Aussicht auf Stadt, Hafen und Tafelberg. Es wird Deutsch gesprochen und bei der Buchung auch verstanden.

Waterfront

The Breakwater Lodge (RR), Portswood Rd, Tel. 021-4061911, Fax 4061070, reserve@bwl.co.za, www.breakwaterlodge.co.za. Gehen sie in das Gefängnis, begeben Sie sich direkt dorthin ... kleine Zimmer in den Zellen des alten Prisons in der Waterfront, günstiger lässt es sich nicht in der Waterfront übernachten. Zu Fuß ist man, dank einem neuem Waterfront-Eingang, gegenüber der Waterfront Marina, auch schnell in Green Point und in der City.

Cape Grace (RRRRR), Tel. 021-4107100, Fax 4197622, www.grace.co.za. Geschickt in das Gesamtbild der Waterfront integriertes, relaxt-luxuriöses Hotel, das von drei Seiten mit Wasser umgeben ist. Große, freundliche Zimmer mit Tafelberg- oder Hafenblick. Das angenehmste Luxushotel in Kapstadt.

Restaurants
City

Lunch-Tipps

Fields (R), 84 Kloof St, Tel. 021-4239587. Etwas Seltenes in Südafrika: ein Paradies für Vegetarier, die hier alles bekommen, was sie fleischlos glücklich macht ... Alle Preise nach Gewicht.

Melissa's – The Food Shop (R), 94 Kloof St, Tel. 021-4245540. Eine Mischung aus Delikatessen-Laden und Café. Leckere, abwechslungsreiche Frühstücke, prima Kaffee. Filialen in Newlands (Tel. 021-6836949) und im Constantia Village (Tel. 021-7944696).

Kauai Juice (R), 39b Long St, Tel. 021-4215642. Hervorragende Sandwiches mit verschiedenen Brotsorten und eine gigantische Auswahl an Frucht- und Powerdrinks, oder *power smoothies,* wie man hier sagt. Für schnelle, aber gesunde mittägliche Snacks.

vida e caffe (R), 34 Kloof St, Tel. 021-4260627, www.caffe.co.za. Filialen in der Waterfront (Tel. 021-4259440, gegenüber Computicket) und in der City am Thibault Square zwischen Long- und Adderley Street, Tel. 021-4213974. „Leben und Kaffee" ist eine nüchtern-spartanisch eingerichtete portugiesische Café-Bar, die aber den besten Kaffee der Stadt serviert (nur Giovanni in Green Point kommt mit seinem italienischen Espresso und dessen Crema-Konsistenz heran; der Milchschaum auf dem Cappuccino ist allerdings beim Portugiesen noch viel zarter ...). Die gigantischen *muffins,* ständig frisch aus dem Backofen, mit süßer und pikanter Füllung (Feta/Paprika und Zimt/Apfel sind göttlich) sind eine Mahlzeit für sich und ein idealer „schneller" Lunch. Geordert wird an der Theke, und wenn die Bestellung komplett ist, wird die Nummer auf dem Bon aufgerufen.

Fontana Famous Roastery (R), 166 Long St, Tel. 021-4247233; So–Do 11–1, Fr/Sa 11–4 Uhr. Die besten gegrillten Hähnchen der Stadt, sowohl als günstiger Lunch als auch willkommener Snack nach anstrengender, mitternächtlicher Club-Tour durch die Long Street.

The Mexican Kitchen (RR-RRR), 13 Bloem Street, Tel. 021-4231541, Mo–Sa 11–23 Uhr. Kapstadts erstes mexikanisches Restaurant gilt nach wie vor auch als das beste der Stadt; Ambiente und Qualität sind genauso top wie die Lage ganz nahe an der pulsierenden Long Street.

Raith Gourmet (R), 38 Gardens Centre, Mill St, Gardens, Tel. 021-4652729; So–Do 8.30–18, Fr 8–18, Sa 8–13 Uhr. Der deutsche Edel-Metzger, bei dem die meisten Verkäufer und Verkäuferinnen wie selbstverständlich Deutsch sprechen, offeriert eine gigantische Auswahl an Aufschnitt, Würsten und Fleisch (besonders die eingelegten Steaks und Lammkoteletts eignen sich hervorragend für Braais!). Es gibt einen Imbiss zum Probieren vor Ort. Weitere Highlights gegen Entzugserscheinungen: Laugenstangen, Brezeln, Weißwürste, Nutella, Spiegel, Focus und Süddeutsche ...).

Primi Piatti (R-RR), Shortmarket St, Tel. 021-4247466, www.primi-piatti.com. Der Besitzer des einstigen „Nino's" hat das individuelle Restaurant in seine Kette Primi Piatti integriert; die Lokalität am Green Market Square ist nun sowohl von der Lage, vom Ambiente als auch von der Atmosphäre her das „Flaggschiff". Leichte, italienische Gerichte, guter Kaffee. Weitere Primi-Piatti-Filialen: Waterfront, Tel. 021-4198750: Camps Bay, Tel. 021-4383120; Constantia Village, Tel. 021-7947771; Century City, Tel. 021-5520055; Table View, Tel. 021-5579770 und in Tyger Valley, Bellville, Tel. 021-9104111.

The Happy Wok (RR), 50 Kloof St, Lifestyles on Kloof, Tel. 021-4222582, tägl. 12–14 u. 17–23 Uhr. Leckere asiatische Küche mit Schwerpunkt auf Thai Cuisine in kühl-reduziertem Ambiente.

Dinner-Tipps

Africa Café (RRR), Heritage Square, 98 Shortmarket St, Tel. 021-4220221, www.africacafe.co.za; Mo–So Dinner, Lunch nur auf Vorbestellung, außerhalb der Saison sonntags geschlossen. Hector und seine Schwester Portia starteten den Afroküchen-Trend vor zehn Jahren in Observatory. Kürzlich machten sie dort dicht und zogen mit ihrem extrem erfolgreichen Restaurant in die City um, an den attraktiven und zentral gelegenen Heritage Square. Es gibt nach wie vor Gerichte aus ganz Afrika zum Festpreis, von den 15 verschiedenen Speisen darf so viel gegessen werden wie reinpasst. Und ja, die attraktiven Bedienungen sind politisch inkorrekt handverlesen und tragen noch immer knallorangefarbene Xhosa-Kleider. Ein Muss!

Bukhara (RRR), 33 Church St, Tel. 021-4240000, www.bukhara.com; Mo–Sa Lunch, Mo–So Dinner. Immer voll, immer eng, immer halbdunkel, aber garantiert auch immer erstklassiges indisches Essen. Bei Kapstadts bestem Inder muss unbedingt vorbestellt werden! Stilvoll gestylte Filiale im Grand West Casino, dort keine Vorbestellung möglich.

Five Flies (RRR-RRRR), 14–16 Keerom St, Tel. 021-4244442, www.fiveflies.co.za; Mo–Fr Lunch, tägl. Dinner. Sehr gute Küche mit modern-globalen Kompositionen, die man sich selbst zu zwei-, drei- und viergängigen Menüs zusammenstellen kann. Untergebracht in zahlreichen Zimmern, alle mit einem verschiedenen Flair in zwei historischen Häusern. Die gut sortierte Weinliste ist nach Preisgruppen geordnet.

Kennedey's Restaurant & Cigar Bar (RRR-RRRR), 251 Long St, Tel. 021-4241212; Mo-Sa Lunch & Dinner. Das Restaurant über der bekannten und beliebten Zigarren-Bar gleichen Namens. Koloniales Ambiente.

Mesopotamia Gallery & Restaurant (RR-RRR), Ecke Long- u. Church Street, Tel. 021-4244664; Mo-Sa Lunch & Dinner. Das kurdische Essen wird auf riesigen Kupfertabletts serviert und auf Kissen sitzend zu sich genommen. Bauchtänzerin Fr u. Sa.

Savoy Cabbage (RRR), 101 Hout St, Tel. 021-4242626; Mo-Fr 12-14.30, Mo-Sa 19-22.30 Uhr. Ein sehr gutes Restaurant, kühles Industrie-Design mit Backsteinwänden, untergebracht in den ehemaligen Unterkünften der weiblichen Sklaven Kapstadts, einfallsreiche Küche, sowohl für Vegetarier als auch Fleischliebhaber.

Ginja (RRR), 121 Castle Street, Tel. 021-4262368, Mo-Sa 19-23 Uhr. Untergebracht in einem alten Ziegelgebäude, einem ehemaligen Lagerhaus, zwischen City und Bo-Kaap mit sehr engem, meist nicht auf Anhieb zu findenden „Eingangstunnel". Einfallsreiche und ungewöhnliche Gerichte, tolles Ambiente, ausführliche Weinliste. Geniale Kombination aus Stil und Gourmetküche. Derzeit Lieblingsrestaurant der Autoren in der City.

Madame Zingara (RR-RRR), 192 Loop Street, Tel. 021-4262458, Mo-Sa Dinner. Gleich neben „Gorgeous" noch ein absolut ausgefallenes Restaurant, auch hier ganz eindeutig Prädikat „Erlebnisgastronomie"; wild-einfallsreiche Küche mit Gerichten wie Chilli-Filet mit Schokolade oder Hühnerbrust in grüner Thaisauce. **Tipp:** dienstags und donnerstags ist meist eine Kartenleserin da. Für 35 Rand pro Sitzung verblüfft diese durch unglaubliches Insiderwissen.

Green Point

Lunch-Tipps **Giovanni's Deli World** (R), Tel. 021-4346893, 103 Main Rd. Hier wird in der Regel deutlich mehr Italienisch gesprochen als Englisch; der Mann hinter der Theke umpft meist Unverständliches in sehr tiefer Tonlage, schaut aus wie die Nebenbesetzung zu einer Paten-Neuverfilmung, man erwartet eher eine abgesägte Schrotflinte, stattdessen werden erstklassige Espressos mit samtiger Crema serviert.

News Café (R-RR), Somerset Rd, Tel. 021-4346196, www.newscafe.co.za. Geschäftiges und trendiges, bistro-artiges Restaurant mit vielen guten und leichten

Dinner-Tipps	**Beluga** (RRR-RRRR), The Foundry, Prestwich St, Greenpoint, Tel. 021-4182948, www.beluga.co.za; Mo–Sa Lunch, Mo–So Dinner. Eine Mischung aus New Yorker Restaurant und Pariser Café. In dem roten Backsteingebäude einer ehemaligen Gießerei finden 160 Leute Platz.

The Restaurant (RRR-RRRR), 51a Somerset Rd, Tel. 021-4192921; Dinner Mo–Sa. Kleines, zu Recht mehrfach preisgekröntes Restaurant mit einfallsreichen Gerichten, die oft von thailändischer, indischer und australischer Küche inspiriert werden; Chefkoch Graeme Shapiro benötigt für die Vorbereitung der Gerichte so viel Zeit, dass er vorsorglich nur abends geöffnet ist; die Weinliste lässt natürlich keine Wünsche offen.

Waterfront

Lunch-Tipps	**Caffe Balducci** (RR-RRR), Victoria Wharf, Shop 6162, Tel. 021-4216002 o. 4216003; Mo–So Frühstück, Lunch & Dinner. Erstklassiges, stilvolles Restaurant mit Bar, meist sehr attraktives Publikum, sehr aufmerksame Bedienungen. **Tipp:** Straußenfilet mit Cajun-Gewürzen, dazu Risotto, gerösteter Kürbis und eine reichhaltige Cabernet-Sauvignon-Soße.

Paulaner Bräuhaus & Restaurant (RR-RRR), Shop 18/19, Clock Tower Precinct, V&A Waterfront, Tel. 021-4189999, Fax 4255445, brauhaus@paulaner.co.za, www.paulaner.co.za. Hier wird das beste Bier der Stadt gebraut, es gibt Weiß-, Schank- und dunkles Bier vom Fass, auch das Essen lässt selbst bei bayerischen Besuchern nichts zu wünschen übrig. Paulaner empfiehlt sich allerdings nur bei gutem Wetter, dann entweder draußen im „Biergarten" oder im ersten Stock auf der Veranda mit Aussicht sitzen; drinnen wird es, vor allem abends bei Blasmusik und Schunkelstimmung, schnell etwas zu „deutsch".

Ferryman's Tavern (RR), Dock Rd, Victoria Wharf, Tel. 021-4197748, ferrymans@mweb.co.za. Den typisch englischen Pub gab es bereits vor Waterfront-Zeiten, damals war er nur von Hafenarbeitern und Seeleuten frequentiert; heute kommen natürlich hauptsächlich Touristen, um frischgezapfte englische Fassbiere abzukippen und sich Pub-Lunches einzuverleiben.

Harrie's Pancakes (RR), Clock Tower Precinct, Tel. 021-4210887, Mo–So 7–21 Uhr. Im äußersten Nordosten Südafrikas, in den Orten Graskop und Dullstroom, haben die Pfannkuchen von Harrie's mit ihren pikanten oder süßen Füllungen seit 1986 einen legendären Ruf. Jetzt gibt es direkt neben dem roten Clocktower eine Kap-Filiale.

Dinner-Tipps **Baia Seafood Restaurant** (RRRR), Victoria Wharf, Shop 6262, oberes Stockwerk, Tel. 021-4210935. Edles Meeresfrüchte-Restaurant mit Aussicht auf Tafelberg und Waterfront (versuchen, Tisch „20" zu reservieren, von dort ist die Aussicht am besten).

Morton's on the Wharf (RRR-RRRR), Victoria Wharf, Shop 221, oberes Stockwerk, Tel. 021-4183633, www.mortons.co.za; Mo-So Lunch 12-15, Mo-Sa Dinner 18-23, So Dinner 18-22.30 Uhr. Ein altbewährter Restaurant-Klassiker in der Waterfront; sowohl das Ambiente als auch die Gerichte sind 100% New Orleans, von *Louisiana Seafood Gumbo* bis *Blackened Sirloin Steak*. An manchen Abenden spielen Jazz-Bands.

Green Dolphin (RRR), Alfred Mall, Pierhead, Tel. 021-4217471, green-dolphin@mweb.co.za, www.green-dolphin.co.za. Noch einmal eine relaxte New Orleans-Atmosphäre und Jazz, diesmal allerdings jeden Abend; Green Dolphin gibt es schon so lange wie die Waterfront, eine Institution.

Nightlife
City

Café Vacca Matta, Seeff House, Foreshore, Tel. 021-4195550, www.vaccamatta.com. Wem der Film *Coyote Ugly* gefallen hat, der muss hier ein oder zwei Bierchen trinken. Am besten frühzeitig kommen und einen Platz an der Bar sichern, wo die Mädels dann auf der Theke tanzen und die Zuschauer mit Mineralwasser bespritzen. Aber immer daran denken: Noch nie hat es ein Gast geschafft, eines der attraktiven Tanzgirls abzuschleppen. Also am besten von vornherein abschminken, dann gibt es später keine Enttäuschungen.

Po Na Na Souk Bar, Heritage Square, 100 Shortmarket St, Tel. 021-4234889. Im renovierten Häuserblock Heritage Square untergebrachte, nordafrikanische Bar im Marrakesch-Look, vom Balkon lässt sich der historische Innenhof überblicken. Der richtige Platz, um vor oder nach dem Essen einen Drink einzunehmen oder eine Nachtclub-Tour zu starten. Oft Live-Musik.

The Fez, 30 Hout St, Tel. 021-4232106, www.fez.co.za, tägl. 22-4 Uhr. Kürzlich komplett renoviert, das luxuriöse marokkanisch-türkische Ambiente blieb zum Glück erhalten; das Publikum ist jung, trendy und sexy; der Club ist gut durchlüftet und klimatisiert, das ganze Jahr über bei Kapstädtern sehr beliebt.

Mama Africa, 178 Long St, Tel. 021-4248634. Restaurant, das Dinner von Mo–Sa serviert, die Bar besteht aus einer 12 m langen Theke, die einer grünen Mamba nachempfunden ist, darüber hängt ein gigantischer Kronleuchter aus alten Coca-Cola-Flaschen, und aus der Wand ragt ein halber Lkw. Abends spielen Live-Marimba-Bands und die Bar ist gerammelt voll.

Green Point

Buddhabar, Somerset Rd, Tel. 021-4344010. Das Ambiente ist edel, sexy und orientalisch angehaucht, freitag- und samstagabends findet sich hier Kapstadts Jetset ein; ein Men's Health/Cosmo-Publikum. Ab 21 Uhr ist der Club nur für Mitglieder offen, was bedeutet, dass man 50 R für eine Mitgliedskarte löhnen muss (gilt dann für den Kartenbesitzer und sechs „seiner" Gäste).

Chilli n'Lime, 23 Somerset Rd, Tel. 021-4984668. Viele Live-Vorführungen in dieser beliebten Bar, die überraschenderweise mehr von Heteros besucht wird, obwohl sie mitten im Kapstädter Schwulenviertel liegt.

Buena Vista Social Club Café, 81 Main Rd, Tel. 021-4330610. Benannt nach der berühmten kubanischen Rentnerband und dem gleichnamigen Film; Tapas-Menü, große Zigarrenauswahl und viele schöne Menschen.

Woodstock/Observatory

89 Woodstock, 89 Roodebloem St, Woodstock, Tel. 021-4470982, Di–So 18 Uhr bis spät. Relaxter Pub; Drinks schlürfen unter einem riesigen Wandgemälde von Strawinsky und anderen Klassikern.

Don Pedro's, 113 Roodebloem St, Woodstock, Tel. 021-4474493. War schon immer ein Treffpunkt weißer Liberaler, heute finden sich hier die neuen Yuppies von Woodstock und Observatory ein.

Cool Runnings, 96 Station St, Obs, Tel. 021-4487656. Vor die Reggae-Bar (von der es mittlerweile einen Ableger in der Kloof Street gibt), wurde sackweise Sand hingekarrt, um etwas Beach-Feeling zu erzeugen, das Insel-Design setzt sich im Innern mit Strohhütten-Dekor fort, witziger Platz. Das zweite Cool Runnings hat keinen künstlichen Strand.

The Curve Bar at the Bijoux, 178 Lower Main St, Tel. 021-4480183. Hier ist Observatory am meisten heruntergekommen; wenn es eine Clubnacht im Curve gibt (etwa 20 R Eintritt), trotzdem noch einigermaßen sicher, da dann meist Parkwächter auf die Autos aufpassen. Das Industrie-Dekor ist cool und passt gut zu dem einstigen Kino.

Gandalf's, gegenüber von der Curve Bar, kein Telefon, „Gothic Club" in Kapstadt, Spezialität: gruselige Shock-Art, wie zum Beispiel an Fleischerhaken aufgehängte und frei im Raum schwebende Mitbürger. Die Menge darf alles sehen, sogar wie die Haken ins Fleisch gebohrt werden. Fazit: Entertainment am heftigen Ende des Spektrums.

Ständig über neue Clubs oder Veranstaltungen in bestehenden Clubs informiert die Website von Clubbers Guide, www.clubbersguide.co.za.

Jazz und Musik in Kapstadt

All that Jazz. In den letzten zehn Jahren hat sich Kapstadt zur Jazz-Metropole Südafrikas entwickelt, Kapstadt ist mittlerweile so jazzig wie New Orleans. Wie in Amerikas berühmter Hafenstadt auch ist der Jazz wesentlicher Bestandteil des kulturellen Lebens am Kap. Gleich zwei große Jazz-Festivals finden jährlich statt: das *North Sea Jazz Festival* und das *Standard Bank Jazzathon*. Es gibt zwei Radiostationen, die nur Cape Jazz spielen: *Fine Music Radio* und *P4 Radio*.

Südafrikas Jazz-Szene entwickelte sich zeitgleich mit dem US-amerikanischen Jazz-Mainstream und fusionierte dessen Stil mit südafrikanischen Traditionen, was in einer typisch lokal kolorierten Musik resultierte.

Die Musiktradition am Kap hat viele Ursprünge: Westafrikanischer Sklavenimport, malaiische Einflüsse, die Kap-Minnesänger-Tradition, Khoi-Khoi-Sounds und die Tanzhallen-Kultur der 1940er Jahre von District Six, kombiniert mit populären südafrikanischen Musikstilen wie Marabi und Kwela.

Einer der berühmtesten südafrikanischen Jazz-„Exporte" ist ohne Zweifel *Abdullah Ebrahim* (der sich früher Dollar Brand nannte). Sein Stil ist eine Melange aus Duke Ellington, Thelonius Monk und John Coltrane, gemischt mit Malay, Kwela, Marabi, Cape Ministrel und sogar indischen Klangkonzepten. Die jungen Jazzmusiker von heute schöpfen aus dieser reichen Tradition.

Hier die A-Liste der Jazz-Locations in Kapstadt:

The Green Dolphin Restaurant (s.S. 100)
Afrikanische und Kap-Jazz-Größen, Standard-Jazz und Nachwuchskünstler. Sylvia Mdunyelwa, Winston Mankunku und Pianist Sammy Hartmann treten oft auf, ebenso wie die innovativen Bands Tribe und Madame Freak.

Manenberg Jazz Café
Die Relokalisierung des alten, einige Jahre „toten" Klassikers von der Adderley Street in Kapstadts City in den Clocktower

Precinct der Waterfront gegenüber vom Paulaner-Biergarten ist gelungen. Das alte Publikum findet sich ebenso wieder ein wie die Stars, teilweise von internationalem Ruhm wie Hugh Masekela und Bheki Meseleku. Der Fokus ist auf Cape Jazz, wie von Robbie Jansen, Hilton Schilder's Iconoclast oder Fusionsgruppen wie Virtual Jazz Reality.

Westend Restaurant
Abseits der touristischen Pfade, in der College Road in Rylands, befindet sich dieser Club, seit immerhin 1978. Viele Kapstädter Musiker begannen hier ihre Karriere. 80er Jahre-Atmosphäre mit Fusion und Funk-Dance-Bands, aber auch südafrikanische Musik. Populäre Interpreten wie Jimmy Dludlu und Loading Zone treten regelmäßig auf.

Hanover Street
Im Grand West Casino in Goodwood hat vor kurzem dieser Club im Stil des alten, in der Apartheidzeit plattgemachten Stadtteils District Six aufgemacht. Die Hanover Street war eine der bekanntesten Straßen im District Six. Verschiedene Musikrichtungen, aber hauptsächlich populärer Jazz. Die Bands wie N2 und Sabre sind sehr professionell, spielen aber Cover-Versionen populärer Jazzhits, keine eigenen Kreationen. Manchmal treten auch südafrikanische Stars auf.

Kennedey's Cigar Bar
Die elegante Zigarrenbar mit Restaurant in der Long Street hat sich seit ihrer Eröffnung musikalisch dem Jazz gewidmet. Live-Jazz gibt es Mo-Sa abends (Tel. 021-4241212, -251).

The Independent Armchair Theatre
In diesem alternativen Theater, Kabarett-Club und Live-Musik-Veranstaltungsort in der Lower Main Street in Observatory gibt es jeden Donnerstagabend Jazz. Gemütlicher Platz mit vielen bequemen Sofas (Tel. 021-4471514).

Off Moroka Café
Der kleine Coffee Shop in der Adderley Street wird von Journalisten, Künstlern, Politikern und anderen Schreibtischberuflern frequentiert. Montagabends gibt es immer Off the Wall Sessions, wo Jazz-Künstler spielen, ihre CDs vorstellen und über ihre Musik sprechen.

G-Spot Pub
Dieser kleine Pub, der für seine Jazz-Sessions montagabends berühmt ist, liegt hinter dem Grand West Casino-Komplex in Goodwood. Afrikanische Kap-Jazz-Größen wie Robbie Jansen und Spenver Mbadu spielen Gastgeber, jeder Musiker – ob Profi oder Amateur – der Zeit und ein Instrument hat, kann hier spielen. Die Sessions sind unterhaltsam und nützlich, um neue Talente zu entdecken.

Making Music Productions hat eine informative Website, www.music.org.za, die viele Jazzkünstler mit Biografien, Stories und Konzertdaten auflistet.

Eine gute Adresse, um mit professioneller Beratung afrikanischen Jazz auf CD einzukaufen, ist der **African Music Store** in der Long Street 134 (Tel. 021-4260857).

Adressen & Service

Tafelberg & Table Mountain Aerial Cableway, Lower Station, Tafelberg Rd, Tel. 021-4248181, www.tablemountain.net. Den Schildern von der oberen Kloof Street aus folgen, Dez–April 7.30–21 Uhr, letzte Gondel nach unten um 22 Uhr, Hochsaison: 15.12.–15.01. von 6.30 Uhr–22 Uhr, letzte Gondel 23 Uhr. Die Seilbahn auf den Tafelberg fasst 65 Passagiere, die Gondel dreht sich auf dem Weg nach oben einmal um 360 Grad. 2 km Pfade zu Besichtigungspunkten, es gibt das Paradise Peak Bistro mit Bar, Kaffee und leichten Snacks sowie das Selbstbedienungs-Restaurant *Dizzie Dassie*.

Robben Island: Rezeption und Informationszentrum Tel. 021-4191300, Fax 41910 57, embark@robben-island.org.za. **Robben Island Museum** Tel. 021-4111006, Fax 4111059, info@robben-island.org.za; tägl. Überfahrten vom Nelson Mandela Gateway vom Clocktower Precinct der V&A Waterfront um: 9, 10, 11, 12, 14 u. 15 Uhr (im Dezember und Januar zusätzlich um 16 Uhr). Preis für die 3,5-stündige, geführte Tour mit Insel-Schiffspassage 150 R, Kinder 75 R

Two Oceans Aquarium, Dock Rd, V&A Waterfront, Tel. 021-4183823, aquarium@aquarium.co.za, www.aquarium.co.za; tägl. 9.30–18 Uhr, sehr gut gemachter Aqua-Komplex, **Tipp:** Haitank.

Castle of Good Hope, Ecke Darling- u. Castle Street, Tel. 021-4691249, www.castleofgoodhopeco.za, casteel@cis.co.za; tägl. 9–16 Uhr, Eintritt 15 R, Kinder 6,50 R. Der Grundstein für Südafrikas ältestes Gebäude wurde 1666 gelegt.

Parliament of South Africa, Parliament St, Tel. 021-4032266, kgovender@parliament.gov.za, www.parliament.gov.za, Mo–Fr 9–12 Uhr; einstündige Führungen zur vollen Stunde, Eintritt frei, allerdings zwei Wochen vorher buchen. Debatten der Nationalversammlung können ebenfalls angehört werden, Reisepass mitbringen.

Planetarium, South African Museum, Queen Victoria St, Tel. 021-4243330, www.museum.org.za/sam/index, Mo–Fr Shows um 12, 13, 14, 15 u. Di auch 20 Uhr, Sa/So um 12, 13 u. 14.30 Uhr; Eintritt 10 R, Kinder 5 R; tolle Shows zum afrikanischen Nachthimmel in kürzlich komplett renovierten Räumlichkeiten.

St. George's Cathedral, Ecke Queen Victoria- u. Wale Street, Tel. 021-4247360, So–Fr 6.30–18, Sa 6.30–12 Uhr; eine der ältesten Kathedralen im Land, der erste Gottesdienst fand hier 1834 statt.

Bertram House, Tel. 021-4249381, Government Av., Di–Sa 9.30–16.30 Uhr, Eintritt 5 R, Kinder, Studenten, Rentner 2 R; georgianisches Stadthaus mit zeitgenössischen Möbeln, Silber und Porzellan.

Bo-Kaap Museum, Tel. 021-4243846, 71 Wale St, www.museums.org.za/bokaap, Mo–Sa 9.30–16.30 Uhr; Eintritt 5 R, Kinder 6–17 Jahre 2 R; das moslemische Erbe Kapstadts wird in einem der wenigen noch erhaltenen, ersten kapholländischen Häusern ausgestellt.

Cape Holocaust Centre, 88 Hatfield St, Gardens, Tel. 021-4625553, www.museums.org.za/ctholocaust, ctholocaust@mweb.co.za, So–Do 10–17, Fr 10–13 Uhr, freier Eintritt; ein sehr beeindruckendes Museum, das einzige jüdische Holocaust-Zentrum in Afrika, die Präsentationen und der didaktische Aufbau sind außergewöhnlich gut gelungen. Neben dem District Six Museum das beste der Stadt.

District Six Museum, 25a Buitenkant St, Tel. 021-4618745, www.districtsix.co.za, Mo–Sa 9–16 Uhr, freier Eintritt; Fotos, Gegenstände und Präsentationen zeigen die Geschichte von District Six.

Gold of Africa Museum, Martin Melck House, 96 Strand St, Tel. 021-4051540, www.goldofafrica.com, Mo–Sa 10–17 Uhr, Eintritt 20 R, Kinder 10 R; das einzige Museum der Welt, das sich ausschließlich afrikanischem Gold widmet.

Slave Lodge, 49 Adderley St, Tel. 021-4618280, agreyling@iziko.org.za, Mo–Sa 9.30–16.30, Eintritt 7 R, Kinder 2 R; die verschiedenen kulturellen Einflüsse, die Südafrikas zu dem gemacht haben, was es heute ist, werden hier in vielen anschaulichen Displays dargestellt.

South African Museum, Queen Victoria Street, Tel. 021-4243330, www.museums.org.za/sam/index, tägl. 10–17 Uhr, Eintritt 8 R, Kinder frei; das bekannteste Museum der Stadt, u.a. mit gigantischem Wal-Skelett über mehrere Stockwerke und dazu gespielten Walgesängen.

South African National Gallery, Company Gardens, Tel. 021-4651628, Di–So 10–17 Uhr, Eintritt 5 R, Kinder und So frei; die Nationalgalerie zeigt beeindruckende Werke südafrikanischer Künstler, der Museums-Shop verkauft außergewöhnlich schönes Kunsthandwerk.

Grand West Casino, Goodwood, Vanguard Drive (von der N 1 und der N 2, ausgeschildert), Tel. 021-5057777, Fax 5341278, www.grandwest.co.za; Casino tägl. 24

Std., Restaurants, großer Kino-Komplex, Shops usw., tägl. 10–23 Uhr, Eintritt frei, Parken 10 R. Die Eisbahn hat olympische Ausmaße: The Ice Station, Tel. 021-5352260, www.icerink.co.za.

Century City, an der N 1 Richtung Paarl, Ausfahrt 10, Tel. 021-5553377, www.centurycity.co.za; der riesige Komplex entstand in unglaublich kurzer Zeit in einem vorher ungenutzten Sumpfgebiet neben der N 1. Heute stehen hier Afrikas größtes **Einkaufszentrum Canal Walk** und der erste und größte Vergnügungspark des Kontinents, **Ratanga Junction** (www.ratanga.co.za). Der Eintritt ist für Besucher, die nicht die Fahrgeschäfte benutzen wollen, frei. Mitten im Komplex liegt *Intaka Island,* ein 16 ha großes Feuchtbiotop mit einheimischer Vegetation und vielen Vögeln. Ein Holiday Inn Hotel mit 145 Zimmern ergänzt den Komplex; es gibt Bootsfahrten und einen Zubringerbus, der in vielen Hotels der Stadt und den Atlantik-Vororten hält.

Long Street, www.longstreet.co.za; Kapstadts älteste und – nomen est omen – längste Straße ist in ihrer gesamten Länge eine Sehenswürdigkeit. Läden, Kneipen und Restaurants in renovierten viktorianischen Häuschen reihen sich aneinander. Auch ihre Verlängerung zum Tafelberg hin, die **Kloof Street,** wird durch neue Kneipen, Läden und Restaurants immer attraktiver. Die kameraüberwachte Long Street ist auch nachts sicher zu begehen, Nebenstraßen meiden.

Shopping

Einkaufszentren und Malls

Victoria & Alfred Waterfront, Dock Rd, Tel. 021-4087500, www.waterfront.co.za, Mo–Sa 9-21, So 10–21 Uhr, kostenlose Parkplätze im Freien, kostenpflichtig in drei Parkhäusern. Kapstadts beliebtestes Einkaufszentrum, neben Touristen kommen auch viele Einheimische hierher. Zwei Kinokomplexe.

Canal Walk, Sable Rd, Century City, Tel. 021-5554444 o. -33, www.canalwalk.co.za, tägl. 9–21 Uhr. Südafrikas größtes und mit 1,6 Mrd. Rand teuerstes Einkaufszentrum, Ende 2000 eröffnet, mit 450 Läden und Restaurants auf 121.000 m². Architektonisch interessante Kuppelbauten. Diverse Restaurants und der größte Kino-Komplex der Stadt; mit dem Auto etwa zehn Minuten vom City-Zentrum entfernt auf der N1 Richtung Paarl, Abfahrt „Ratanga Junction/Canal Walk"; Zubringerbusse von verschiedenen Punkten in der City, Tel. 021-5553377.

Cavendish Square, Cavendish Square, Claremont, Tel. 021-6743050, www.cavendish.co.za. Elegante und stilvolle Stadt-Mall auf mehreren Ebenen; hier finden sich selten Touristen, vielmehr gut betuchte Kapstädter ein. Ein Muss für Shopping-Fans, nicht ganz einfach zu finden, großes Parkhaus.

The Palms, Décor & Lifestyle Centre, 145 Sir Lowry Rd, Tel. 021-4620394, info@palms.co.za. Am südlichen Stadtrand von Kapstadt gelegenes Lifestyle-Einkaufszentrum, Schwerpunkt Innendekor, Klamotten, Ethnisch-Afrikanisches.

Tyger Valley Centre, 1 Bill Bezuidenhout Drive, Bellville, Tel. 021-9141822, www.tygervalley.co.za, So–Do 9–17.30, Fr 9–19, Sa 9–17, So 10–14 Uhr. Umsatzstärkste Shopping-Mall Kapstadts, etwas außerhalb in der Nähe der N 1 im Stadtteil Bellville gelegen. Günstigere Preise, hier kaufen die Bewohner der Rand- und Landbezirke ein, großes Fast-food- und Entertainment-Zentrum. Nebenan entsteht die *Tyger Valley Waterfront*.

Besondere Läden

Pan African Market, 76 Long Street, Tel. 021-4242 957, www.panafricanmarket.co.za. Wer sich für afrikanisches Kunsthandwerk interessiert, kommt um diesen Laden in der Long Street nicht herum: In einem alten historischen Haus findet sich hier auf zwei Stockwerken ganz Afrika ein, mit Masken, Textilien, Trommeln, Township-Art und einem wahrhaft panafrikanischen Sprachgewirr; unbedingt in einen Long Street-Spaziergang einbauen.

African Music Store, 90A Long Street, Tel. 021-4260857. Der Laden hat sich auf afrikanische Musik spezialisiert, von traditionellem Jazz bis Afro-Rock aller afrikanischer Interpreten; gute Beratung und Probehören.

Kapstadts Läden bieten eine originelle Vielfalt

Vaughan Johnson, Wine & Cigar Shop, Dock Rd, Waterfront, Tel. 021-4192121, Fax 4190040, johnson@mweb.co.za. Einer der besten Weinläden Kapstadts, permanent Weinproben, sehr gute Beratung, weltweiter Versand, große Auswahl an Whiskies und Zigarren, sonntags geöffnet.

Filmkulisse Kapstadt: Afrikas Hollywood

Afrikas Hollywood. Zwischen Oktober und April tummeln sich Regisseure, Produzenten und Fotografen in Kapstadt. Und Touristen treffen dann vor allem an Wochenenden in der City auf Schilder mit der Aufschrift „Filming in Progress" – Achtung Filmaufnahmen! Das Wetter ist genial gut, das weiche Licht traumhaft und die Natur-Kulissen grandios. Einige Straßenzüge in der City erinnern mit ihren mehrstöckigen Art-déco-Gebäuden an Manhattan. Dazu ein gelbes New-York-Taxi, ein Hot-Dog-Stand und etwas Dampf aus einem Kanaldeckel, und schon glaubt der Zuschauer, den Big Apple live im Bild zu haben.

Andere Straßen, wie z.B. die Wale Street, ziehen sich durch die gesamte Stadt Richtung Signal Hill. Sie werden an ihrem Ende so steil, dass sie locker als „San-Francisco-Doubles" herangezogen werden können. Noch werden in der Hauptsache überwiegend Werbespots – vom neuen Mercedes bis zum aktuellen Siemens-Handy – gedreht, doch mehr und mehr entscheiden sich auch Hollywood-Produzenten für die Kap-Location.

In einem Zwei-Stunden-Radius um Kapstadt finden sich eine Vielzahl von Landschaften: vom „australischem" Outback bis zum „texanischen" Highway, vom „fremden Planeten" zum „kalifornischen Surfbeach", von einer einsamen Hütte in den „Rocky Mountains" bis zum Weinort in der „Provence". Die jährlichen Ausgaben im Film- und Fotosektor liegen bereits bei 400 Millionen Rand – Tendenz steigend. Dazu kommen die Zahlungen der Filmcrews für Unterkünfte, Restaurants, Automieten und Souvenirs. Viele Kapstädter arbeiten in der Filmindustrie, vom Caterer bis zum Autopolierer, vom Statisten bis zum Kamera-Mann. Kürzlich wurde die Vergabe von Drehgenehmigungen zentralisiert, was der Filmindustrie einen weiteren Schub verpasst hat. Streckensperrungen, Feuerwehrautos, Polizisten usw. können nun über eine Stelle, die **Cape Film Commission** (Tel. 021-4839070 o. 4839060, Fax 021-4839071 o. 4839061, info@capefilmcommission.co.za, www.capefilmcommission.co.za) gebucht werden.

DIE REISEROUTEN

1. Kap-Halbinsel

Route

Woodstock – Observatory – Rhodes Memorial – Kirstenbosch Botanical Gardens – Constantia – Rondevlei – Muizenberg – St. James – Kalk Bay – Fish Hoek – Glencairn – Simon's Town – Boulders Beach/Pinguin-Kolonie – Miller's Point – Smitswinkel Bay – Cape of Good Hope Nature Reserve – Cape Point und Cape of Good Hope – Scarborough – Kommetjie – Noordhoek – Chapman's Peak Drive – Hout Bay – Llandudno – Camps Bay – Clifton – Sea Point – Mouille Point – Waterfront Kapstadt

Woodstock und **Observatory** (oder lässiger „Obs") östlich der City sind am ehesten als Kapstadts **Studentenviertel** zu bezeichnen. In den alten Stadtteilen mit ihren winzigen Häuschen, von denen viele gerade renoviert werden, leben im Gegensatz zu den meisten anderen Stadtgebieten Schwarz, Weiß und Coloured bunt gemischt. In der Lower Main Street, die sich durch Woodstock und Observatory zieht, gibt es zahlreiche alternative Kneipen, einige Restaurants und Tanzklubs (siehe „Nightlife" bei „Kapstadt"). Kreuzberg auf Afrikanisch eben. Kein Wunder, Kapstadts Universität liegt praktisch um die Ecke in Rondebosch. Vor allem abends ist hier immer etwas los. Der Charme liegt im teilweise bröckelnden Putz der Fassaden und der eben nicht klinisch-reinen Atmosphäre, wie sie Camps Bay oder die Waterfront vermitteln.

Etwas Interessantes zu besichtigen gibt es ebenfalls in der Gegend: das **Transplant Museum** im Groote Schuur Hospital liegt etwa 10 Min. zu Fuß vom Obs-Zentrum entfernt. Hier wird Professor Christiaan Barnards erste Herztransplantation im OP von 1967 originalgetreu nachgestellt.

Sehenswert

Transplant Museum, Groote Schuur Hospital, Tel. 021-4045232, Mo–Fr 9–14 Uhr; von der Stadt auf der M 3 kommend Abfahrt UCT (University of Cape Town) nehmen, an der T-Junction links und auf dem Woolsack Drive zum Krankenhaus.

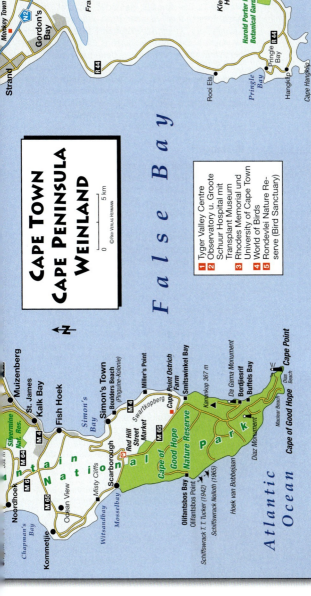

Die nächsten Stopps sind dann wieder „Touristen-Klassiker": Das **Rhodes Memorial** (Abfahrt Princess Anne Interchange von der M 3) entstand auf dem Gelände, das der britische Kapitalist 1906 an Südafrika vermacht hatte. Erworben hatte er die östlichen Tafelberghänge 1895, um diese unberührte Wildnis zu erhalten. Das Granitdenkmal ist, wie zu erwarten, monumental, die Aufgangstreppe wird von bronzen Löwen flankiert. Die meisten Besucher kommen mehr aufgrund des Restaurants und der grandiosen Aussicht auf die *Cape Flats* und die am Horizont aufragenden *Hottentots Holland Mountains*.

Restaurant

Rhodes Memorial Restaurant (R), Groote Schuur Estate, Rondebosch, Tel. 021-6899151, tägl. 9–17 Uhr; guter Platz, um Kaffee oder Tee zu trinken und dazu das typisch englische, brötchenartige Buttergebäck *Scones*, serviert mit Sahne und Marmelade, sich munden zu lassen.

Die **Kirstenbosch Botanical Gardens,** die nahtlos in den Table Mountain National Park übergehen, gehören mit Recht **zu den schönsten der Welt.** Von den Gärten führen zwei steile Wege, *Nursery Ravine* und *Skeleton Gorge,* nach oben auf den Tafelberg. Wer hochwandert, kann bis zur Seilbahnstation weitergehen und mit dieser runterfahren, um dann im Taxi zurück nach Kirstenbosch zu gelangen – oder umgekehrt. In der Sommersaison (Dezember bis März) finden regelmäßig am späten Sonntagnachmittag bis kurz vor Sonnenuntergang klassische oder eher rockige Konzerte im Freien an der großen Rasenfläche statt – eine Institution (25 Rand p.P., einschließlich Garten-Eintritt). Kapstädter und Touristen bringen ihre Gourmet-Picknick-Körbe, breiten ihre Decken aus, genießen Essen, Wein und Musik. Links ragt das Tafelberg-Massiv auf, rechts glitzern die Lichter der Stadt. All das schafft eine bezaubernde Atmosphäre.

Etwa 9000 der insgesamt 22.000 im südlichen Afrika vorkommenden Pflanzen gedeihen hier, natürlich auch Südafrikas Nationalblume, die Protea mit ihren vielen Arten. In einem temperaturkontrollierten Treibhaus wachsen die typischen Wüstenpflanzen des Nordens: Affenbrot- und Köcherbäume.

Nadelkissen-Proteas blühen in verschiedenen Farben von Gelb bis Tiefrot

Weitere Highlights im Botanischen Garten sind Teile der Original-Dornenhecke, die der erste Kap-Gouverneur Jan van Riebeeck 1660 pflanzen ließ, um Angriffe der einheimischen Khoi-Bevölkerung abzuwehren. Ein Duftgarten, dessen Gewächse erhöht eingepflanzt wurden, um sie besser riechen zu können, ein Braille-Pfad für blinde Besucher und eine Sektion, wo Medizinalpflanzen, *muti,* gedeihen, die von afrikanischen Naturheilern, *sangomas,* heute noch mit Erfolg bei bestimmten Krankheiten eingesetzt werden.

Weiterfahrt nach Constantia: dem Rhodes Drive (Nr. 63) folgen, der sich kurvenreich bis zum Constantia Nek hochschlängelt. Beim Kreisverkehr am Constantia Nek gleich die erste Ausfahrt wieder nach links und hinunter ins Tal nach Constantia auf der Main Road (M 41). Ein braunes Schild mit weißer Schrift weist auf die „Constantia Wine Route" hin. Das erste Weingut auf der Strecke ist **Groot Constantia,** zu dem man nach rechts abbiegen muss.

Information

Kirstenbosch Botanical Gardens, Rhodes Drive, Bishopscourt, Tel. 021-7629120, www.nbi.ac.za, Sept–März 8–19 Uhr, Apr–Aug 8–18 Uhr; Infos zu den Kirstenbosch Summer Concerts unter Tel. 021-7998999, www.nbi.ac.za/whatson/sunsetconcerts.htm.

Restaurants

Fynbos Food Court (R), Frühstücksbuffet für 30 R, Lunchbuffet für 45 R, Selbstbedienungs-Restaurant in angenehmer Umgebung, auch Bier und Weine.

Silver Tree (RR), Tel. 021-7629585, tägl. 11.30–15 und 18.30–22 Uhr; à-la-Carte-Restaurant mit weißen Tischdecken, regelmäßig Wein- und Gourmetabende.

Constantia

Jan van Riebeeck pflanzte neben der Dornhecke, dem damaligen Pendant zum Stacheldraht, noch etwas anderes, für das er wesentlich berühmter werden sollte: Ihm glückte es, in der relativ windgeschützten Gegend um Constantia, nach etlichen misslungenen Versuchen, an den südwestergepeitschten Hängen des Tafelberges die ersten Kapreben anzupflanzen, Ableger auf Schiffen angelieferter Rebenstecklinge aus Frankreich. Doch erst nach seiner Abberufung gelang es französischen Hugenotten 1688, trinkbaren Rebensaft zu keltern.

Das zweitälteste Weingut am Kap ist Groot Constantia, ein Prachtstück kapholländischer Architektur

Heute werden in der Region Spitzenweine erzeugt, was eine Weinprobe auf den berühmten Gütern *Groot Constantia, Klein Constantia, Buitenverwachting* und *Steenberg* eindrucksvoll beweist (aber nicht schlucken, nur schmecken, sonst ist die Kaprunde zu Ende, bevor sie überhaupt erst richtig begonnen hat ...).

Nachdem man Groot Constantias mächtige kapholländische Häuser mit ihren wunderschönen Giebeln besichtigt hat, auf der Main Street bis zur übernächsten Kreuzung weiterfahren, wo es rechts zum **Constantia Village** mit seinen Shops und Restaurants abgeht. Von dort auf die „42", die zunächst Spaanschemat River Road, dann Orpen Road und schließlich Steenberg Road heißt, wo die anderen Weingüter liegen.

Constantia-Restaurants

Lunch-Tipps

Woolworths Café (R), Constantia Village; einfaches, aber leckeres Menü, drei Frühstücks- und zwei Lunch-Versionen, Mittags-Buffet 7 Rand für 100 g, schickes Design, guter Kaffee.

Melissa's (R), Constantia Village, Tel. 021-7944696; tägl. Frühstück und leichte Lunches, reichhaltiges Buffet mit Salaten und verschiedenen anderen, mediterranen Gerichten zur Auswahl, leckere Sandwiches und prima Kaffee.

Spaanschemat River Café (R-RR), Constantia Uitsig Farm, Spaanschemat River Rd, Tel. 021-7943010; Frühstück und Lunch von Mi–Mo, die *Eggs Benedict* haben mittlerweile Kultstatus erreicht, idealer Platz für das erste oder zweite Frühstück oder leichten Lunch.

Barnyard Farmstall (R), Steenberg Rd, Tel. 021-71269 34; Frühstück und leichte Lunches, sehr kinderfreundlich, eine Mischung aus Farmladen, Streichelzoo, Abenteuerspielplatz und rustikaler Nahrungsaufnahme; vor allem die gigantischen Sandwiches – treffend *doorstoppers* (Türstopper) genannt –, sind sehr empfehlenswert.

Dinner-Tipps Die folgenden drei, sehr nahe beieinander liegenden Restaurants zählen *zu den besten in Südafrika* und sollten in der Saison einige Tage vorher gebucht werden. Am besten schon per eMail oder Fax von zu Hause aus.

Buitenverwachting (RRR-RRRR), Klein Constantia Rd, Tel. 021-7943522, Fax 7941351, buiten@pixie.co.za; Lunch Di–Fr, Dinner Di–Sa, 01.07.–14.08. geschlossen. Italienisch-französische Spitzenküche, die bereits mehrfach preisgekrönt wurde; die Weinliste hat von Diners Club einen Diamond Award, die höchst mögliche Bewertung erhalten, die Weine des Gutes sind fair gepreist und sowohl in Flaschen als auch per Glas erhältlich. Das einzige, was ein bisschen stört, ist die sehr spießige Inneneinrichtung, die an ein Möbelhaus aus den 80er Jahren erinnert.

Constantia Uitsig (RRR-RRRR), Spaanschemat River Rd, Uitsig Farm, tägl. Lunch (12.30–14 Uhr) und Dinner (19.30–21 Uhr), von Mitte Juni bis Mitte Juli geschlossen, Tel. 021-7944480, Fax 7943105, frank@uitsig.co.za, www.uitsig.co.za. Ein weiteres Spitzenrestaurant auf den benachbarten Weingut, ebenfalls mediterran angehauchte Küche, perfekte Pasta, der Nachtisch *Marquise au Chocolat* ist, Kalorien hin oder her, Pflichtprogramm. Von Diners Club seit Jahren immer wieder preisgekrönte Weinliste.

La Colombe (RRR), Constantia Uitsig, Tel. 021-7942390, Fax 7947914, lc@uitsig.co.za; Lunch Mo u. Mi–So, Dinner Mo u. Mi–Sa, im Juli und August geschlossen. Das zweite Restaurant auf dieser Weinfarm ist das beste „provençialische Landrestaurant" in Südafrika – hier stimmt alles, vom Dekor über die Qualität und Darbietung des Essens bis zum ausgezeichneten Service. Innovative Wild- und Fischgerichte, sehr reichhaltige Soßen, verführerische Desserts und natürlich wieder eine preisgekrönte Weinliste, u.a. mit den lokalen Constantia-Produkten. Der aus Frankreich stammende Chefkoch Franck Dangereux wechselt täglich das Menü. Im Winter in der Nähe des Feuerplatzes buchen.

Unterkunft

Constantia Uitsig Country Hotel (RRRR), Spaanschemaat River Rd, Tel. 021-7946500, Fax 7947605, zinta@uitsig.co.za, www.uitsig.co.za. Ruhige Übernachtung inmitten der Weinberge Constantias auf einem Weingut, näher lässt es sich nicht an zwei der besten Restaurants des Landes (s.o.) übernachten; 16 mit Antiquitäten eingerichtete Garten-Suiten; zwei Swimming-Pools.

Steenberg Country Hotel (RRRRR), Steenberg Estate, Tel. 021-7132222, Fax 7132251, hotel@iafrica.com, www.steenberghotel.com. Elegantes Hotel im ehemaligen kapholländischen Herrenhaus der ältesten Weinfarm Südafrikas, 24 Zimmer; das stilvoll renovierte Gebäude stammt aus dem Jahr 1682 und steht unter Denkmalschutz.

Das älteste Weingut am Kap, Steenberg, ist heute ein luxuriöses Hotel

Weingüter

Constantia Wine Route, Tel. 021-7941810, Fax 7941812, badenhorst@icon.co.za; Infos zu den sieben Weingütern Constantias.

Groot Constantia Estate, Tel. 021-7945128, Fax 794-1999, pro@grootconstantia.co.za; Weinproben und -verkauf tägl. außer Weihnachten, Karfreitag u. Neujahr 9–17.30 Uhr von Dez–April, 10–17 Uhr von Mai–Nov. Weinverkauf 9–18 Uhr Dez–April, 10–17 Uhr Mai–Nov. Kellertouren: sommers zwischen 10 und 16 Uhr, winters zwischen 11 und 15 Uhr. Museum, Herrenhaus, zwei Restaurants. Probieren: *Pinotage, Gouverneurs Reserve, Chardonnay, Sauvignon Blanc* und *Weißer Riesling*.

Klein Constantia, Klein Constantia Rd, Tel. 021-7945188, Fax 7942464, kleincon@global.co.za, www.kleinconstantia.com. Weinproben und -verkauf Mo–Fr 9–17, Sa 9–13 Uhr, 12 Rand p.P., Kellertouren nach Vereinbarung. Probieren: *Cabernet Sauvignon Reserve,*

Sauvignon Blanc, Rhine Riesling, Sauvignon Blanc Noble Late Harvest und natürlich den legendären, süßen Dessertwein *Vin de Constance,* den Napoleon noch auf seinem Totenbett getrunken haben soll.

Buitenverwachting, Tel. 021-7945190, Fax 7941351, biten@pixie.co.za. Weinproben und -verkauf Mo–Fr 9–17, Sa 9–13 Uhr, Kellertouren nach Vereinbarung; regelmäßig Jazzkonzerte. Probieren: *Christine, Merlot, Cabernet Sauvignon, Pinot Noir, Sauvignon Blanc, Chardonnay, Rhine Riesling.*

Steenberg Vineyards, Tel. 021-7132211, Fax 7132201, info@steenbrg.co.za, www.steenberg-vineyards.co.za. Weinproben und -verkauf Mo–Fr 8.30–16.30, Sept–Feb auch Sa 9–13 Uhr, 5 Rand p.P., Kellertouren nach Vereinbarung. Restaurant, Fünfsterne-Hotel, Weltmeisterschafts-Golfplatz. Probieren: *Merlot, Sauvignon Blanc Reserve, Sauvignon Blanc, Semillon wooded, Semillon unwooded.*

Rondevlei Nature Reserve

Größer können Gegensätze wohl kaum sein. Erst eleganter, kapholländischer Luxus und erlesene Weine, und gleich danach, wenige Minuten später, Flusspferde im *Rondevlei Nature Reserve.* Das Schutzgebiet wurde 1952 mitten in einem heute dichtbesiedelten Wohngebiet ausgewiesen. Es ist mit seinen Küstendünen, der Sandfynbos-Vegetation und dem Binnendelta eines der wichtigsten Feuchtbiotope in der westlichen Kap-Provinz. Mit über 230 verschiedenen Vogelarten und sechs versteckten Beobachtungshütten ein Paradies für Besucher. Und wer Glück hat, sieht auch die 1981 wieder eingeführten Flusspferde, die bereits 150 Jahr zuvor am Kap ausgerottet worden waren. Heute verstecken sie sich meistens in den dichten Wasserpflanzen. Was die angebotenen Bootsfahrten um so interessanter macht.

Rondevlei Nature Reserve, Fisherman's Walk, Zeekoevlei, Tel. 021-7062404, Fax 7062405, rondevlei@sybowweb.co.za, www.rondevlei.co.za.

Anfahrt Von der M 42 auf die M 4, dort links abbiegen bis zur Kreuzung mit der Victoria Road, dann rechts bis zum Fisherman's Walk, „Rondevlei" ist ausgeschildert. Tägl. 7.30–17 Uhr, Dez–Feb 7.30–19 Uhr, Eintritt 5 Rand, Kinder unter 5 frei. In dem kleinen Natur-Reservat werden Bootsfahrten angeboten (10 Rand einschließlich Eintritt), man kann Karpfen angeln, einen der Wanderwege begehen, einen Schlangen- und Reptilienpark sowie ein Pärchen Stachelschweine besichtigen (das Innere ihres Baus ist durch eine Glasplatte von den Besuchern getrennt).

Auf der M 4 geht es dann zurück Richtung Muizenberg. Kurz nach der Kreuzung mit der M 42 geht es in **Lakeside** rechts auf den **Boyes Drive** ab, der auf einer aussichtsreichen Bergstraße bis Kalk Bay führt. Wer oben fährt, verpasst allerdings die historischen Gebäude von **Muizenberg** und den schönen kleinen Strand von **St. James Beach** mit seinen bunt angemalten, viktorianischen Umkleidekabinen und seinem badesicheren Gezeitenpool. Beide Strecken sind sehr schön und beide führen direkt nach **Kalk Bay,** wo sich ein längerer Stopp lohnt. Schon aufgrund der vielen Geschäfte, die sowohl „richtige" Antiquitäten als auch Trödel und Krimskrams verkaufen. Aber auch wegen dem Bilderbuch-Hafen und, ja, dem **Ice Café** in der Main Street, das hausgemachtes italienisches und belgisches Eis (22 Sorten in Bechern oder Waffeln) verkauft, das unwiderstehlich gut schmeckt. Das Geschäft war zuvor ein ordinärer Eckladen. Als die neuen Besitzer diverse Lagen von Werbeplakaten der vergangenen Jahrzehnte von den Wänden und Fassaden gekratzt hatten, kam ein echtes Art-Nouveau-Juwel zum Vorschein. Also auch für Nicht-Eisesser sehenswert.

Kalk Bay ist neben Hout Bay der einzige Ort an der Kaphalbinsel, wo farbige Fischer während der Apartheid-Jahre nicht zwangsumgesiedelt worden sind, was gewachsene, unzerstörte und selbstbewusste Gemeinden zur Folge hatte und bis heute viel zur relaxten und legeren Atmosphäre beider Orte beigetragen hat.

Viktorianisch: Die bunten Umkleidehütten am St. James Beach

Strände am Kap

Life is a Beach. Sonne und Meer, dazu der richtige Strand. Mit dem RKH-Beach-Guide-kein Problem.

Big Bay, Blouberg (Rettungsschwimmer Sa 14–18, So 10–18 Uhr); einer der schönsten Strände Kapstadts, ein bisschen windig, daher paradiesische Verhältnisse für Windsurfer.

Bikini Beach, Gordon's Bay; der Mini-Strand des kleinen Ortes ist an heißen Tagen gut besucht.

Boulders Beach, Simon's Town; wenn fast überall der berüchtigte Southeaster bläst, kann man hier in türkisfarbenem Wasser, geschützt von riesigen, abgerundeten Granitfelsen, prima baden, meist zusammen mit den Pinguinen des benachbarten Reservats; der Strand gehört zum Table Mountain National Park, deshalb wird ein Eintrittsgeld fällig: 10 Rand, die sich lohnen.

Camps Bay (Rettungsschwimmer Sa 14–18, So 10–18 Uhr); Sonnenschirme und Liegestühle zu vermieten, beliebt bei Beach-Volleyball-Spielern; direkt an der palmengesäumten Flaniermeile Kapstadts.

Clifton (Rettungsschwimmer Sa 14–18, So 10–18 Uhr); vier einzelne, kleine, geschützte Strände, im Sommer vollgepackt mit den schönsten Körpern Kapstadts.

Fish Hoek (Rettungsschwimmer Sa 14–18, So 10–18 Uhr); sicherer, breiter Sandstrand für Surfer, Body Boarder und Schwimmer.

Gordon's Bay Main Beach (Rettungsschwimmer in der Saison 9–18 Uhr); idealer Familienstrand mit viel Platz.

Grotto Beach, Hermanus (Rettungsschwimmer in der Saison); endlos langer Sandstrand, ideal für Wanderungen und zum Drachen steigen lassen.

Hout Bay; wunderschöner Familienstrand, für Spaziergänge und natürlich zum Sundowner.

Kammabaai, Hermanus; kleiner, geschützter Strand, gut für eine schnelle Abkühlung.

Kogel Bay, an der R 44 nach Gordon's Bay (Rettungsschwimmer in der Saison von 9–18 Uhr); einer der besten Surfspots am Kap, super für einen Tagesausflug geeignet.

Langbaai, Hermanus; noch ein kleiner, geschützter Strand in Hermanus.

Llandudno (Rettungsschwimmer Sa 14–18, So 10–18 Uhr); kleiner, geschützter Bilderbuch-Sandstrand zwischen gewaltigen Felsen und dem Millionärsort Llandudno; gut zum Sonnenbaden und für romantische Picknicks in den Felsen.

Muizenberg (Rettungsschwimmer Sa 14–18, So 10–18 Uhr); gut zum Surfen, Angeln und für lange Spaziergänge.

Noordhoek; perfekt für einen langen Spaziergang oder Ausritte (in Noordhoek gibt es einige Pferdehöfe).

Onrus, 10 km vor Hermanus; kleiner Strand, gut für Familien und Bodyboarder.

Sandy Bay, Llandudno; Kapstadts einziger Nacktbadestrand, der oft von tieffliegenden Hubschraubern frequentiert wird.

St. James; der Gezeiten-Pool vor den buntbemalten, viktorianischen Umkleidekabinen ist gut temperiert und bietet sichere Bademöglichkeiten.

Strand (Rettungsschwimmer Sa 14–18, So 10–18 Uhr); Familienstrand, perfekt für Kinder und Angler.

Voelklip, Hermanus (Rettungsschwimmer in der Saison); der trendige Strand in Hermanus, hierher zieht es die Einheimischen im Sommer.

Badespaß am berühmten Sandstrand von Camps Bay

Kalk Bay

Unterkunft

The Inn At Castle Hill (RR-RRR), 37 Gatesville Rd, Tel. 021-7882554, Fax 7883843, mwtheinn@mweb.co.za, www.castlehill.co.za. Attraktive edwardinische Villa oberhalb von Kalk Bay mit Aussicht auf Ort, Hafen und Meer; sehr nette Besitzerin, fünf Zimmer, englisches oder gesundes Frühstück erhältlich.

Restaurants

Lunch-Tipps

Train Spot Pancake Kaya (R), Kalk Bay Station, Tel. 021-7886915, Kap-Spezialitäten wie Pfannkuchen, *Bobotie* oder *Melktart* am „Bahnhofskiosk", tägl. geöffnet.

Olympia Café & Deli (RR), Main Rd, Tel. 021-7886396, Frühstück Di–So, Lunch & Dinner Do–Sa, Deli geöffnet Mo–Sa 7–19, So 7–14 Uhr. Keine Reservierung möglich, aber die Kunden warten hier gerne; tägl. wechselndes, mediterran angehauchtes Menü, das mit Kreide an die

Wand geschrieben wird; liebevolle Zubereitung, günstige Preise und die eigene Bäckerei locken Hungrige von nah und weit.

Harbour House (RRR), Kalk Bay Hafen, Tel. 021-7884133; *der* Platz in Kalk Bay, um Fisch zu essen, direkt vom Boot auf den Grill oder in die Pfanne. Ein Schönwetter-**Tipp:** der einzeln im Freien, auf einem winzigen „Balkon" hoch, aber direkt über den Wellen stehende Tisch Nummer „40" – das ist „Erlebnisgastronomie pur". Vor allem von September an, wenn sich die Glattwale in der False Bay tummeln.

Dinner-Tipp **Polana** (RRR), Kalk Bay Hafen, Tel. 021-7887162 o. 7884133; im gleichen Komplex untergebracht wie das obengenannte Harbour House; die Fischgerichte werden hier allerdings nach kolonialen, portugiesischen Rezepten zubereitet. Nach dem Dinner oft Live-Music und Tanz.

Cape to Cuba (RR), 165 Main Rd, Tel. 021-7881566, www.ctoc.co.za; Di–So Lunch, Mo–So Dinner, Super-Lage am Hafen mit Blick über die Bahnlinie aufs Meer, kubanische Gerichte in echt kubanischem Ambiente (alle Einrichtungs- und Dekorationsstücke stehen übrigens zum Verkauf); hauptsächlich Fischgerichte. Man kommt allerdings eher wegen dem Dekor als aufgrund des Essens.

Shopping

Clementina Ceramics, A.R.T. Gallery, 20 Main Rd, Kalk Bay, Tel. 021-7888718, Fax 7885849, clement@net active.co.za, www.clementina.co.za. Clementina ist mit ihrem ethnischen Kunsthandwerksladen von Kapstadt nach Kalk Bay umgezogen, wo sie nun u.a. ihr berühmtes, buntes Geschirr verkauft.

Der nächste Ort ist der krasse Gegensatz zu Kalk Bay. **Fish Hoek** ist ein „weißer" und mit Sicherheit der konservativste Ort der Kaphalbinsel, was nicht nur daran liegt, dass hier der Alkoholausschank verboten ist. Für Besucher ist lediglich der schöne, breite und sandige Badestrand einen Besuch wert.

Simon's Town

oder **Simonstown** bietet dann wieder erheblich mehr: An der *Historical Mile* (ausführliche, erklärende Karte dazu gibt es bei der Tourist-Info) reiht sich ein denkmalgeschütztes Haus an das andere. Der Ort ist nach wie vor Südafrikas wichtigster Marine-Stützpunkt. Am

Hafen hat sich eine nette kleine Waterfront entwickelt. Und am **Jubilee Square,** wo das Denkmal der Dänischen Dogge „Just Nuisance" steht, die einst Marine-Maskottchen war, verkaufen Dutzende von schwarzen Händlern Kunsthandwerk. Sowohl für Kinder als auch für Erwachsene lohnt sich der Besuch des Spielzeugauto-Museums **Warrior Toy Museum** in der Main Street.

Ähnlich wie in Kalk Bay gibt es auch in Simon's Town einige Trödelläden zum Durchstöbern. Doch die Hauptattraktion des Ortes sind seine beiden südlichsten Strände, zu denen man auf der Weiterfahrt ans Kap gelangt. Es gibt zwei Zufahrten und Parkplätze, beide nach links, die Seaforth Street zum *Seaforth Beach,* die Bellevue Street zum *Boulders Beach.*

Geschützt von mächtigen, abgerundeten Granitblöcken lebt am **Boulders Beach** (Eintritt), der zum Table Mountain National Park gehört, eine von zwei Brillenpinguin-Festlandkolonien Südafrikas (die andere, wesentlich unattraktivere, ist gegenüber, auf der anderen Seite der False Bay bei Stoney Point). Ein Teil des Strandes am *Foxy Beach* ist ausschließlich für die etwa **3000 Pinguine** reserviert, die von erhöhten Holzstegen und -plattformen beobachtet und fotografiert werden können. Am südlichsten Beach darf windgeschützt in türkisfarbenem Wasser gebadet werden – manchmal nach dem Motto: „Der mit dem Pinguin schwimmt ..."

Pinguinkolonie am Boulders Beach

Simon's Town Information

Simon's Town Publicity Association, 111 St. George's Street, neben dem Jubilee Square Marina Development, Tel. 021-7862436; Infos zu Übernachtungen, Restaurants, Wanderungen im Silver Mine Naturreservat; außerdem gibt es die kostenlose Karte zur *Historical Mile* mit denkmalgeschützten Gebäuden.

Simon's Town, Südafrikas größte Marinebasis mit historischer Meile

Unterkunft

Quayside (RRR), St. George's Street, neben Jubilee Square, Tel. 021-7863838, Fax 7862241, info@quayside.co.za, www.quayside.co.za; das relativ neue Hotel mit 26 Zimmern und maritimem Thema in Simon's Towns Waterfront bietet sehr schöne Ausblicke auf die False Bay und den Hafen.

Boulders Beach Lodge (RR), 4 Boulders Place, Tel. 021-7861758, Fax 7861825, boulders@iafrica.com, www.bouldersbeach.co.za; nettes B&B am Boulders Beach mit freundlichen Besitzern und zwölf schön eingerichtete Zimmer.

Restaurants

Lunch-Tipps

Bertha's (RR-RRR), Quayside Centre, Tel. 021-7862138 o. 7862148, Mo–So Lunch & Dinner; Fischgerichte mit Blick auf den pittoresken Hafen, bei schönem Wetter unbedingt im Freien sitzen.

Penguin Point Café (RR), Boulders Beach, 4 Boulders Place; Terrassen-Restaurant mit Blick aufs Meer, neben leichten Gerichten auch guter, hausgemachter Kuchen und leckerer Cappuccino.

Dinner-Tipp

Bon Appetit (RRR), 90 St. George's St, Tel. 021-7862412, Di–So Lunch, Di–Sa Dinner; ein kleines, französisches Restaurant mit ebensolcher Küche an der historischen Meile; weiße Stofftischdecken schaffen ein elegantes Ambiente.

Sehenswert

Warrior Toy Museum, St. George's St, Tel. 021-7861 395, Sa–Do 10–16 Uhr; neben Zinnsoldaten eine riesige Auswahl an alten Automodellen von Matchbox und Dinky Toys; auch Verkauf von Automodellen.

Weiterfahrt

Beim Start am Parkplatz von Boulders Beach darauf achten, dass sich keiner der befrackten Nichtflieger unter dem Auto versteckt hat. Oben auf der M 4 geht es dann nach links weiter zum Kap. Wer noch nicht zu Mittag gegessen hat, dem bietet sich bei **Miller's Point** eine weitere Chance. Das Restaurant *Black Marlin* gibt es schon seit vielen Jahren, die Aussicht auf die False Bay ist prima, was (leider) viele Ausflugsbusse ebenfalls zu schätzen wissen.

Auf diesem Streckenabschnitt sollten die Autofenster beim Anhalten besser geschlossen bleiben. Die hier heimischen Bärenpaviane haben sich beim Jagen und Sammeln auf Mietwagen spezialisiert, die sie blitzschnell ausräumen, wobei deren Inneres mehr oder weniger in Mitleidenschaft gezogen wird.

Kap der Guten Hoffnung

Kurz hinter **Smitswinkel Bay,** einer Ansammlung von Häuschen tief unten am Fuß der Steilküste, geht es nach links in den südlichsten Teil des Table Mountain National Parks, ins **Cape of Good Hope Nature Reserve.** Nach Zahlung eines Eintrittsgeldes erhält man eine gute Landkarte des Schutzgebietes, auf der auch Wanderwege und Strände eingezeichnet sind. Da die Fynbos-Vegetation nicht sehr nährstoffreich ist, leben nicht massenhaft Tiere im Park. Die meisten Besucher werden, vor allem auf den Nebenstrecken, Strauße, Elen-Antilopen, Buntböcke, Zebras und natürlich Paviane beobachten können.

Kap-Halbinsel

Am Kap der Guten Hoffnung

Hauptattraktionen des Parks sind selbstverständlich aber **Cape Point** und das berühmte **Kap der Guten Hoffnung** *(Cape of Good Hope),* was in der Saison zu einem heftigen Besucheransturm führt.

Das Cape of Good Hope ist der südwestlichste Punkt Afrikas. Zu ihm geht es, kurz bevor Cape Point erreicht ist, rechts ab. Um es richtig schön „atemberaubend" betrachten zu können, empfiehlt sich eine kurze Wanderung bergauf über einen hölzernen Steg. Das sagenumwobene Kap hat mindestens 24 Schiffe versinken lassen. Die Reste von fünf von ihnen sind noch an den Stränden auszumachen, die anderen liegen auf dem Grund des Meeres.

Was das Kap so gefährlich macht, ist die Kombination aus tückischen Strömungen und extrem starken Winden. Der Grund, weshalb es der portugiesische Seefahrer Diaz zunächst „Kap der Stürme – *Cabo Tormentoso*" taufte. Der damalige portugiesische König Johann II. taufte es jedoch nach Diaz' Rückkehr in *Cabo de Boa Esperanca*" um, „Kap der Guten Hoffnung", denn es war der Beweis erbracht worden, dass Atlantischer und Indischer Ozean miteinander verbunden waren und jenseits des Kaps eine neu zu entdeckende Welt lag ...

Vom Parkplatz geht es entweder zu Fuß (anstrengend) oder mit einer Bergbahn (die Fahrt kostet hin- und zurück 22 Rand, Kinder 8 Rand, einfach 15/6 Rand) zum Leuchtturm und Aussichtspunkt. Vorsicht vor den am Parkplatz herumlungernden Pavianen! Sie sind die aufdringlichsten Südafrikas! Keinesfalls die Autoscheiben offen lassen und Vorsicht beim Essen. Die

Kap-Primaten klauen alles, von der Coladose bis zum Sandwich. Spezielle Affenwärter versuchen sie ständig, und natürlich erfolglos, mit Stöcken und Steinen zu vertreiben.

Dort, wo die Bergbahn-Linie endet, findet sich das südwestlichste Internet-Café Afrikas – ein guter Platz für ein garantiert neiderweckendes eMail nach Hause …

Der Aussichtspunkt am Leuchtturm ist zweifellos fantastisch. Aber obwohl der überall in Kapstadt auftauchende Begriff *„Two Oceans"* – zwei Ozeane – den Zusammenfluss von Atlantischem und Indischem Ozean suggeriert, ja manche Reiseleiter ihren Gästen versuchen die „verschiedenfarbigen Wasser" zu zeigen, ändert das nichts an der Tatsache, dass sich beide Weltmeere erst 300 Kilometer weiter südöstlich, am *Cape Agulhas,* Afrikas südlichstem und – zugegeben – erheblich weniger spektakulären Punkt treffen.

Weniger bekannt und besucht als Cape Point und Cape of Good Hope sind andere, nicht weniger landschaftlich reizvolle Strände und idyllische Picknickplätze im Park, wie *Olifantsbos, Platboom Beach, Maclear Beach, Dias Beach* und *Buffels Bay.*

Miller's Point Restaurant

Lunch-Tipp

Black Marlin (RR-RRR), Main Rd, Miller's Point, Tel. 021-7861621, www.blackmarlin.co.za; Mo-Sa Lunch & Dinner. Eine Kapstadt-Institution mit großer Seafood-Auswahl und grandioser Aussicht über die False Bay. Nachteil: Sehr beliebt bei Bustouren, was durch die damit zwangsläufig verbundene Lautstärke das Erlebnis etwas beeinträchtigen kann.

Cape Point Restaurant

Lunch-Tipp

Cape of Good Hope Nature Reserve, Tel. 021-7809204, 20 R Eintritt p.P., Minimum 40 R pro Auto; Okt.–März 7–18 Uhr, Apr–Sept. 7–17 Uhr.

Cape Point Aktivitäten

Zweitägige Wanderung durch das wunderschöne Naturreservat mit Übernachtung in einer Hütte. Teilweise atemberaubende Aussichten. Die beste Art und Weise, das Kap der Guten Hoffnung kennenzulernen. Vorteil: eine Essensbox (und Getränke für abends) können an der Ranger-Station gelassen werden. Gegen geringe Gebühr wir diese dann an die Hütte gebracht. Buchung über die Website www.cpnp.co.za (zu „Brochures" gehen und dann „TMNP Hiking Trail anklicken"). Die Hütte kostet 240 Rand und bietet vier Personen Platz.

Rückfahrt vom Cape

Bei der Fahrt zurück zur Einmündung in die M 65 folgt man dieser nach links, Richtung Norden. Links stehen einige Stände mit Kunsthandwerk und ein Stückchen weiter auf der rechten Seite ist die **Cape Point Ostrich Ranch,** eine Straußen-Schaufarm (Tel. 021-7809294, Fax 7809009, cpof@iafrica.com). Täglich von 9.30–17.30 Uhr geführte Touren, auch auf Deutsch, mit interessanten Fakten zum flugunfähigen Großgeflügel. Shop mit Straußen-Souvenirs. Teegarten, der kleine Gerichte, Brunch und Sundowner anbietet.

Nach acht Kilometern wird eine weitere T-Junction erreicht. Geradeaus geht es über die Red Hills nach Simon's Town, links nach Scarborough. Doch bevor man dorthin weiterfährt, sollte man sich die interessanten Steinskulpturen aus Zimbabwe, die rechts der Straße im **Red Hill Street Market** ausgestellt sind, ansehen. Sie sind teilweise wunderschön und der weltweite Versand der teilweise etwas sperrigen Stücke klappt erfahrungsgemäß sehr gut.

Scarborough ist ein etwas verschlafener Ort. Vor Jahren verströmten alle Gemeinden entlang der Kaphalbinsel dieses relaxte Atmosphäre. Scarborough konnte es sich bis heute erhalten. Die an den Hang gebauten Holzhäuser tragen zum Alt-Hippie-Ambiente bei. Pflichtstopp ist hier neben dem tollen Sandstrand das *Cobbs at the Cape,* wo auf der Terrasse im ersten Stock ein Espresso oder Cappuccino eingenommen werden sollte.

Scarborough

Restaurant

Lunch-Tipp **Cobbs at the Cape** (RR), Main Rd, Tel. 021-7801480, www.cobbs.co.za; Di–So Frühstück ab 9 Uhr Lunch & Dinner (sonntags kein Dinner). Freundliches, in rosa und pastellblauen Tönen gehaltenes Restaurant auf der Kaphalbinsel, die Pizzas sind überdurchschnittlich gut (vor allem *Smoked Chicken* mit Camembert), die Aussicht von der Terrasse im ersten Stock ist fantastisch, die Bedienungen sind sehr nett; die Stimmung ist immer entspannt, was daran liegt, dass Touristenbusse und ihre Ladungen diese Seite der Kaphalbinsel aufgrund der engen Zufahrtsstraße von Kommetjie her meiden.

Misty Cliffs, gleich hinter Scarborough, trägt seinen Namen zu Recht. Selbst im Sommer legt sich fast immer ein feiner Gischtnebel von der Brandung des Atlantiks über die Straße. An deren Rand stehen die Autos der Surfer, die hier bevorzugt Wellenreiten.

An der nächsten Kreuzung auf alle Fälle geradeaus weiterfahren, Richtung Kommetjie. So wie die nächsten vier Kilometer haben früher alle Straßen auf der Kaphalbinsel ausgesehen: Eng, holprig und nur mit ein paar weiß angemalten Steinen vor dem steilen Abgrund gesichert. Vorbei am Slangkop-Leuchtturm geht es nach **Kommetjie**, kurz und cool „Kom" genannt. In den letzten beiden Jahren hat hier ein Immobilien-Boom eingesetzt. Viele Kapstädter und ausländische Besucher haben sich in dem pittoresken Küstenort eingekauft und die Preise nach oben getrieben. Mit der Wiedereröffnung des Chapman's Peak Drive verstärkt sich dieser Trend noch. Auch in **Noordhoek** gibt es viele neue Häuser. Der Ort ist bekannt für seine Gestüte und den ewig langen Sandstrand. Es gibt einige Möglichkeiten, Ausritte zu buchen.

Noordhoek

Restaurant

Lunch-Tipp **Red Herring** (RR), Ecke Beach- u. Pine Road, Tel. 021-7891783, Di–So 12–15 u. 19–22 Uhr; rustikales Restaurant mit Pub und Meeresblick von der Dachterrasse; Pizzas, Sandwiches und Salate.

Dann kommt er, der absolute Höhepunkt der Kaphalbinsel-Tour, eine der schönsten und spektakulärsten Küstenstraßen der Welt: der **Chapman's Peak Drive**, von Einheimischen liebevoll „Chappy" genannt. Nachdem er wegen massiver Steinschläge über drei Jahre für jeglichen Verkehr gesperrt war, wurde er Ende 2003 als Mautstraße wiedereröffnet. Wer die einst atemberaubende Straße von früher her kennt, ist entsetzt über die „brutalen" Eingriffe wie riesige Felsfangnetze, Halbtunnel und tonnenweise Spritzbeton. Dazwischen überall Kameras. Die vielen kleinen Sundowner-Buchten wurden ebenfalls zubetoniert, wahrscheinlich um zu vermeiden, dass Besucher umdrehen um die 20-Rand-Mautgebühr zu sparen, da nur auf der Hout-Bay-Seite Kassenhäuschen stehen. Der Meeresblick ist jedoch immer noch sehr schön, vor allem im späten Nachmittagslicht, wenn die Felsen rot glühen, die Lichter von **Hout Bay** glitzern und der Sentinel sich als Schattenriss gegen den Horizont abhebt.

Die restlichen Kilometer bis Hout Bay sind ebenfalls kurvenreich, aber nicht mehr so eng, und es geht auch nicht mehr ganz so steil runter.

Am **East Fort**, in der Nähe der Chapman's Peak-Mautstation, wurden die alten Kanonen wieder in Betrieb genommen, zur Erinnerung an ein historisches Ereignis: Um 1782 einen eventuellen englischen Angriff auf Hout Bay abzuwehren, bauten die mit den Holländern verbündeten Franzosen versteckte Kanonen-Batterien in die Felsen oberhalb der Bucht. 1795 kam es tatsächlich zu einer Auseinandersetzung: Die kleine britische Fregatte „Echo" sollte die Verteidigungsbereitschaft der Bucht auskundschaften. Die 20 Kanonen am East Fort schossen gleichzeitig ihre 9 Kilo schweren Eisenkugeln ab. Erstaunlicherweise traf keine einzige, aber die Engländer hauten erst mal wieder ab. Die „Schlacht von Hout Bay" war zu Ende. Und die Kanonen waren zum ersten und letzten Mal im Ernstfall abgefeuert worden.

Über 200 Jahre später kann gegen Zahlung von 550 Rand jeder der möchte eine Kanone in die Bucht abböllern lassen – allerdings ohne Kugeln. Trotzdem sind die Krach- und Raucheffekte der explodierenden, ein Kilo schweren Schwarzpulver-Ladung das Geld wert.

Auf der Website www.zsd.co.za/~houtbay/cannon/cannon.htm werden die Kanonen-Abfeuerungszeiten aufgelistet. Auskunft auch bei *East Fort Battery,* Hout Bay & Llandudno Heritage Fund, Tel. 021-7902008 o. 021-7902416.

Chapman's Peak Drive

Im Januar 2000 wurde Südafrikas berühmteste Küstenstraße wegen massiver Steinschläge und eines tödlichen Unfalls gesperrt. Am 21. Dezember 2003 wurde er als „entschärfte" Mautstraße wiedereröffnet.

Seit seiner Eröffnung im Jahre 1922 gilt der Chapman's Peak Drive zwischen Hout Bay und Noordhoek als eine der schönsten Küstenstraßen der Welt. Was ihm allerdings immer wieder zu schaffen machte, waren Steinschläge, vor allem nach heftigen winterlichen Niederschlägen. Immer wieder war er gesperrt, um notwendig gewordene Reparaturen vorzunehmen. Am 29. Dezember 1999 tötete ein herunterfallender Felsbrocken einen Bewohner von Noordhoek.

Im Januar des folgenden Jahres kam es zu verheerenden Buschbränden auf der Kaphalbinsel. Ohne die bindende Vegetation folgten massive Steinschläge am Chapman's Peak Drive, der schließlich unter den gewaltigen Schuttmassen teilweise begraben war. Kurz darauf entschloss sich der Kap-Premier, die Straße auf unbestimmte Zeit sperren zu lassen. Es folgten Monate und schließlich Jahre andauernde Diskussionen, ob die Straße rekonstruiert werden oder geschlossen bleiben sollte. Schließlich konnten sich Baufirmen um den Großauftrag bewerben. Die Bauarbeiten begannen im Oktober 2002 und verschlangen über 145 Millionen Rand. Steinschläge ereignen sich jedoch nach wie vor. Autofahrer beschweren sich über zertrümmerte Windschutzscheiben, und das nach Jahren im März 2004 wieder über den Chapman's Peak Drive verlaufende Cape-Argus-Radrennen musste wegen eines – glücklicherweise vor dem Rennen – heruntergekommenen Steinschlags eine halbe Stunde unterbrochen werden. Die Schilder „Befahren auf eigene Gefahr" wurden deshalb schnell wieder aufgestellt. Nicht nur Naturschützer beklagen die massiven Eingriffe, wie riesige, weithin sichtbare Stahlnetze, mit Beton großflächig überspritzte Felswände und Tunnel. Die Mautgebühren betragen 13 Rand für Motorradfahrer, 20 Rand für Pkw und 27 Rand für Kleinbusse (jeweils eine Richtung, hin und zurück also das Doppelte). Wer vorhat, mehrmals innerhalb eines Monats die Küstenstrecke unter die Räder zu nehmen, bekommt in Hout Bay bei der Chapman's Peak Info (gegenüber vom Comida-Restaurant rechts abbiegen) eine Viererkarte für 20 Rand.

Kontakt: Entilini Chapman's Peak, Tel. 021-7909163, Fax 7909169, info@chapmanspeakdrive.co.za, www.chapmanspeakdrive.co.za.

Abendlicher Chapman's Peak

Hout Bay

Bei der Einfahrt nach Hout Bay („Holzbucht") liegt gleich auf der rechten Seite das berühmte *Chapman's Peak Hotel,* links geht es auf die Straße, die direkt am Strand entlangführt. Hier gibt es viele Parkplätze, wo das Auto sicher abstellt werden kann. Gegenüber, auf der anderen Seite der Bucht, liegt der Hafen von Hout Bay, wo man mit dem eigenen Wagen bis auf den äußersten Pier fahren darf. Im Hafen gibt es neben einer kleinen Waterfront, **Mariner's Wharf,** auch die besten Fish & Chips am Kap, und zwar bei *Fish & Chips on the Rocks.* Die gelbrote „Imbissbude" ist praktisch auf die Felsen am Ende des Hafens gebaut.

Diverse Charter-Gesellschaften bieten Bootstouren zur hinter dem Sentinel liegenden Robbeninsel **Duiker Island** an. Auf dem 1500 m² großen Felsen leben über 4000 Seehunde – eine geruchs- und lärmintensive Erfahrung. Manche Boote fahren noch etwas weiter um die Ecke herum, zum Wrack eines riesigen, französischen Pipeline-Legeschiffs, das dort 1994 während eines heftigen Sturmes aufgelaufen ist.

Hout Bay-Info

Hout Bay Museum, Andrews Rd, Tel. 021-7903270, Fax 7904998, www.republicofhoutbay.co.za; **Infos** zu Unterkünften, Restaurants und Bootstouren nach Duiker Island. Interessante Exponate und Fotos zur Geschichte von Hout Bay und zur Konstruktion des Chapman's Peak Drive.

Hout Bay Snoek Derby
Karneval-Atmosphäre beim jährlichen Snoek-(Fisch) Festival in Hout Bay. Wer den größten Snoek fängt, gewinnt. Viele Stände, natürlich auch mit geräuchertem Snoek. *Infos:* Tel. 021-7901264

Restaurants

Lunch-Tipps

Oakhurst Farmstall (R), Main Rd, Tel. 021-7908327. Farmstall zwischen Constantia Nek (M 63) und Hout Bay auf der rechten Seite; seit Jahren für seine hausgemachten Spezialitäten berühmt, der Platz, um für ein leckeres Gourmet-Picknick einzukaufen. Es gibt verschiedene Pasteten, Samoosas, Grillhühnchen, Quiches, Käse, weizen- und hefefreies Brot, organische Kräuter und Gewürze, Freilauf-Hühnereier und eine Espresso-Bar.

La Cucina Food Store (RRR), Ecke Empire- u. Victoria Road, Tel. 021-7908008, Mo–Sa 8–19 Uhr, So 8–17 Uhr. Die französische Besitzerin Marie Burger weiß, was schmeckt, ihre leckeren Buffet-Gerichte haben einen weit über die Grenzen von Hout Bay reichenden Ruf, Preise nach Gewicht; außerdem ein Delikatessenladen mit großer Auswahl, ideal für Gourmet-Picknicks.

Fish on the Rocks (R), am Ende der Harbour Road, Tel. 021-7900001, tägl. 10.30–20.15 Uhr; Bilderbuch-Fish & Chips, ein langjähriger Favorit im Hafen, direkt auf den Felsen am Meer, für Einheimische und Touristen, die Hout Bay besuchen; auch Garnelen und Kalamari; mittlerweile ein paar mehr Tische im Freien als früher.

Dinner-Tipps

Comida (RR), Main Rd, Tel. 021-7911166, Mo–So 12 Uhr bis spät. Tolles, leichtes Ambiete und Super-Essen, eine Mischung aus mediterran und asiatisch, fantastischer Ausblick über Bucht und auf den Sentinel. **Tipp:** die leckere *pizza pollo affumicato* mit geräuchertem Hühnchen, Brie und Preiselbeer-Sauce. Bier vom Fass.

Trattoria Luigi (RR), Main Rd, Tel. 021-7901702, Di–So Lunch, Mi–So Dinner. Luigi nimmt keine Reservierungen an, da es bei ihm fast immer knackevoll ist, vor allem in der *Green Season* zwischen Juni und September. **Tipp:** die hervorragenden Chili-Hühnerlebern, die Pizza mit Parmaschinken und natürlich die legendäre Zabaione für zwei. An den Tischen im Freien kann es so nah an der Straße etwas laut werden, was aber irgendwie gut zur neapolitanischen Herkunft des Danny-de-Vito-großen Besitzers passt ...

Butcher's Grill House (RR-RRR), 33 Victoria Av., Tel. 021-7907760. Sehr gutes und dabei preiswertes Steakhaus, das keiner Kette angehört; persönlicher und herzlicher Service, das gut abgehangene Fleisch kann auf Wunsch im Rohzustand betrachtet und ausgesucht werden. Top: die Filetsteaks und das Steak-Tartar als Vorspeise. Große Weinauswahl und kenntnisreiche Beratung, die Weinpreise sind äußerst fair.

Asu Ma's Sushi Bar & Restaurant (RR-RRR), Main Rd, Tel. 021-7905955. Das laut Angabe von in Kapstadt lebenden Japanern beste Sushi-Restaurant Südafrikas ...; die Preise sind erstaunlich günstig, es gibt Sushi, Sashimi, Maki Rolls und einige warme Gerichte. Hier ist vor allem das japanische Filetsteak ein himmlischer Genuss.

The Wharfside Grill (RR-RRR), Mariner's Wharf, Harbour Rd, Tel. 021-7901100, mariners@capecoast.co.za, www.marinerswharf.com; tägl. Frühstück, Lunch und Dinner. Bekannt gutes Fischrestaurant, was besonders in der Saison zu fast immer vollen Tischen führt; das Management ist deshalb bemüht, zwei „Dinnersitzungen" zu organisieren, also ab 19 und ab 21 Uhr. Die marin-rustikale Einrichtung mit teilweise von Seefahrt-Exponaten gibt einem das Gefühl auf einem alten Schiff zu sein, Aussicht auf den Hafen und die Bucht von Hout Bay. Die Küche ist mit einer riesigen Glasscheibe vom Restaurant getrennt, Besucher können also ganz genau sehen, was abgeht.

Chapmans (RR-RRR), Main Road, gegenüber vom Strand, Tel. 021-7901036. Restaurant mit riesiger Terrasse entlang der Main Road und schönem Blick auf die Bucht von Hout Bay und den Sentinel. Portugiesische Spezialitäten wie Kalamari und zarte Filetstücke, wunderbare Bar-Lounge mit Bier vom Fass und einer riesigen Wein- und Spirituosen-Auswahl – kein Wunder, der dazugehörige **Chapman's Peak Liquor Store** um die Ecke ist einer der bestsortierten am Kap. Live-Musik und Blues jedes Wochenende (Fr/Sa ab 21 Uhr).

Unterkunft

Villa Jacqui (RRRRR), 3 Chilton Close, Scott Estate, Tel. 021-7906306, Fax 7908597, mgoddard@mweb.co.za, www.villajaqui.co.za. Sehr stilvolles und attraktives Boutique-Gästehaus mit zwei Zimmern, einer Suite, toskanischem Ambiente und toller Aussicht auf die Bucht und den Sentinel. Großer Pool mit Terrasse. Auf Wunsch Dinner.

The Hout Bay Hideaway (RRR-RRRR), Scott Estate, 37 Skaife Street, Tel. 021-7908040, Fax 7908114, info@houtbay-hideaway.com, www.houtbay-hideaway.com. Mit sehr viel Liebe zum Art-déco-Detail hat der Holländer Nils sein Gästehaus dekoriert; Gäste können entweder eine der Suiten oder das gesamte Haus, einschließlich Jaguar (die vierrädrige Version) mieten. Gag: eine voll funktionsfähige Badewanne im Freien, mitten im Busch.

Lichtenstein Castle (RRR), Harbour Rd, 2 km nicht asphaltierte Straße, Tel. 021-7902213, Fax 7902593, info@lichtensteincastle.co.za, www.lichtensteincastle.co.za.
 Hoch über der Bucht von Hout Bay thront eine „Raubkopie" des Schwäbischen-Alb-Schlosses Lichtenstein, die ein exzentrischer Deutscher hier in elf Jahren Bauzeit hat errichten lassen; der Besitzer brach sich kurz nach der Fertigstellung das Genick, als er eine der steilen Treppen hinunterstürzte. Eine eher ungewöhnliche Übernachtung.

Chapman's Peak Hotel (RRR), Main Rd, gegenüber vom Strand, Tel. 021-7901036; kürzlich renovierte Zimmer, aufgrund der Bar ziemlich laut; wer allerdings vorhat sich die „Dröhnung" zu geben, kann sich nur wenige Schritte entfernt aufs Ohr legen …

Froggs Leap (RR), 15 Baviaanskloof Rd, Tel./Fax 021-7902590, info@froggsleap.co.za, www.froggsleap.co.za. Fünf Zimmer in einem karibisch anmutenden Haus, ruhig gelegen, mit umlaufender Veranda und Blick auf die Bucht. Beigefarbene Baumwollvorhänge, Deckenventilatoren und koloniale Rattanmöbel tragen zum relaxten Karibik-Ambiente bei. Alle Zimmer mit Bad, TV und Kühlschrank. Auch vom Pool hat man eine prima Aussicht. Die Besitzer hatten vorher eine Segelboot-Chartergesellschaft in der Karibik. Auf Wunsch machen sie Walbeobachtungstrips in der Bucht mit ihrem Katamaran. Airport-Transfers.

Forest Lodge (R), Stirrup Lane, Tel. 021-7904706, Fax 790-6827, forel@netactive.co.za, www.forestlodge.co.za. Oberhalb von „World of Birds" in einem bewaldeten Garten gelegene Übernachtungsmöglichkeit mit einem Zimmer, zwei Cottages und einer Wohnung für Selbstversorger. Aussicht auf die Bucht, Hafen, Berge und Chapman's Peak. Swimming-Pool, Kinder willkommen.

Sehenswert

World of Birds, Valley Road, Tel. 021-7902730, www.worldofbirds.org.za, tägl. 9–17 Uhr. **Afrikas größter Vogelpark** begeistert vor allem durch seine riesigen begehbaren Volieren, was ein „naturnahes" Erleben der verschiedenen Vögel und Primaten möglich macht. Außerdem gibt es noch Stachelschweine, Erdmännchen, Schildkröten und Wallabies zu beobachten.

Duiker Island, Hout Bay Hafen, **Bootstouren zur Robben-Insel** veranstalten folgende Firmen: *Nauticat,* Tel. 021-7907278; *Tigger Too Charters,* Tel. 021-7905256; *Drumbeat Charters,* Tel. 021-4389208; *Circe Launches,* Tel. 021-7901040. Buchung und Ticketkauf direkt im Hafen.

Hout Bay – Kapstadt

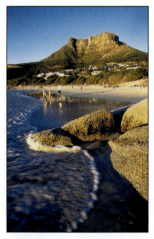

Llandudno Beach ist von mächtigen Granitfelsen umsäumt

Auf einer gut ausgebauten, steilen Straße geht es von Hout Bay hoch zum *Hout Bay Nek.* Links liegt **Llandudno** mit seinem schönen, von abgerundeten Granitfelsen flankierten Strand. Hierher sollte man allerdings früh kommen und etwas zum Essen und Trinken mitbringen. Es gibt keine Restaurants oder Läden und nur wenige Parkplätze. Die Bewohner der millionenschweren Villen und Häuser in Llandudno haben sich mehrheitlich gegen jegliche Kommerzialisierung des Orts ausgesprochen.

Von hier schwingt die Küstenstraße in sanften Kurven bis **Camps Bay,** rechts ragt die im Tafelberg endende Bergkette der zwölf Apostel in den (meist) blauen Himmel, links brandet der Atlantik an Kies- und Sandstrände. Auf dem letzten

Parkplatz vor Camps Bay links finden sich bei gutem Wetter Dutzende von Händlern ein, die Stoffe, Muscheln und Kunsthandwerk feilbieten, wie bemalte Straußeneier, afrikanischen Masken und geschnitzten Giraffen.

Die **Victoria Road** ist die Flaniermeile von Camps Bay. Zwischen Meer und „in"-Restaurant-Zeile zieht sie sich entlang. Hier wird auf der Harley oder im Cabrio entlanggetuckert. Der „Sehen-und-Gesehen-werden-Teil" beginnt an der Kreuzung mit dem Camps Bay Drive, der von der City bzw. vom Kloof Nek herunterkommt. Rechts ist ein Gebäudekomplex, der sich bis zum Bay Hotel zieht. In ihm befinden sich zwei Spitzenrestaurants, „Blues" und „Vilamoura". Letzteres ein portugiesisches Edel-Fischrestaurant. Die Fischgerichte sind wirklich exzellent, aber sehr teuer. Wer sich allerdings – zum Beispiel – die leckeren und relativ günstigen Calamaris bestellt und bei schönem Wetter draußen auf dem Balkon sitzt, wird sicher genauso happy sein.

Camps Bay

Restaurants

Lunch-Tipp   **Tuscany Beach Restaurant** (RR-RRR), 41 Victoria Rd, Tel. 021-4381213; tägl. Lunch ab 12, Dinner 18–23 Uhr. Elegantes, aber cooles Restaurant, sehr mediterranes Ambiente und italienische Speisekarte, kein Wunder, bei *dem* Blick aufs Meer ... Tische im Freien, bei etwas kühlerem Wetter empfehlen sich jene drinnen direkt am Fenster.

Dinner-Tipps   **Tides Restaurant** (RRRR), The Bay Hotel, 69 Victoria Rd, Tel. 021-4304444, tides@thebay.co.za, www.tides.co.za; Mo–So 18.30–23 Uhr, Frühstück 7–11 Uhr. Erstklassiges Essen in einem sehr schönen und luxuriösen, aber trotzdem nicht überspannten Hotel, Aussicht auf den berühmten Strand von Camps Bay.

Vilamoura (RRRR), The Promenade, Victoria Rd, Tel. 021-4381850, vilacampsbay@mweb.co.za, www.vilamoura.co.za; tägl. geöffnet, Lunch ab 12.30 Uhr, Dinner ab 19 Uhr. Edel-Fischrestaurant, sehr gutes Seafood, sehr teuer, gut ausgebildete, aber oft aufdringliche Bedienungen, die einem immer die teuersten *seafood platters* andrehen wollen. Die Rechnung genauestens kontrollieren, speziell, wenn man mit mehreren Leuten diniert hat. Und noch etwas: Nie ein Gericht bestellen, wo anstelle eines Preises „s.q." steht („je nach aktuellem Marktpreis"), es könnte den „finanziellen Ruin" bedeuten!

Summerville (RRRR), The Promenade, Tel. 021-4383 174, Mo–So 12.30–23.30 Uhr. Die besten Blicke auf den Camps Bay-Strip und Atlantik genießt man am besten mit einem der 120 erhältlichen Cocktails. Die hervorragenden Meeresfrüchte sucht man sich an einer appetitlich angelegten Theke heraus, von gigantischen Austern bis zu mosambikanischen Tiger-Garnelen – Speisekarten existieren nicht. Auch die Fleischgerichte sind vom Feinsten. Relaxte Atmosphäre in luxuriösem Ambiente mit viel Understatement. Angeschlossene Jazz- und Cabaretbar, in der Besitzer Skippy manchmal selbst singt. Keine Angst, er singt genauso gut wie er Speisen zelebriert.

Blues (RRR-RRRR), The Promenade, Victoria Rd, Tel. 021-4382040, www.blues.co.za; tägl. von 12 bis spätnachts. Für Kapstadt sehr ungewöhnlich: Nach über zehn Jahren im Geschäft ist das „Blues" immer noch Spitze, tolles Essen, nette Bedienungen, prima Aussicht. Im Erdgeschoss hat kürzlich das nicht mit dem Hauptrestaurant verbundene **Blues Café** (RR-RRR) aufgemacht. Ideal für späte Frühstücke oder Light Lunches. Die Pizzas und die Burger sind sehr gut, ausgezeichneter Espresso und Kaffee.

The Codfather (RRR-RRRR), Ecke Geneva Drive/The Drive, tägl. Lunch & Dinner, Tel. 021-4380782. Superfrischer Fisch, der direkt im Rohzustand ausgesucht werden kann, um dann nach Wunsch zubereitet zu werden. Es gibt außerdem eine Sushi-Theke, wo man den japanischen Sushi-Chefs bei der Zubereitung zusehen kann; die fertigen Fisch-Reis-Happen fahren dann auf einem Förderband an einem vorbei, abgerechnet wird später anhand der verschiedenfarbigen (und teuren) Unterteller. Meeresblick vom Balkon.

Camps Bay – Clifton

Die Victoria Road folgt weiter dem Küstenverlauf, passiert dabei die vier absolut trendigen Mini-Strände von **Clifton**, um dann die „Cote d'Azur" Südafrikas, nämlich **Bantry Bay** zu erreichen. Grundstücks- und Appartementpreise haben hier Weltmarktniveau, was sowohl an der Aussicht als auch daran liegt, dass man diese selbst bei überall sonst an der Atlantikküste fauchendem Southeaster nahezu windfrei genießen kann. Des Rätsels Lösung: Bantry Bay liegt im Windschatten des gegenüber vom Tafelberg aufragenden Lion's Head.

Sobald die Victoria Road nach links in die Queens Road übergeht, ist Kapstadts am dichtest besiedelter City-Stadtteil erreicht: **Sea Point.**

Die Beach Road folgt der Küste, die hier, auch aufgrund der Rollerskater, an den kalifornischen Venice Beach erinnert. An Südafrikas ältestem Leuchtturm, dem **Green Point Lighthouse** vorbei, geht es durch den Stadtteil **Mouille Point** bis zur Waterfront.

Clifton

Restaurant

Lunch-Tipp

Clifton Beach House (RR-RRR), 4th Beach, Tel. 021-4381955, Mo–So 10.30–spät; ganz nahe am Meer, Super-Aussicht, traumhafte Sonnenuntergänge, die Küche kombiniert gänzlich raffiniert thailändische und mediterrane Rezepte; Windhoek Lager und Becks vom Fass; am Abend gibt es weiße Stoff-Tischdecken; sehr relaxter Service, daher viel Zeit mitbringen; nach dem Essen einen Spaziergang zum Meer machen, man kann direkt auf die Felsen hinauslaufen, mit toller Aussicht zurück auf Lion's Head und Tafelberg.

Blick auf die schneeweißen vier Strände von Clifton vor der Bergkette der „Zwölf Apostel"

Sea Point

Restaurants

Lunch-Tipps

New York Bagels (RR), 51 Regent St, Tel. 021-4397523, Mo–So 7–21 Uhr; amerikanisch-jüdische Gerichte, alle *kosher*, wie Heringe, *Kneidlach*, *gefilte Fisch* und Hackleber, dazu natürlich frische Sauerteig-Bagels und *Cheese Blintzes*. Am Eingang erhält man eine Magnetkarte, die an den Essenstationen, an denen man sich bedient, belastet wird. Die Auswahl ist gigantisch, die Qualität tadellos.

Newport Market & Deli (RR), 47 Beach Rd, Mouille Point, Tel. 021-4391538; tägl. 8–17 Uhr. Die südafrikanischen Besitzer haben zunächst in Manhattan gelebt, wo sie ein ähnliches Deli betrieben haben; der amerikanische Einfluss macht sich gut, viele Kapstädter Stammgäste starten und enden ihren Tag hier. Super-Frühstücke, Kaffee und kleine Gerichte, tolle Wurst-, Käse- und Brotauswahl. Direkt an der Beach Road, daher ein unschlagbarer Blick auf Robben Island.

La Perla (RR-RRR), Ecke Church- u. Beach Road, Tel. 021-4342471, Mo–So Lunch & Dinner. Eine Institution italienischen Essens in Kapstadt, La Perla gibt es seit den 1960er Jahren; hier sind alle Bedienungen von Beruf Kellner, was nostalgische Gefühle beim Essen aufkommen lässt; interessant zu beobachtendes Stammpublikum, das man in anderen Kapstädter Restaurants so nicht zu sehen bekommt. Gute traditionell-italienische Küche, was natürlich keine Pizzas beinhaltet, dafür ausgezeichneten Kaffee und Espresso, dessen Crema bis zum letzten Schlürfer erhalten bleibt.

Dinner-Tipps **Wakame** (RRR-RRRR), 1. Stock, Ecke Surrey Place u. Beach Road, Mouille Point, Tel. 021-4332377, tägl. 12.30–15 u. 18.30–22.30 Uhr. Minimalistischer Zen-Stil, Super-Meeresblick und fantastisches Seafood plus Sushi. Stammplatz stil- und modebewußter Kapstädter. Wer sich auf der Karte nicht entscheiden kann, bekommt vom Chefkoch etwas was garantiert die Geschmacksnerven anregt.

Bitte schreiben oder mailen Sie uns (rkhhermann@aol.com), wenn sich in der Kap-Provinz Dinge verändert haben oder Sie Neues wissen. Vielen Dank!

Townships

Kapstadts afrikanisches Herz.
Neben der modernen Hi-Tech-Glitzerwelt hat Kapstadt noch eine andere Seite: Über zwei Millionen Menschen leben in **Townships**, etwa viermal so viel wie rund um den Tafelberg.

Einst waren die „No-go"-Gebiete für Touristen, heute sollte der Besuch in der „Dritten Welt" auf jedem Tourplan stehen, Tourguides, Restaurants und Bed & Breakfasts haben sich etabliert. In den meisten Townships leben die Menschen auf engem Raum zusammen, das Gemeinwohl steht über dem des Individuums. Zwischen selbstgebauten Hütten aus Wellblech, Ziegeln und Sperrholz grasen Kühe, Menschen transportieren ihre Habseligkeiten in Schubkarren.

In den *Shebeens* und *Taverns*, den Township-Kneipen, wird viel diskutiert, über Sport und Politik. Es gibt praktisch keine offiziellen Geschäfte. Alles, von Lebensmitteln bis zum Autogetriebe, wird in informellen *Spaza Shops* feilgeboten. Friseure preisen ihre Fertigkeiten auf selbstgemalten, bunten Schildern an, und auf den Open-air-Fleischmärkten grinsen einem Schafschädel (Spitzname: *smileys*) entgegen. Menschen verkaufen von ihren Häuschen, Hinterhöfen und aus Schiffscontainern heraus.

In **Khayelitsha**, dem großen Townships südlich der N 1 an der False Bay, beherbergt einer dieser Container die lokale Radiostation „Radio Zibonele" *(Zibonele* ist Xhosa und bedeutet: *„See for yourself"*). Spätestens in den Townships wie *Langa*, *Gugulethu* und *Khayelitsha* wird Besuchern klar, dass Kapstadt nicht „Out of Africa" ist. Kapstadt war und ist das Tor zum „Schwarzen Kontinent".

Information

Cape Town Tourism, Tel. 021-4264260, Fax 4264266, info@cape-town.org, www.cape-town.org. Cape Town Tourism bucht Township-Touren und Übernachtungen in den Townships sowie Transfers dorthin.

Achtung: Nicht auf eigene Faust im eigenen Wagen in die Townships fahren!

Sivuyile Tourism Centre, Guguletu, Ecke NY 1 u. NY 4, Tel. 021-6378449, Mo–Fr 8.30–17, Sa/So 9–14 Uhr; Tourist Information mit Verkauf von traditionellem Kunsthandwerk, Töpfereien und anderen Souvenirs.

Restaurants

I Gugu le Africa (RR), Ecke Spine- u. Iwandle Road, Khayelitsha, tägl. Lunch & Dinner nach vorheriger Reservierung, Tel. 082-4238479. Abe Bokwas Restaurant offeriert ein prall gefülltes Buffet mit typischen Xhosa- und Kap-Spezialitäten.

Lelapa (RR), 49 Harlem Av., Langa, Tel. 021-6942681; tägl. Frühstück, Lunch & Dinner nach vorheriger Vereinbarung (Minimum sechs Leute), Buffet mit afrikanischen Gerichten, heißem Brot, mit Ingwer abgeschmeckte Butternut-Suppe. Lokale Künstler stellen ihre Werke aus.

Unterkunft

Kopanong B&B (R), Khayelitsha, Tel. 021-3612084 o. 082-4761278; Thope Lekau führt dieses Bed & Breakfast.

Luyolo B&B (R), Guguletu, Tel. 021-6335903, o. 6963164; hier ist Pinky die nette Gastgeberin.

Majoro's B&B (R), Khayelitsha, Tel. 021-3613412; Gastgeberin ist Maria Maile.

Malebo's B&B (R-RR), Khayelitsha, Tel. 021-3612391; Gastgeberin ist Lydia Masoleng.

Alle B&B-Unterkünfte organisieren Transfers und Mahlzeiten.

Einkaufen

Khayelitsha Craft Market, Harare, Khayelitsha, Mo–Fr 9–16, Sa/So nach Vereinbarung, Tel. 021-3615246; afrikanische Lederarbeiten, Puppen und andere in den Townships hergestellte Souvenirs.

Organisierte Touren

Grassroute Tours, Eastbank Rd, Zeekoeivlei, Tel. 021-7061006 o. 082-9511016, grasrout@iafrica; die Touren kosten 220 Rand p.P. für einen halben Tag, 380 Rand für einen Tag, einschließlich Besuch von Robben Island. Touren beinhalten Besuche bei Kunsthandwerks-Märkten und in Shebeens, den einst illegalen Township-Kneipen; Abholung am Hotel.

Our Pride Tours, 32 Pieke Rd, Thornton, Tel. 021-5314291 o. 082-4467974, ourpride@mweb.co.za; der halbe Tag 220 Rand p.P., ein ganzer 400 Rand p.P., einschließlich Robben Island. Lunch im Township nach vorheriger Vereinbarung, Abholung am Hotel oder sonst irgendwo in der Stadt.

In einer shebeen, einer typischen Township-Kneipe

2. Weinland:
Reben und Leben

Eine Rundreise für Liebhaber erlesener Weine, delikater Gourmet-Menüs und grandioser Landschaften. Sie führt zunächst direkt ins Zentrum des Weinlands östlich von Kapstadt. Nach der „Pflicht" mit den bekannten Orten *Franschhoek, Stellenbosch* und *Paarl* folgt die „Kür", mit deutlich weniger häufig besuchten Orten wie *Wellington, Tulbagh, Riebeek-Kasteel* und *Riebeek-West*.

Route

Somerset-West – N 2 Sir Lowry's Pass – R 321 Grabouw – Theewaterskloof Dam – R 45 Franschhoek – R 310 Boschendal – Helshoogte Pass – Stellenbosch – R 44 Paarl – R 303 Wellington – R 303 Bain's Kloof Pass – Wolseley – Tulbagh – Nuwekloof Pass – Hermon – Bartholomeus Klip – Riebeek-Kasteel – Riebeek-West – Malmesbury – Durbanville – Weingüter Hazendal und Zevenwacht

Für den Ausgangspunkt der Weinland-Tour fährt man zunächst vom Zentrum Kapstadts etwa 40 km auf der N 2 Richtung Somerset-West, vorbei am Flughafen und den Wellblechhütten der Cape Flats. An der Ausfahrt Nr. 43, „Helderberg/Broadway Boulevard", verlassen wir die N 2 und halten uns links Richtung Somerset-West auf der R 44. Nach einem Kilometer an der Ampel rechts fahren, Richtung Somerset-West (das Hotel Lord Charles liegt links). Nach der nächsten Ampel, etwa 1,5 km später, links in die Louresford Road einbiegen. Etwa 3,5 km weiter steht rechts an der Wand ein Wegweiser zu unserem Ziel **„Vergelegen".**

Auf diesem kapholländischen Weingut wird nicht nur sehr guter Wein angebaut, es gibt auch eines der schönsten Beispiele kapholländischer Baukunst zu besichtigen. Und einen riesigen Garten mit den ältesten Bäumen im südlichen Afrika! Ein schöner Einstieg in die Weinlandreise also.

Die vor dem Herrenhaus in den Himmel ragenden, mächtigen Kampher-Bäume wurden vom Weingut-Gründer *Willem Adriaan van der Stel* zwischen 1700 und 1706 gepflanzt. Alle fünf stehen seit 1942 unter Denkmalschutz. Am besten lassen sie sich von der großen Rasenfläche aus fotografieren. Dann bilden sie einen Rahmen für das historische Herrenhaus. Dahinter ragt, äußerst fotogen, die schroffe Bergkette der *Helderberg Mountains* auf.

Weinland

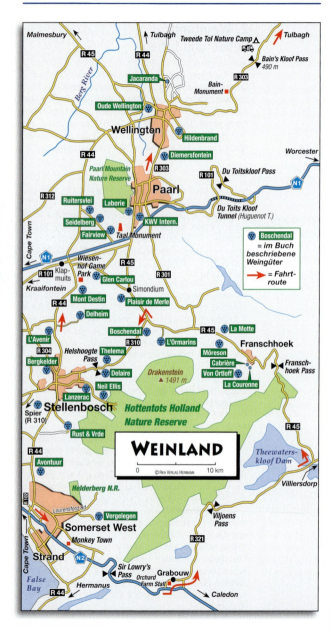

Das zweite besuchenswerte Weingut bei Somerset-West ist **Avontuur Estate** (an der R 44 Richtung Stellenbosch). Seine Besonderheit: Der Wein wird ausschließlich von Frauen produziert. Mit großem Erfolg. Ihre Kreationen haben bereits etliche Auszeichnungen einheimsen können.

Die Stadt **Somerset-West** selbst bietet ansonsten nicht viel mehr, so fahren wir zurück zur N 2, Richtung Sir Lowry's Pass. Nach wenigen Kilometern, noch im Industrie-Gebiet von Somerset-West, weist ein Schild nach links zu **Monkey Town.** Ein lohnenswerter Stopp, nicht nur, aber vor allem wenn Kinder mit dabei sind. Es gibt Affen und Primaten in großen Freigehegen mit genauen Erklärungen ihrer Lebensweise. Entweder von einem Guide, der einen begleitet, oder von den informativen Farbtafeln vor den Gehegen. Zum Abschluss können noch ein Bauernhof-Streichelzoo, ein Schimpansen-Kinderzimmer und kekskauende Papageien besucht werden. Danach zurück auf die N 2, um nun endgültig den knapp 400 Meter hohen *Sir Lowry's Pass* in Angriff zu nehmen.

Somerset West

Weingüter

Helderberg Wine Route, Tel. 021-8526166, Fax 8511 497, hwr@mweb.co.za, www.helderbergwineroute.co.za; Infos zu den 21 produzierenden Weingütern der Helderberg-Region.

Nicht verpassen sollte man folgende Güter:

Avontuur Estate, R 44 zwischen Stellenbosch und Somerset-West, Tel. 021-8553450, Fax 8554600, avonwine@mweb.co.za. Weinproben und -verkauf Mo–Fr 8.30–17, Sa 9–13 Uhr, 10 Rand für fünf Proben. Probieren: *Pinotage, Baccarat, Chardonnay Reserve, Above Royalty, Brut.*

Vergelegen Wine Estate, Louresford Rd, Tel. 021-8471334, Fax 8471608, eturner@vergelegen.co.za, www.vergelegen.co.za. Weingut-Touren Mo–Sa 10.30, 11.30 u. 15 Uhr, Nov.–April auch sonntags um 10.30, 11.30 u. 15 Uhr; unter Tel. 021-8471348 reservieren. Weinproben und -verkauf tägl. 9.30–16.30 Uhr (sonntags nur in der Saison), 5 Rand p.P. Probieren: *Cabernet Sauvignon, Cabernet Franc-Merlot, Vergelegen, Merlot, Chardonnay Reserve, Chardonnay, Sauvignon Blanc Reserve, Sauvignon Blanc, Noble Late Harvest Semillon.*

Zeit, um die erlesenen Trauben zu ernten

Restaurant

Lunch-Tipps

Lady Phillips Tea Graden & Restaurant (RR), Vergelegen Wine Estate, Tel. 021-8471346, ladyphillips@vergelegen.co.za. Tee und Kaffee von 10–11.45 Uhr u. 14.30–16 Uhr, tägl. Lunch von 12–14.30 Uhr, im Norden des Weingutes, im Schatten von Bäumen gelegen. Bei schönem Wetter empfiehlt sich ein Tisch auf der Terrasse. Empfehlenswert sind vor allem die leichten Quiches des Tages und die Gourmet-Pasteten, gefüllt mit Springbock und Aprikose *(springbok and apricot pie)* oder Perlhuhn und Rotwein *(guinea fowl and red wine pie)*.

Die Alternative zum Restaurant-Besuch ist ein **Picknick** im gegenüber, auf der anderen Seite des Herrenhauses liegenden idyllischen Kampher-Wäldchen, wo Tische, Bänke und Sonnenschirme aufgestellt sind. Picknick-Körbe verkauft der Tennis-Pavillon im *Rose Garden,* allerdings nur in der Saison von November bis April, von 12–14 Uhr. Körbe vorher unter Tel. 021-8471346 reservieren.

Sehenswert

Monkey Town, Mondeor Rd, Tel. 021-8581060, Fax 8581082, pro@monkeys.co.za, www.monkeys.co.za; tägl. 9–17 Uhr, Eintritt 40 R, Kinder ermäßigt, große Affen-Freigehege und ein Streichelzoo für Kinder.

Der **Sir Lowry's Pass** hat den gleichen Ursprung wie viele andere Bergübergänge in den Kap-Provinzen auch: Ganz zu Anfang war es ein Wildpfad, dann nutzten ihn Buschmänner. Sehr viel später folgte eine staubige Kutschenpiste, und heute eine breit ausgebaute Asphaltstraße.

Wer zu schnell unterwegs ist, verpasst kurz darauf die Abzweigung nach links, auf die R 321 nach **Grabouw.** Direkt an der Kreuzung rechts liegt einer dieser für die Kap-Provinz typischen *Farm Stalls,* wo neben farmfrischen Produkten auch Kunstgewerbe, Cappuccino, kleine Gerichte, frisches Brot usw. verkauft werden.

Grabouw

Restaurant

Orchard Restaurant & Country Market (R-RR), Ecke N 2 u. R 321, Tel. 021-8592880, So–Do 7.30–18, Fr–So 7.30–18.30 Uhr; gemütliches Restaurant mit großem Farmladen (Picknick-Körbe, Bäckerei, Frischtheke) zu Beginn des Elgin-Apfel-Tales.

Grabouw liegt zentral im *Elgin-Tal,* einem der wichtigsten Apfelanbaugebiete Südafrikas. Die Straße R 321 führt manchmal recht eng und kurvenreich über den *Viljoens Pass* bis zum *Theewaterskloof Dam,* der die umliegenden Farmen im Sommer mit Wasser versorgt. Eine Brücke führt über ihn, und an ihrem Ende geht es gleich nach links ab auf die R 45 zum **Franschhoek Pass.**

Zunächst am Ufer des Stausees entlang und dann stetig bergauf durch eine teilweise schroffe Berglandschaft schlängelt sich die Straße, die eindeutig zur Kategorie „Traumstrecke" gehört. Auf der Passhöhe ist ein Parkplatz, von dem sich das gesamte, idyllisch-liebliche *Franschhoek-Tal* überblicken lässt. Kein Wunder, dass sich die 1688 von Frankreich ans Kap geflohenen Hugenotten hier, in der „französischen Ecke", niedergelassen haben. Die Weinberge sind geschützt, es gibt genug Wasser und der Boden ist fruchtbar. Kühle Winter und heiße Sommer bringen größtenteils ausgezeichnete Weine hervor.

Franschhoek

Der kleine Ort hat sich in den letzten Jahren zu einem Gourmet-Mekka in Südafrika entwickelt. Hier gibt es die meisten Spitzenrestaurants pro Einwohner im Land. Dazu noch Dutzende von stilvollen Übernachtungsmöglichkeiten, und so verwundert es nicht, dass gerade Franschhoek-Besucher ihren Aufenthalt häufig verlängern. Wer sich für die interessante Geschichte der Hugenotten interessiert, sollte nach der Pass-Abfahrt die beiderseits der Straße gelegenen zwei Gebäude des *Huguenot Memorial Museum* mit dem hohen Hugenotten-Monument besuchen. Sehr informativ.

Sightseeing in Franschhoek besteht ansonsten darin, die Hauptstraße mit ihren kleinen Geschäften, Restaurants und Bistros, untergebracht in teilweise sehr schön renovierten, historischen Gebäuden, auf- und ab zu flanieren (die gutsortierte Tourist-Info befindet sich, von Stellenbosch/Kapstadt kommend, auf der rechten Seite). Um die weit auseinander liegenden Weingüter zu besuchen muss dann wieder ins Auto gestiegen werden. **Boschendal,** das wohl bekannteste und schönste von ihnen, liegt allerdings weit außerhalb Richtung Stellen-

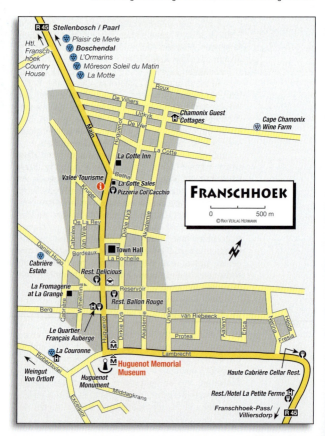

Bastille Festival: Ballone in den französischen Nationalfarben

bosch, so dass sich dessen Besuch erst auf dem weiteren Weg dorthin empfiehlt. Dabei das Abbiegen von der R 45 nach links auf die R 310 nicht verpassen. Kurz darauf taucht auf der linken Seite das 1855 erbaute, kapholländische Herrenhaus von Boschendal auf, Wegweiser zeigen die Richtung zum Parkplatz. Das Hauptgebäude ist heute ein Museum, wo es Broschüren und einen Lageplan des gesamten Komplexes gibt. Damit man ohne Umwege zu den Restaurants bzw. zur Weinprobe findet.

Information Franschhoek

Valleé Tourisme, Huguenot Rd, gegenüber Pizzeria Col'Cacchio, Tel. 021-8763603, Fax 8762768, info@franschhoek.org.za, www.franschhoek.org.za; informative Karten und Broschüren; die netten Damen der Information buchen Unterkünfte und empfehlen Restaurants, an den Wänden sind mit Fotos Dutzende von B&Bs und Gästehäuser zu sehen, um die Entscheidung leichter zu machen.

Franschhoek Bastille Festival
Am Wochenende, das dem 14. Juli am nächsten liegt, findet dieses Festival zum Gedenken an den Sturm der Bastille während der Französischen Revolution statt. Straßenparaden, Weinproben und Spezialitäten in den Restaurants. *Infos: Tel. 021-8763603*

Restaurants

Da die meisten Übernachtungsplätze in Südafrikas kulinarischem Epizenturm Franschhoek exzellente Dinner (und natürlich Weine) servieren, werden viele Besucher dort zu Abend essen, wo sie später auch schlafen werden. Alternativen gibt es jedoch genügend, reservieren ist empfehlenswert.

Dinner-Tipps

Le Quartier Français (RRR), 16 Huguenot St, Tel. 021-8762151; tägl. Frühstück, Lunch, Nachmittagstee u. Dinner. Innovative Küche von Chefköchin Margot Janse, wie z.B. Kalahari-Trüffel auf sautierten Porcini-Pilzen oder Curry-Gnocci als Beilage zu Springbok-Lende in Balsamico-Brühe. Nachtisch-**Tipp:** Schokolade- und Haselnuss-Frühlingsrollen mit Pistazien-Eis. Wurde 2002 von einem großen amerikanischen Reisemagazin zum besten Restaurant Südafrikas gewählt.

Haute Cabrière Cellar Restaurant (RRR), Robertsvlei Rd, Tel. 021-8763688, hautecab@iafrica.com; tägl. Lunch & Dinner. Vom Franschhoek Pass kommend rechts in den Berg gebauter Weinkeller mit Restaurant, Chefkoch Matthew Gordon ist über die Grenzen Südafrikas für seine feinen Kreationen bekannt, die frische Zutaten aus dem Tal (selbst die Schokolade zum Kaffee kommt von dort) mit den Weinen von Clos Cabrière-Gutsbesitzer Achim von Arnim kombinieren. Alle Gerichte gibt es auch als halbe Portionen.

Monneaux Restaurant (RR-RRR), Main Rd (westl. außerhalb, von der R 45 links), Franschhoek Guest House, Tel. 021-8763386; Guest House und Garten mit toskanischem Ambiente, interessante und ausgefallene Gerichte. Tägl. Lunch und Dinner.

Lunch-Tipps

Boschendal (RR-RRR), Pniel Rd, an der R 310, Groot Drakenstein, tägl. Lunch, Reservierung notwendig, Tel. 021-8704274. Es gibt drei Möglichkeiten, in dem historischen Weingut das Mittagessen einzunehmen. Entweder ein Lunch-Buffet zum Festpreis im **Boschendal Restaurant** im Original-Keller des Herrenhauses. Oder auf dem schönen Rasen unter schattenspendenden Bäumen mit einem gut gefüllten Picknick-Korb von **La Pique-Nique** (Erwachsene 72 R, Kinder 45 R). Dritte Möglichkeit ist im **Le Caffé**, das in den alten Sklaven-Quartieren des Boschendal-Herrenhauses untergebracht ist und leichte Lunches sowie Tee und Kuchen serviert.

Bread & Wine (R-RR), Môreson Wine Farm, Happy Valley Road, von Stellenbosch kommend vor Franschhoek rechts, Tel. 021-8763692. Wie der Name schon vermuten lässt, schmeckt bereits das ofenfrisch-dampfend an den Tisch gebrachte Brot mit seiner dicken Kruste ausgezeichnet; *Foccacia* gibt es mit verschiedenen Dips, wie Mandel-, Basilikum- und Tomatenpesto oder geröstete gelbe Paprika, Feta und Joghurt. Auch die Pasta und der Basilikum-Lachs *(seared salmon scented with basil)* sind prima.

La Fromagerie at La Grange (R), 13 Daniel Hugo St, Tel. 021-8762155, grangal@iafrica.com. In den ehemaligen Stallungen der alten Cabrière-Farm untergebrachter afrikanisch-ethnischer Innendesigner-Laden mit Restaurant, das kleine Gerichte drinnen und draußen (mit Bergblick) serviert. Spezialität: Käseauswahl von 40 lokalen und einigen ausländischen Produzenten.

La Petite Ferme (R), Pass Rd, vom Franschhoek Pass kommend am Ortseingang links, Tel. 021-8763016, lapetite@iafrica.com. Delikate, südafrikanisch und französisch angehauchte Gerichte, vor allem auf der Veranda mit Blick ins Franschhoek Valley ein Genuss; der hauseigene, im Eichenfass gereifte Chardonnay ist sehr empfehlenswert.

Delicious! (RR), 38 Huguenot St, Tel. 021-8764004, wwwlequartier.co.za. Täglich Frühstück und Lunch, Mi Dinner. Delikatessen- und Espresso-Bar, leichte, coole Gerichte, viele Locals. Fröhliches Dekor, das zum Verweilen einlädt. Ideal für einen Kaffee oder ein schnelles Lunch.

Col'Cacchio (RR-RRR), 66 Huguenot St, gegenüber der Tourist-Info, Tel. 021-876-4222. Die wohl beste Pizzeria im Franschhoek-Tal! Pizzen in 43 verschiedenen Sorten, natürlich vom Holzofen. Alternativen sind frische Pasta, leichte Salate und verführerische Desserts, bei schönem Wetter im Freien unter den Bäumen.

The French Connection Bistro (RR-RRR), Ecke Huguenot/Bordeaux St, Tel. 021-8764056. Tägl. Lunch und Dinner; simplifizierte und preiswerte französische Küche in einem umtriebigen Bistro mit ländlichem Ambiente. Kleine Veranda. Geheimnis des Chefkochs: beste Zutaten und limitierte Geschmacksrichtungen auf dem Teller. Die belegten Baguettes sind prima.

Unterkunft

Le Quartier Français Auberge (RRRRR), Ecke Berg- und Wilhelmina Street, Tel. 021-8762151, Fax 8763105, res@lqf.co.za, www.lequartier.co.za. Das elegante, trotzdem legere Hotel im provenzalischem Landhaus-Stil ist Franschhoeks luxuriöseste Übernachtungsmöglichkeit. Die Suiten gruppieren sich um einen Swimming-

Pool in einem idyllischen, dicht bewachsenen Garten. Das hoteleigene Restaurant ist ausgezeichnet (siehe Restaurants). Im Freien werden u.a. leckere Snacks serviert.

La Couronne Hotel (RRRR-RRRRR), Roberstvlei Rd – von der Main Road kommend in die Bordeaux, links in die Cabriere, Wegweiser nach La Rochelle, dann zum Hotel – Tel. 021-8762770, Fax 8763788, reservations@ lacouronnehotel. co.za, www.lacouronnehotel.co.za. Luxuriöses Hotel etwas außerhalb des Ortes auf einer Anhöhe mit toller Aussicht, überraschenderweise mal nicht im kapholländischen Stil mit plüschigem Interieur, sondern eher minimalistisch, mit zurückhaltendem afrikanisch-ethnischem Touch, beste Aussicht von Zimmer 18 im ersten Stock.

La Petite Ferme (RRR), Pass Rd, zwischen Ort und Franschhoek Pass rechts der Straße gelegen, Tel. 021-8763016, Fax 8763624, lapetite@iafrica.com. Drei kleine, luxuriöse, separate Häuschen im Weinberg, jedes mit eigener Terrasse und Pool; dank der exponierten Lage kommt hier noch das späte Nachmittagslicht hin, alle Zimmer mit offenem Kamin; üppiges Frühstück wird im Cottage oder im Restaurant serviert.

Franschhoek Country House (RRR), Main Rd (außerhalb), Tel. 021-8763386, Fax 8762744, fch@mweb. co.za, www.ecl.co.za. Renoviertes, historisches Herrenhaus, umgeben von Weinbergen, Pool mit schöner Aussicht auf die Berge. Vorteil: das Spitzenrestaurant Monneaux ist im Hause. Nachteil: ein bisschen nahe an der Straße gelegen.

Clos Cabrière Estate: der Schaumwein muss regelmäßig gerüttelt werden

Chamonix Guest Cottages (RR), Uitkyk St, Tel. 021-8762488, www.chamonix.co.za. Voll ausgestattete, gemütliche Chalets für Selbstversorger mitten auf der gleichnamigen Weinfarm, umgeben von Weinbergen.

Einkaufen

La Cotte Wine Sales, Huguenot St, links neben Gideon's Pancake House, Tel. 021-8763775, Fax 8763036, info@lacotte.co.za, www.lacotte.co.za. Eine große Auswahl an Weinen der Region und ein außergewöhnlich umfangreiches Käse-Sortiment, einschließlich einiger leckerer Frankreich-Importe, zusammen mit frischem Brot eine gute Picknick-Grundlage.

Weingüter-Infos

Vignerons de Franschhoek, 68 Huguenot Rd, Tel. 021-8763062, Fax 8762964, franschhoek@wine.co.za, www.franschhoekwines.co.za. Infos zu den 22 produzierenden Weingütern Franschhoeks (Weinproben, Öffnungszeiten, Übernachtungen, Restaurants).

Nicht verpassen sollte man:
Boschendal, das über 300 Jahre alte Weingut gehört zu den schönsten Beispielen kapholländischer Architektur im Weinland. Pniel Rd, Groot Drakenstein, an der R 310, zwischen Franschhoek und Stellenbosch, Tel. 021-8704274 o. 8704200, Fax 8741864, reservations@boschendal.com u. www.boschendalwines.co.za. Weinproben und -verkauf Mo–Sa 8.30–16.30 Uhr, von Nov–Apr So 9–12.30 Uhr, 6 Rand p.P., Kellertouren: Mai–Okt 10.30 u. 11.30 Uhr (unbedingt reservieren). Probieren: *Grand Reserve, Merlot, Jean le Long Merlot, Shiraz, Lanoy, Pinot-Noir-Chardonnay, Chardonnay Reserve, Jean le Long Sauvignon Blanc, Sauvignon Blanc, Jean le Long Semillon, Vin d'or, Brut 2000, Brut.*

Cape Chamonix Wine Farm, Uitkyk St, Tel. 021-8762494 o. 8762494, Fax 8763237, marketing@chamonix.co.za, www.chamonix.co.za. Weinproben und -verkauf tägl. von 9–17 Uhr, 10 Rand p.P., auch Fruchtschnaps- und Eau de Chamonix Mineralwasser-Proben. Probieren: *Chardonnay Reserve, Chardonnay.*

Clos Cabrière Estate, Tel. 021-8762630, Fax 8763390, cabriere@iafrica.com, www.cabriere.co.za. Weinverkauf Mo–Fr 9–16.30, Sa 11–13 Uhr; Kellertouren mit Achim von Arnim jeden Sa 11 Uhr o. nach Vereinbarung, Weinproben mit Tour und *Sabrage* (Flaschenkopf-Abschlagen mit dem Säbel): Mo–Fr 11 u. 15 Uhr,

20 Rand p.P. Probieren: *Pinot Noir, Cuvée Belle Rose, Cuvée Reserve, Blanc de Blancs.*

La Couronne, Tel. 021-8762770, Fax 8763788, winery @lacouronnehotel.co.za, www.lacouronnehotel.co.za. Weinverkauf und -proben tägl. 10–15 Uhr, Kellertouren nach Vereinbarung. Probieren: *Ménage à Trois.*

La Motte, an der R 45 von Stellenbosch kommend links, Tel. 021-8763119, Fax 8763446, cellar@lamotte.co.za, www.la-motte.com. Weinverkauf und -proben Mo–Fr 9–16.30, Sa 9–12 Uhr, 10 Rand p.P. Probieren: *Shiraz, Millenium, Chardonnay.*

L'Ormarins, Tel. 021-8741026, Fax 8741361, sales@lormarins.co.za. Weinproben nach Vereinbarung, Kellertouren Mo–Fr 9–16.30 Uhr, Sa 10–15 Uhr, im Sommer werden mediterrane Delikatessen zur Weinprobe gereicht. Probieren: *Optima.*

Môreson Soleil du Matin, Tel. 021-8763055, Fax 8762348, sales@moreson.co.za. Weinproben und -verkauf Dez–Apr Di–So 11–17 Uhr, sonst Mi–So 11–16 Uhr, 7,50 Rand p.P. Kellertouren nach Vereinbarung. Probieren: *Cabernet Sauvignon, Magia, Pinhurst Range Cabernet Sauvignon.*

Plaisir de Merle, Simondium (weit draußen Richtung Paarl), Tel. 021-8741071, Fax 8741689, nbester@distell.co.za, www.plaisirdemerle.co.za. Weinproben und -verkauf Mo–Fr 9–17 Uhr, Sa 10–13 Uhr. Probieren: *Cabernet Sauvignon Reserve, Merlot, Sauvignon Blanc.*

Von Ortloff, Tel. 021-8763432, Fax 8764313, vortloff@mweb.co.za. Weinproben und -verkauf und Kellertouren nach Vereinbarung. Probieren: *Chardonnay.*

Sehenswert

Huguenot Memorial Museum, Tel. 021-8762532, Lambrecht St, Mo–Fr 9–17, Sa 9–13 u. 14–17, So 14–17 Uhr, Eintrittsgebühr (das Ticket aufheben, es gilt für beide Gebäude). An der Kasse sind diverse interessante Broschüren erhältlich, auch in deutsch. Im Gebäude über der Straße weitere Exponate und ein Souvenir-Laden. Vor dem Museum steht das **Huguenot Monument** in einem separaten Garten.

Aktivitäten

Mont Rochelle Equestrian Centre, Tel. 083-3004368, bietet eine Weinprobe zu Pferde an. Der zweieinhalbstündige Dreikeller-Ritt besucht Clos Cabrière, Grand Provence und Mont Rochelle und kostet etwa 150 Rand p.P.

Kapholländisches Schmuckstück: Weingut Boschendal vor Bergkulisse

Franschhoek – Stellenbosch

Kurz nach dem Verlassen von Boschendal, dem letzten Gut der Franschhoek-Weinroute, taucht rechterhand mit **Thelema Mountain Vineyards** bereits das erste der Stellenbosch-Weinroute auf. Direkt gegenüber, links der Straße, befindet sich **Delaire**, ein weiteres Weingut. Während dort im Gegensatz zu Thelema die Weinproben von uninteressiertem und unfreundlichem Personal abgehalten werden, ist das Restaurant *Green Door* empfehlenswert. Das Essen ist gut, die Aussicht von den Tischen im Freien ins Tal absolut fantastisch.

Der früher als „höllisch steil" bezeichnete, 336 Meter hohe **Helshoogte Pass** ist mittlerweile völlig entschärft und vierspurig ausgebaut. In weit ausladenden Kurven, sonntags ein Mekka Kapstädter Motorradheizer, geht es hinunter nach **Stellenbosch,** der 1685 von Kap-Gouverneur *Simon van der Stel* gegründeten und damit zweitältesten Stadt im Land.

Stellenbosch

Im Gegensatz zu Franschhoek gibt es in Stellenbosch eine Fülle von historischen Gebäuden (insgesamt 122 Stück) zu besichtigen. Die mächtigen, von den ersten weißen Siedlern vor Jahrhunderten gepflanzten Eichen spenden willkommenen Schatten und ermöglichen so selbst in den sehr heißen Sommern weitgehend hitzschlagfreie Spaziergänge in der Stadt. Das Informationsbüro gibt kostenlose Broschüren und Stadtpläne (auch auf Deutsch) mit eingezeichneten Routen heraus.

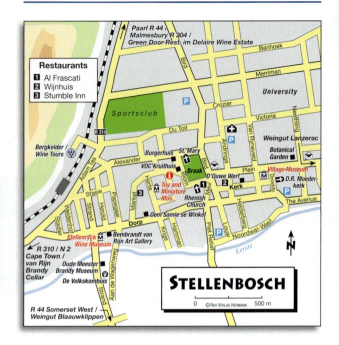

Nicht verpassen sollte man:
Das Dorfmuseum, **Village Museum,** das vier verschiedene historische Gebäude umfasst, die innen und außen besichtigt werden können. Das Puppenmuseum, **Toy and Miniature Museum,** im alten Pfarrhaus hinter der Information. Und natürlich den 1904 eröffneten, viktorianischen Laden **Oom Samie se Winkel** in der historischen **Dorp Street.**

Ansonsten geht es in Stellenbosch wie schon zuvor in Franschhoek hauptsächlich um eines: um Wein. Während sich die Weingüter **Delheim** und **L'Avenir** prima auf dem weiteren Weg nach Paarl besichtigen lassen, liegen **Hazendal** und **Zevenwacht** so weit westlich außerhalb, dass sich ihr Besuch am besten am Ende der gesamten Weinlandtour empfiehlt (Beschreibungen finden sich dort).

Nach dem Besuch von Delheim und L'Avenir wird es etwas „wilder": Rechts der R 44 liegt der Eingang zum **Wiesenhof Game Park,** einem Freigehege mit Antilopen und Zebras, das im eigenen Wagen auf einem bergigen Rundkurs durchquert werden kann. Auf der R 101 ist es dann nur noch ein Katzensprung bis Paarl.

Stellenbosch Information

Stellenbosch Publicity Association, Tel. 021-8833 584, Fax 8838017, eikestad@iafrica.com; kostenlosen Stadtplan auf Deutsch besorgen und loslaufen. Die gut gemachte farbige Karte zur Stellenbosch-Weinroute ist ebenfalls empfehlenswert, speziell, um die im Anschluss empfohlenen Weingüter zu finden.

Restaurants

Lunch-Tipps

Al Frascati (RR), Mill St, Tel. 021-8839623, Di–So, Lunch, Kaffee u. Dinner; strategisch günstiger Platz, um zu sehen, was in der Stadt abgeht; guter Cappuccino, hausgemachte Pasta, Salate, Sandwiches, und – Tiramisu.

D'Ouwe Werf (RR), 30 Church St, Tel. 021-8865671, tägl. Frühstück, Lunch & Dinner; populäres, historisches Hotel mit Restaurant, das vor allem im Sommer empfehlenswert ist, wenn man im schattigen Garten sitzen kann. Umfangreiche Speisekarte, von leichten Lunches bis zu deftigen, traditionellen südafrikanischen Gerichten.

Green Door (RR), Delaire Farm, Helshoogte Pass, an der R 310, Tel. 021-8851685, Mo–So Lunch, Mo-Sa Dinner (nur Nov. bis Ostern geöffnet); eine der wohl besten Restaurant-Aussichten im Weinland, und das Essen ist obendrein gut.

Dinner-Tipps

Moyo at Spiers (RRR-RRRR), Spier Wine Estate, Tel. 021-8091100, www.spier.co.za. Erlebnisgastronomie trifft auf „1001 Nacht", eine der schönsten Möglichkeiten in Südafrika ein richtig afrikanisches Bankett zu erleben. Live-Musik, wunderbares Dekor, fantasievolle Kostüme und äußerst attraktive Bedienungen, alles auf dem Rasen eines kapholländischen Weinguts (jedoch nur bei gutem Wetter zu empfehlen, sonst wird es, trotz der offenen Feuer und dem angebotenen Glühwein, frostig).

De Volkskombuis & De Oewer (RRR), Aan de Wagenweg, von der Dorp Street abgehend, Tel. 021-8872121 (De Oewer Tel. 021-8865431), mail@volkskombuis.co.za, www.volkskombuis.co.za; Lunch Mo–So, Dinner Mo-Sa. Authentische Kap-Küche in einem von Südafrikas berühmtesten Architekten, Sir Herbert Baker, entworfenem Haus oder unter schattigen Bäumen im Garten am Ufer des Eerste River.

Wijnhuis (RRR-RRRR), Ecke Church- u. Andringa Street, Tel. 021-8875844 o. 5833. Mediterrane Küche in einem „urbanen Weinland-Restaurant". Mitten in der Stadt strahlt der Platz mit seinem Weinkeller eine eher ländliche Atmosphäre aus; natürlich große Auswahl an Stellenbosch-Weinen, auch Tische im Freien zum „nur"-Kaffeetrinken. Mo–So Lunch & Dinner.

Unterkunft

Lanzerac Manor (RRRR-RRRRR), Jonkershoek Rd, Tel. 021-8871132, www.lanzerac.co.za. Historisches, kapholländisches Landgut mit sehr schönem Pub, der vier verschiedene Mini-Brauerei-Biere vom Fass serviert und wo im Winter ein offenes Feuer brennt. Früher haben hier die Studenten auf der Theke getanzt. Die geräumigen, alten Zimmer des Hotels wirken ein bisschen angejahrt, da und dort bröckelt der Putz oder schimmeln die Wände. Das hoteleigene Restaurant **Governor's Hall** (RRR) ist nicht zu empfehlen, fantasie- und geschmacklose Gerichte, auch ist die Präsentation des Frühstücks wenig stilvoll. Fazit: ein leider etwas vernachlässigter, südafrikanischer Klassiker, der sich momentan nur für einen Pub- oder Weinkeller-Besuch und eine Weinprobe empfiehlt.

Stumble Inn (R), 12 Market St, Tel./Fax 021-8874049, stumble@iafrica.com. Ein seit langem von Rucksack-Touristen frequentiertes Hostel in zwei viktorianischen Häusern; DZ und Schlafräume für mehrere Personen, auch Camping, nettes Personal.

Weingüter

(**Hinweis:** *Weiter westlich von Stellenbosch liegende Weingüter finden Sie auf der Karte Seite 110/111.*)

Stellenbosch Wine Route, Tel. 021-8864310, Fax 8864330, info@wineroute.co.za, www.wineroute.co.za Infos zu den 86 produzierenden Weingütern Stellenboschs.

Nicht verpassen sollte man:

Amani, Tel. 021-9051126, Fax 9054404, wine@amani.co.za. Weinverkauf und -proben und Kellertouren Di–Sa 10–16 Uhr; Galerie mit ganzjährigen Kunstausstellungen. In der Architektur des Weingutes werden die afrikanischen Wurzeln sichtbar: statt kapholländischem gibt es ethnisch-kontemporäres Design mit grobverputzten Wänden in wüstenhaften Erdfarben, dazu Wellblechdächer und Stahlfenster im Township-Look. Probieren*: Chardonnay.*

Bergkelder, Tel. 021-8098492, Fax 8879081, www.bergkelder.co.za. Weinproben Mo–Fr 8–17, Sa 9–13 Uhr, 10 Rand p.P. Weinverkauf Mo–Fr 9–16.30, Sa

Weinprobe im Keller von Bergkelder in Stellenbosch

9–12.30 Uhr, Kellertouren Mo–Fr 10, 10.30, 15 Uhr, Sa 10, 10.30, 11 Uhr, inkl. Diashow in sechs Sprachen, in den Papegaaiberg gegrabener, großer Weinkeller. Bergkelder vermarktet folgende Weingüter: Fleur du Cap, Grünberger, Here XVII, Kupferberger und Stellenryck.

Delaire Winery, Tel. 021-8851756, Fax 8851270, delaire@iafrica.com, www.delairewinery.co.za. Weinproben und -verkauf Mo–So 10–17 Uhr, 12 Rand p.P. u. 12 Rand Glaspfand; leider unfreundliches und uninteressiertes Personal, Kellertouren nach Vereinbarung. Restaurant mit toller Aussicht, zwei aus Holz gebaute Berglodges für Selbstversorger. Picknick-Körbe von Okt–Apr; Probieren: *Botmanskop, Merlot, Cabernet-Sauvignon-Merlot, Chardonnay, im Holzfass gelagerter Sauvignon Blanc (barrel-matured).*

Delheim, Knorhoek Rd, von der R 44 gut ausgeschildert, Tel. 021-8822033, Fax 8822036, delheim@delheim.com, www.delheim.com. Weinproben und -verkauf Mo–Fr 9–17 Uhr, Sa 9–15, So 11–15.30 Uhr, 15 Rand p.P. Kellertouren Mo–Fr 10.30, 14.30, Sa 10.30 Uhr (auch auf deutsch). Gartenrestaurant (R), Tel. 021-8822297, Mo–So 12–14.30 Uhr, Okt–Apr. Probieren: *Grand Reserve, Cabernet Sauvignon, Shiraz, Rhine Riesling Natural Sweet, Sauvignon Blanc, Edelspatz Noble Late Harvest.*

Lanzerac Farm & Cellar, Tel. 021-8865641, Fax 8876998, Jonkershoek Road, wine@lanzerac.co.za, www.lanzeracwines.co.za. Weinverkauf und -proben Mo–Fr 9–16.30, Sa 10–14 Uhr, 15 Rand p.P. (wird beim Weinkauf verrechnet), Kellertouren Mo–Fr 11 u. 15 Uhr. Probieren: *Pinotage, Merlot.*

Südafrikas ältestes Hotel: Lanzerac Wine Estate

L'Avenir Estate, Tel. 021-8895001, Fax 8895258, lavenir@adept.co.za, www.adept.co.za/lavenir. Weinverkauf und -proben Mo–Fr 10–17, Sa 10–16 Uhr, 10 Rand p.P., Kellertouren nach Vereinbarung; die Weinproben finden im Weinkeller mit seinen Reihen von Weinfässern statt, gute Atmosphäre und sehr freundliches Personal. Probieren: *Cabernet Sauvignon, Auction Reserve Cabernet, Pinotage, Chardonnay, Chenin Blanc, Cape Vintage Port.*

Meerlust Estate, Tel. 021-8433587, Fax 8433274, meerlust@iafrica.com. Weinverkauf So–Do 9–17, Fr 9–16.30 Uhr, Weinproben und Kellertouren nach Vereinbarung, 55 Rand p.P. die Meerlust-Weine gehören zu den besten und teuersten des Landes. **Probieren:** *Rubicon, Merlot, Pinot Noir Reserve, Chardonnay.*

Neethlingshof Estate, Tel. 021-8838988, Fax 88389 41, nee@mweb.co.za, www.neethlingshof.co.za. Weinverkauf und -proben Mo–Fr 9–19, Sa/So 10–18 Uhr (im Winter nur bis 17 bzw. 16 Uhr), 20 Rand für sechs Weine mit Glas, Kellertouren nach Vereinbarung. Lord Neethling Restaurant mit Palmenterrasse. Probieren: *Lord Neethling Cabernet Sauvignon, Lord Neethling Pinotage, Shiraz, Chardonnay, Semillon Reserve, Gewürztraminer.*

Neil Ellis Wines, Tel. 021-8870649, Fax 8870647, info@neilellis.com, www.neilellis.com. Weinverkauf und -proben Mo–Fr 9.30–16.30, Sa 10–14 Uhr. Wunderschön in einem Seitental von Stellenbosch am Berg gelegenes Gut (Jonkershoek Road), ein Favorit der Autoren, praktisch alle Neil-Ellis-Weine sind Spitzenprodukte, Probieren, aus der Neil Ellis Reserve

Vineyard Selection: *Cabernet Sauvignon Reserve, Shiraz Reserve;* aus der Neil Ellis Stellenbosch Range: *Cabernet Sauvignon, Pinotage, Shiraz, Cabernet Sauvginon-Merlot, Chardonnay;* aus der Neil Ellis Range: *Chardonnay;* aus der Neil Ellis Groenekloof Range: *Sauvignon Blanc.*

Rust & Vrede Estate, Tel. 021-8813881, Fax 8813000, info@rustenvrede.com, www.rustenvrede.com. Weinverkauf und -proben Mo–Fr 9–17, Sa Okt–April 9–16, Mai–Sept. 9–15 Uhr. Probieren: *Rust en Vrede Estate Wine, Shiraz, Cabernet Sauvignon, Merlot.*

Spier Cellars, Tel. 021-8091143, Fax 8091144, francoisvdw@spier.co.za, www.spier.co.za. Weinverkauf und -proben tägl. 9–17 Uhr, 6 Rand ohne, 12 Rand mit Kommentar, Kellertouren nach Vereinbarung. Spier ist so etwas wie das „Wein-Disneyland" mit Bahnhof für den alten Dampfzug aus Kapstadt, Geparden-Gehege, mehreren Restaurants und Geschäften sowie einem Amphitheater, wo regelmäßig Konzerte stattfinden. Ein Muss für Eltern, die mit Kindern reisen. Das teure Luxushotel (mit Golfplatz) besteht aus mehreren kleinen und verschiedenartig gestylten Häuschen, was dem ganzen das Aussehen eines Straßenzuges in einer kleinen Stadt verleiht. Eine Kleinigkeit essen kann man sowohl beim Ladengeschäft als auch auf dem Picknick-Rasen. Probieren: die Weine aus der „Private Collection" – *Cabernet Sauvignon, Sauvignon Blanc, Noble Late Harvest.*

Thelema Mountain Vineyards, Tel. 021-8851924, Fax 8851800, thelema@adept.co.za. Weinverkauf und -proben Mo–Fr 9–17, Sa 9–13 Uhr; schön am Berg gelegen mit toller Aussicht, die Weine sind so beliebt, dass sie, obwohl sie nur in kleinen Mengen abgegeben werden, fast immer ausverkauft sind. Probieren: *Cabernet Sauvignon, Merlot, Chardonnay, Ed's Reserve, Sauvignon Blanc.*

Sehenswert

Toy & Miniature Museum, Ecke Market- u. Herte Street, hinter dem Tourist Information Centre, Tel. 021-8872937; historische Puppen-Kollektion, Automodelle, Puppenhäuser mit teilweise sehr detaillierter Innenausstattung, große Modelleisenbahn-Anlage mit Mini-Blue Train, der durch ein liebevoll gestaltetes Weinland-Diorama bis in die trockene Karoo fährt. Am „Horizont" ist Matjiesfontein einschließlich Lord-Milner-Hotel auszumachen.

Village Museum, 18 Ryneveld St, Tel. 021-8872902, www.museums.org.za/stellmus, Mo–Sa 9.30–16.45, So 14–16.45 Uhr, Eintritt 10 R. Der Komplex besteht aus vier Original-Häusern verschiedener Stadt-Epochen – Schreuder-, Bletterman-, Grosvenor- und O.M. Bergh-Haus –, die alle besichtigt werden können.

Dorp Street, die historische, mit Eichen gesäumte Straße steht in ihrer gesamten Länge unter Denkmalschutz.

Oom Samie se Winkel, 82–84 Dorp Street, Tel. 021-8870797, Fax 8838621, Mo–So 9–17 Uhr. Ein alter Kolonialwarenladen in der historischen Dorp Street; ein Teil der viktorianischen Atmosphäre ist erhalten geblieben. Es gibt einen gut sortierten Weinhandel, der international verschickt, und ein günstiges Restaurant mit Garten.

Wiesenhof Game Park, R 44, Klapmuts Road, zwischen Stellenbosch und Paarl, Tel. 021-8755181; auf dem recht großen Farmgelände finden sich diverse Antilopen und Zebras. Direkt am Eingang, in einem separaten Gehege, leben einige Geparden, die regelmäßig gefüttert werden. Besucher fahren im eigenen Auto auf einem sehr holprigen Rundweg durch das Freigehege, die letzte Steigung ist recht happig, lohnt sich aber, aufgrund des 360-Grad-Panoramas vom Aussichtsturm.

Paarl

Paarl ist die dritte Stadt im berühmten südafrikanischen Weindreieck – und die unattraktivste. Zum einen ist der Ort sehr langgestreckt, was Spaziergänge praktisch unmöglich macht, zum anderen gibt es deutlich weniger historische Gebäude als in Stellenbosch oder Franschhoek. Dafür finden sich einige sehr schöne Weingüter, hervorragende Restaurants und stilvolle Übernachtungsmöglichkeiten.

An den südlichen Hängen des Paarlberges ragt das weiße **Taal Monument** (tägl. 9–17 Uhr, Eintritt 5/2 Rand) eindrucksvoll in den meist blauen Himmel. *Taal* ist Afrikaans und bedeutet „Sprache". Das Denkmal erinnert an den 8. Mai 1925, als Afrikaans nach Englisch die zweite, offizielle Sprache Südafrikas wurde. Die Säulen und Spitzen des Monuments symbolisieren die verschiedenen Einflüsse, die zur Entstehung der einzigen in Afrika entstandenen Sprache germanischen Ursprungs geführt haben: Einflüsse der westlichen Welt durch die Holländer und Deutschen, afrikanische Elemente durch die einheimischen Khoisan und asiatisches Wortgut durch die ans Kap gebrachten Sklaven aus Indonesien. In Paarl wurde hier die erste Zeitung in der neuen Sprache gedruckt, *Die Afrikaanse Patriot.*

Mehr darüber im **Afrikaans Language Museum** (Afrikaans Taal Museum, Pastorie Av., Tel. 021-872-3441, Mo–Fr 8–17 Uhr, Eintritt 5/1 Rand).

Paarl Information

Paarl Publicity Association, Tel. 021-8724842, Fax 8729376, paarl@cis.co.za; freundliches Personal, das Unterkünfte in Paarl buchen und Restaurants empfehlen kann.

Restaurants

Dinner-Tipps

Bosman's (RRRR), The Grande Roche Hotel, Plantasie St, Tel. 021-8632727, tägl. Frühstück, Lunch & Dinner. Die Tatsache, das die Lokalität das einzige *Relais Gourmand* Hotel-Restaurant in Afrika ist, spricht für sich – exzellente Küche, Weinkeller mit über 6000 erlesenen Tröpfchen – ein Besuch im Bosman's ist etwas für besondere Anlässe!

The Restaurant at Pontac (RRR), 16 Zion St, Tel. 021-8720445, in der Saison Mo–So Lunch & Dinner. Das kleine, gemütliche Restaurant mit afrikanisch-ethnischem Design ist in den ehemaligen Stallungen des historischen Landgutes untergebracht, von den Tischen im Freien hat man eine großartige Aussicht auf die berühmten Granitfelsen der Stadt. Die Speisekarte glänzt durch einfallsreiche und raffinierte Gerichte.

Il Casale (RR-RRR), Ashanti Wine Farm, Klein Drakenstein (Ausfahrt 62A von der N 1), Tel. 021-8626288, Lunch Di–So, Dinner Di–Sa. Rustikale Toskana-Atmosphäre, Tische im Freien mit Blick auf den Stausee; die Küche ist eine Fusion aus lokalen Gerichten, mit mediterranen und marokkanischen Einflüssen.

Lunch-Tipps

Wagon Wheels (RR), 57 Lady Grey St, Lunch Di–Fr, Dinner Di–Sa, Tel. 021-8725265. Überdurchschnittlich gutes Steakhaus, das zu keiner Kette gehört, die neuen Besitzer nennen es nicht mehr Steakhaus, sondern südafrikanisch „Braai-Restaurant". Das Fleisch ist nach wie vor erstklassig.

Wilderer's Distillery & Restaurant (R), an der R 45 Richtung Franschhoek, Tel. 021-8633555, wilderer@jaywalk.com, www.wilderer.co.za. Wer gerne mal einen guten Schnaps trinkt, kommt nicht um Helmut Wilderers Brennerei herum ... er destilliert bekannt Edles wie Grappa, Trester, Williams, Aprikose, Pflaume und Obstler. Reminiszenz an Südafrika ist der *Cape Fynbos Herb-Bitter*, ein erdiger Digestif. Die Brände werden in attraktive Flaschen abgefüllt und in stilvoll afrikanisch dekorierte Holzkistchen verpackt – ideale

Souvenirs. Und zu essen gibt es fantastische Flammkuchen nach elsässischem Rezept.

Unterkunft

Pontac Manor Hotel (RRR), 16 Zion St, Tel. 021-8720445, Fax 8720460, pontac@iafrica.com, www.pontac.com. Stilvoll renoviertes, kapholländisches Anwesen, erbaut 1723; schöne Aussicht auf die Felsen von Paarl, ausgezeichnetes Restaurant.

De Wingerd Wijnland Lodge (RR), 7 Waltham Cross St, Tel. 021-8631994, Fax 8631995, wingerd@icon.co.za, www.wingerd.co.za. Fünf nette, freundliche Zimmer am Hang des Paarl Mountain Nature Reserves, oberhalb von Paarl, die belgischen Besitzer sprechen auch Deutsch. Dinner nach Voranmeldung.

Kleinplaas Country House (RR), 39 Upper Bosman St, Tel./Fax 021-8631441, troost@iafrica.com, www.colours-of-africa.co.za. Drei geschmackvoll-rustikal eingerichtete B&B-Zimmer mit offenen Kaminen und ein renoviertes Cottage im Wald für Selbstversorger, am Hang des Paarl Mountains, über der Stadt.

Weingüter

Paarl Vintners, 216 Main St, Tel. 021-8723605, Fax 8723841, paarl@wine.co.za, www.paarlwine.co.za. Infos zu den 42 produzierenden Weingütern Paarls.

Nicht verpassen sollte man:
Fairview, Tel. 021-8632450, Fax 8632591, fairback@iafrica.com, www.fairview.co.za. Weinverkauf und -proben Mo–Fr 8.30–17, Sa 8.30–13 Uhr, kombinierte Käse- und Weinprobe 10 Rand, bekannt gute Käserei. Probieren: *Primo Pinotage, Amos Pinotage, Shiraz, Cyril Back Shiraz, Akkerbos Chardonnay, Chardonnay, Oom Pagal Semillon, Viognier, La Beryl Blanc.*

Glen Carlou Vineyards, Tel. 021-8755528, Fax 87553 14, glencarl@mweb.co.za, www.glencarlou.co.za. Weinverkauf und -proben Mo–Fr 8.45–16.45, Sa 9–12.30 Uhr, 5 Rand, eigene Käserei. Wieder ein Weingut, wo der Name für Qualität steht, egal, welche Rebsorte man wählt. Probieren: *Pinot Noir, Shiraz, Grand Classique, Chardonnay Reserve, Cape Vintage.*

KWV International, Tel. 021-8073900, Fax 8073349, kwvinternational@kwv.co.za, www.kwv-international.com. Weinverkauf und -proben Mo–Sa 9–16.30 Uhr im Wine Centre, Kellertouren um 10, 10.15 (auf Deutsch), 10.30 u. 14.15 Uhr. Die besten Weine der gigantisch großen Genossenschaft sind nach dem 1930 erbauten, domähnlichen Weinkeller mit seinen riesigen, von Schnitzereien zum Weinbau verzierten Fässern benannt: *Cathedral Cellar Range*. Probieren: *Cabernet Sauvignon, Merlot, Pinotage, Shiraz, Triptych, Chardonnay, Port*; KWV Range: *Cabernet Sauvignon, Merlot*; Robert's Rock Range: *Chardonnay-Semillon*; KWV Fortified Range: *KWV Maatskappywordings Vintage Port, Port*.

Laborie Estate, Tel. 021-8073390, Fax 8631955, therongi@kwv.co.za, www.kwv-international.co.za. Weinverkauf und -proben Mo–Fr 9–17, im Winter Sa 9–13 Uhr, im Sommer Sa/So 9–17 Uhr, 7 Rand. Kellertouren nach Vereinbarung. Restaurant und Weinhaus, Picknick nach Vorbestellung. Probieren: *Cabernet Sauvignon, Pineau de Laborie*.

Mont Destin, Tel./Fax 021-8755040, destin@adept.co.za. Weinverkauf und -proben nach Vereinbarung Mo–Fr 8.30–16.30 Uhr, Appartements für Selbstversorger, kleine Kapelle für Hochzeiten, Restaurant. Probieren: *Majestic Cabernet Sauvignon-Merlot, Bushvine Pinotage*.

Ruitersvlei Estate, Tel. 021-8631517, Fax 8631443, ruitersv@iafrica.co.za. Weinverkauf und -proben Mo–Fr 8.30–17.30, Sa 9–14 Uhr. Belgisch-französisches Restaurant/Bistro, tägl. Lunch & Dinner (außer So-Abend u. Mo; im Winter auch Di geschl.). Guesthouse/Bed & Breakfast. Probieren: *Cabernet Sauvignon Reserve, Merlot Reserve, Cabernet Sauvignon-Merlot*.

Seidelberg Estate, Tel. 021-8633495, Fax 8633797, ebr@new.co.za, www.seidelberg.co.za. Weinverkauf und -proben Mo–Fr 9–17, Sa/So/feiertags 10–16 Uhr, 6 Rand für fünf Weine, Sonnenuntergangs-Weinproben nach Vorbuchung auf dem Rasen, Kellertouren nach Vereinbarung, Olive & Vine Restaurant. Probieren: Roland's Reserve Range: *Merlot*; De Leuwen Jagt Range: *Red Muscadel*.

Villiera Wines, Tel. 021-8822002, Fax 8822314, wine@villiera.com, www.villiera.com. Weinverkauf und -proben Mo–Fr 8.30–17, Sa 8.30–13 Uhr, Kellertouren in Eigenregie während der Probierzeiten. Probieren: *Merlot Reserve, Shiraz, Merlot-Pinotage, CWG Auction Reserve, Cru Monro, Chenin Blanc, Cellardoor Reserve Chenin Blanc, Bush Vine Sauvignon Blanc, Sauvignon Blanc, Tradition Rose Brut, Monro Brut Premiere Cuvee, Brut Natural Chardonnay, Inspiration Chenin Blanc Noble Late Harvest, Port*.

Bitte schreiben oder mailen Sie uns (rkhhermann@aol.com), wenn sich in der Kap-Provinz Dinge verändert haben oder Sie Neues wissen. Vielen Dank!

Wellness-Urlaub in Südafrika

Very well.
Reise Know-How-Autor Dieter Losskarn erlebte Wellness in Südafrika. Erster Eindruck: Für verheiratete Männer eine einzigartige Gelegenheit, von fingerfertigen Frauen ohne ernsthafte Eheprobleme verwöhnt zu werden ...

Gewürznelken, Ingwer, Zimt, Koriander, Gelbwurz, Muskatnuss mit einem Mörser verreiben, dann mit etwas Wasser und gemahlenem Reis zu einer Paste verrühren. Was im ersten Moment wie ein appetitanregendes Rezept zu einem exotischen Curry-Gericht klingt, ist nur für den äußerlichen Gebrauch bestimmt. Ich liege in einem wunderbar nach Blumen und Gewürzen duftenden Raum auf einer bequemen Liege, eingehüllt in flauschig-dicke, weiße Badetücher. Mein Blick fällt durch ein Loch in dem Himmelbett nach unten, in eine mit Wasser, Blütenblättern und Schwimmkerzen gefüllte Porzellanschüssel. Das gedimmte Licht ist warm und gelb. Neben mir dampft ein Whirlpool, in dem Rosenblütenblätter treiben. Enya säuselt mir *Storms in Africa*, einen ihrer melodischen Ohrwürmer in die Lauscher. Die irische Sängerin muss eine Art Wellness-Schutzheilige sein. Sie wird fast überall gespielt, wo massiert wird.

Bronwen, mein Spice Girl, ist gerade mit dem Anrühren der oben erwähnten Paste fertig. Sie beginnt, mir die würzige Masse in die Haut zu reiben, *body scrub* heißt das im Wohlfühl-Vokabular. Der gemahlene Reis hilft tote Hautpartikel abzuraspeln, der Ingwer dringt tief ins Gewebe ein, regt die Durchblutung an. Das „haut" rein ...

Ginger Bali Spa Ritual ist eine Behandlung, die speziell für Männer im Programm ist, erfahre ich zuvor von Camelot Spa-Managerin Lientjies van der Vyver. Ein ideales *treatment* gegen Jetlag, Flugmüdigkeit oder bei einer sich gerade im Anflug befindlichen Erkältung. Und ich gehöre wider Erwarten nicht zu einer Minderheit. „Mittlerweile sind über 50 Prozent unserer Gäste Männer."

Offensichtlich ein Erfolg männlicher Emanzipation, die sich auf das gesamte Wellness-Angebot erstreckt. Selbst Pedi- und Man(n)ikuren, kosmetische Gesichtsbehandlungen und Fußreflexzonen-Massagen sind keine Tabu-Themen mehr. Wellness ist ganz eindeutig nicht „Softies" und „Weicheiern" vorbehalten.

Meine Haut ist mittlerweile marzipanschweinrosa und prickelt vor Durchblutung. Bronwen bittet mich in den Whirlpool. Der kleine Freund, so weist ein Merkblatt im Umkleideraum hin, bleibt übrigens bei allen Behandlungen bedeckt. Zu Beginn der Massage hat mir Bronwen hierzu einen Wegschmeiß-G-String gereicht und kurz den Raum verlassen, um mir Zeit zu geben, alles einzupacken.

Jetzt sitze ich im heißen, brodelnden Wasser. Meine Therapeutin hat mir ein Tässchen Ingwer-Tee gebracht, das ich die nächsten zehn Minuten schlürfen darf, während sie mich alleine lässt. Außerdem hat sie mir ein märchenhaft duftendes Badegel zum Abwaschen der Gewürzpaste gegeben. Die Blumenblätter im Bad streichen um meine Beine, kitzeln an den Zehen. Krönung der Wohlfühlbehandlung ist die Massage. Eine Mischung aus Streicheln, Tätscheln, Verhätscheln – himmlisch entspannend. Leider endlich. Kaum zu glauben, wie schnell zwei Stunden vergehen können.

und bauten das erste Heilbad Südafrikas. Die alten Mosaikböden sind zum Teil freigelegt worden. Archäologen sind noch immer mit den Ausgrabungen beschäftigt.

Ein spiritueller Platz denke ich mir, als mir Rasheeda die Hände auflegt. *Reiki*, so erklärt sie, beruht darauf, Lebenskraft-Energie im Körper zu mobilisieren und sie zu bestimmten Organen und Drüsen zu kanalisieren.

... einfach die Seele baumeln lassen (Caledon Spa)

Szenenwechsel. Weg von der pulsierenden Kapstädter Waterfront, raus aufs Land. In **Caledon,** etwa 120 Kilometer östlich von Kapstadt, entstand kürzlich ein Casino-Hotel mit Spa. Das Besondere an dem Wellness-Zentrum ist, dass es direkt an sieben heißen Quellen errichtet wurde, die über eine Million Liter Wasser pro Tag produzieren. Vor Tausenden von Jahren machten sich hier bereits die Ureinwohner der San und Khoi die Heilkraft des Wassers zunutze. Gegen Ende des 17. Jahrhunderts stießen die Holländer auf die Thermalquellen

Dabei kommen die *Chakras*, die Energiezentren im Körper, wieder ins Gleichgewicht. Ich fühle mich jedenfalls nach einer Stunde – sorry für das Klischee – wie neu geboren. Zum Tagesausklang lege ich mich in einen der vielen übereinander liegenden Pools, die vom Thermalwasser gespeist werden. Ganz oben ist es so heiß, dass ich mir nur eine Fünfminuten-Terrine gönne, nach unten hin nimmt das Wasser erträglichere Temperaturen an. Und über allem steht das Kreuz des Südens. Ich fühle mich richtig wohl, *very well,* sozusagen.

Kaum zu glauben, aber es geht noch luxuriöser. Die Spa im *Western Cape Hotel* an der Bot River Lagune dürfte die aufwendigste im ganzen Land sein. Selbst dekadente Römer haben zu Asterix-Zeiten nicht stilvoller gebadet. Alleine die wunderschönen Mosaiken im Rassoul-Dampfbad sind schon einen Besuch wert. In der Wohlfühlliste wähle ich diesmal die einstündige Version der *Swedish Body Massage*. Bianca ertastet zunächst Reflexzonenpunkte in meinem Körper. Als mittlerweile „erfahrener" Wellness-Besucher fühle ich die Energie schon nach wenigen Minuten durch meinen Körper pulsieren. Bei der Massage schwebe ich dann einige Zentimeter über der Liege. Und Bianca bestätigt mein Gefühl: „Ich habe selten so einen relaxten Körper massiert. In deinem Job scheinst du keinen Stress zu haben." Well, ganz bestimmt nicht, wenn ich Wellness-Plätze ausprobiere ...

Zum Abschluss gibt es wieder etwas Neues. Bianca berührt mit einer vibrierenden Stimmgabel einige meiner Energie- und Chakra-Punkte. Ich verwandle mich in einen Resonanzkörper – ein irres Gefühl. Mit dieser Therapie wurde bereits erfolgreich Krebs bekämpft, sagt Bianca und zeigt mir Aufnahmen von Krebszellen, die wochenlang auf diese Art und Weise beschallt wurden. Auf dem letzten Bild sieht man, wie sich eine Mörderzelle selbst zerstört. Well, well, well.

Die drei entspannendsten Reise Know-How-Tipps:

Camelot Spa at the Table Bay Hotel, Waterfront, Tel. 021-40659 04, Fax 4065890, tbhspa@sunint.co.za, www.camelothealth.co.za, täglich 8–21 Uhr, Tagesbesucher willkommen. Das erwähnte *Bali Spice Ritual* dauert zwei Stunden und kostet ca. 65 Euro, die kürzere Version ist 50 Min. lang und kostet die Hälfte. Ebenfalls top ist die einstündige *Hot Stone Massage* mit chakra-regulierenden Kristallauflegen für ca. 37 Euro.

The Caledon Casino Hotel & Spa, Caledon, Tel. 028-2145263, hotel@caledoncasino.co.za, www.caledoncasino.co.za, gehört ebenfalls zur Camelot-Spa-Gruppe, was für die Qualität der Behandlungen bürgt. Die einstündige Reiki-Behandlung kostet ca. 20 Euro. Tagesbesucher willkommen.

The Western Cape Hotel & Spa, Spa & Wellness Centre, Botriver Lagoon, Hermanus, Tel. 028-284 0022, www.arabella.co.za. Die wohl luxuriöseste *Health Spa* im Land. Die *Swedish Body Massage* mit Klangtherapie dauert 60 Min. und kostet ca. 30 Euro. Tagesbesucher willkommen.

Wellness-Wörterbuch:

Spa – Heil- oder Mineralbad
Facial – kosmetische Gesichtsbehandlung
Scrub – Defoliation (Hautabrubbeln)
Mud or Seaweed Wrap – Schlamm- oder Meeresalgen-Packung
Chakras – Energiezentren im Körper (insgesamt sieben)
Jacuzi – Whirlpool

Paarl – Wellington

Wer mehr Zeit hat, sollte die typische Weinlandtour mit Franschhoek, Stellenbosch und Paarl etwas nach Norden und Westen erweitern: Von Paarl aus ist **Wellington** auf der R 303 ganz schnell zu erreichen. Die Städte sind eigentlich schon fast zusammengewachsen. Wellington ist ein hübscher, kleiner Ort, der deutlich weniger auf Touristen eingestellt ist. Die netten Damen im Informationsbüro gleichen das mit viel Freundlichkeit aus. Neben Wein werden in Wellington auch hervorragende Oliven angebaut. Vorreiterin ist hier Reni Hildenbrand. Das von ihr auf ihrem **Hildenbrand Estate** produzierte Olivenöl, sowohl das Tropföl als auch die erste Pressung sind von ausgezeichneter Qualität. Auf der R 303 stadtauswärts rechts liegt **Oude Wellington.** Neben dem Weinanbau wird hier auch ein „atemberaubender" Grappa destilliert.

Wellington

Information

Wellington Tourism Bureau, Tel. 021-8734604, Fax 8734607, welltour@mweb.co.za, www.visitwellington.com; ausgesprochen freundliches und hilfreiches Personal, Empfehlungen zu Übernachtungen, Restaurants und Weingütern.

Restaurants

Oude Wellington Restaurant (RR), Tel. 021-8731008 o. 8737567, an der Bain's Kloof Road, im Oude Wellington Guest House, Di–Sa Dinner u. Nachmittagstee, sonntags Lunch. Köchin Nicky Hobson serviert leichte, mediterrane Küche auf gehobenem Kapstadt-Niveau, eine angenehme Überraschung so weit weg von der Mother City, dazu die Weine des Guts und nach dem Essen einen hausgebrannten Grappa.

Lamama Coffee Shop (R-RR), 86 Pentz Street, gegenüber dem Schwimmbad, Tel. 021-8642281, Mo–Fr 9–17 Uhr; noch einmal unerwartet stilvolles Kapstadt-Ambiente. Lamama serviert leckere Kuchen, Kaffee und leichte Lunches.

Unterkunft

Klein Rhebokskloof Country & Guest House (RR), Hildenbrand Wine & Olive Estate, Horseshoe Drive, Tel./Fax 021-8734115, info@wine-estate-hildenbrand.co.za, www.wine-estate-hildenbrand.co.za. Auf der historischen Wein- und Olivenfarm gibt es vier DZ und drei

Cottages, einige mit offenem Kamin, Swimming-Pool unter schattenspendenden Bäumen. Mit »Hildenbrand's Table-Restaurant«.

Oude Wellington (RR), Bain's Kloof Pass Road, Tel. 021-8732262, Fax 8734639, oude_wellington@kapwein.com, www.kapwein.com. Gemütliche Zimmer in einem kaphölländischen Weingut von 1790, Swimming-Pool, Spielplatz, großes deutsches Frühstück.

Weingüter

Wellington Wine Route, Tel. 021-8734604, Fax 8734 607, welltour@cis.co.za, www.visitwellington.com. Infos zu den 14 produzierenden Weingütern Wellingtons.

Nicht verpassen sollte man:
Oude Wellington Estate, Tel. 021-8731008 o. 8732262, Fax 8734639, oude_wellington@kapwein.com, www.kapwein.com. Weinproben und -verkauf nach Vereinbarung, hauseigener Grappa.

Diemersfontein Wines, Tel. 021-8734447, Fax 8642095, wine@diemersfontein.co.za, www.diemersfontein.co.za. Weinverkauf und -proben und Kellertouren nach Vereinbarung, 10 Rand, leichte Gerichte nach Vorbestellung, Guesthouse u. Bed & Breakfast. Probieren: *Cabernet Sauvignon, Merlot*.

Hildenbrand Estate, Tel./Fax 021-8734115, info@wine-estate-hildenbrand.co.za, www.wine-estate-hildenbrand.co.za. Wein-, Oliven- und Olivenölverkauf und sowie Proben tägl. 10–18 Uhr, 5 Rand. Historische Weinfarm mit herzlichen deutschen Besitzern. Probieren: *Cabernet Sauvignon Barrique, Unwooded Chardonnay*.

Jacaranda Estate, Tel. 021-8641235, jacaranda@iafrica.com. Weinverkauf und -proben und Kellertouren bei tel. Voranmeldung, Mo–Fr 10–17, Sa 10–13 Uhr. *Guest House* für Selbstversorger, eigene Käse- und Olivenproduktion, rustikaler Farm-Charme.

Wellington – Tulbagh

Als nächstes steht das landschaftliche Highlight der Weinland-Tour, der wunderbar enge und kurvenreiche, historische **Bain's Kloof Pass** auf dem Programm. Hier wünscht man sich einen offenen Klassiker oder eine Harley, aber selbst mit normalen Mietwagen macht die Strecke Spaß. Mit Wohnmobilen kann es an manchen Ecken recht eng werden.

2010 – Fußball-WM in Südafrika

Südafrikanische Kommentatoren und Journalisten beschreiben den 15. Mai 2004 als eines der wichtigsten historischen Ereignisse Südafrikas, gleichbedeutend mit vier weiteren, symbolischen Jahreszahlen: 1652 (Ankunft der ersten weißen Siedler), 1948 (die National Party übernimmt die Macht), 1976 (Aufstand in Soweto gegen das Apartheid-System) und 1994 (erste demokratische Wahlen). FIFA-Präsident Sepp Blatter verkündet am 15. Mai 2004, dass die Fußballweltmeisterschaft im Jahre 2010 in Südafrika ausgetragen werden wird. Die Begeisterung kennt keine Grenzen: Tagelang feiern Südafrikaner das für das Land gewaltige Ereignis. Fußball war in Südafrika schon immer ein „schwarzer" Sport. Weiße spielten Cricket und Rugby, in den Townships kämpften 22 Männer um einen schwarzweißen Ball. Vier Jahre zuvor hatte Südafrika die WM-Austragung 2006 ganz knapp an Deutschland verloren. Der neuseeländische FIFA-Mann, der Anweisung von seinem nationalen Fußballverband hatte, auf alle Fälle für Südafrika zu stimmen, enthielt sich (angeblich „unter gewaltigem Druck" – von wem wohl?) damals der Stimme, was Südafrika den Zuschlag kostete. Doch der Verrat des „alten Kiwis" ist nun vergessen. Bereits im ersten Wahlgang gewann Südafrika mit 14 Stimmen vor Marokko, das 10 Stimmen erhielt. Die Mitbewerber Ägypten, Libyen und Tunesien (zog kurz zuvor zurück) gingen leer aus.

Südafrikas Erfolg ist vor allen Dingen einem Mann zu verdanken: Ex-Präsident Nelson Mandela, der sich massiv für sein Land als Austragungsort eingesetzt hatte und nach Zürich gereist war, um Südafrika zu repräsentieren. Zusammen mit zwei weiteren südafrikanischen Friedensnobelpreisträgern, Frederik de Klerk (dem letzten National Party-Präsidenten) und Erzbischof Desmond Tutu (der quirligen Anti-Apartheid-Ikone) sowie dem derzeitigen Präsidenten Thabo Mbeki sowie diversen Ministern und Sportfunktionären. Eine beeindruckend hochrangige Delegation. „I can see my grave now" (frei übersetzt: „Jetzt kann ich beruhigt sterben"), sagte der 85-jährige Mandela, als er nach der Verkündung das World Trade Center in Zürich verließ. Das traurige, gleichzeitig gewaltige Statement eines Mannes, der realisiert hat, dass sein unglaubliches Lebenswerk mit diesem letzten Erfolg vollendet ist. Das Bild, wie er mit Tränen in den Augen die goldene World Cup-Trophäe hochhält, wird sich Tausenden von Südafrikanern für immer einprägen.

Die Fakten zum World Cup

Veranstaltungszeitraum: Juni/Juli 2010
Dauer: zwischen 28 und 33 Tagen
Veranstaltungsorte: 13 Stadien: Soccer City und Ellis Park Stadium (Johannesburg), King's Park Stadium (Durban), Newlands (Cape Town), Free State Stadium (Bloemfontein), Kimberley Stadium (Kimberley), Mbombela Stadium (Nelspruit), Oppenheimer Stadium (Orkney), Peter Makoba Stadium (Polokwane), Port Elizabeth Stadium (Port Elizabeth), Loftus Versfeld und Rainbow Stadium (Pretoria) sowie Royal Bafokeng Sports Palace (Rustenberg).

Das Eröffnungs- und Endspiel findet in Soccer City (Johannesburg) statt.

Ticketverkauf ab Februar 2009, Preise zwischen 280 und 7500 Rand.

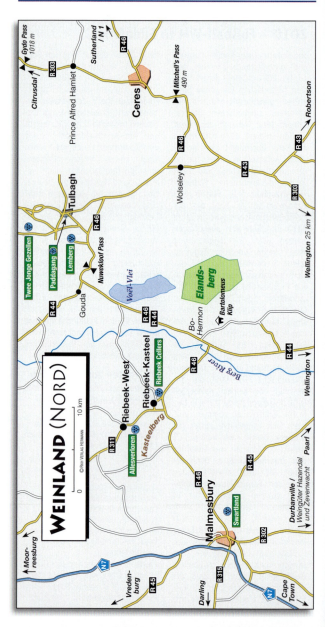

Ein lohnenswerter Stopp ist einige Kilometer nach der Passhöhe erreicht. Bei **Tweede Tol** kann gegen Bezahlung in herrlichen, natürlichen Felsenbecken im Fluss gebadet werden. Hierzu fährt man mit dem Auto links in den Campingplatz auf einen Parkplatz und läuft dann unter der Straße durch, hinunter zum Fluss.

In **Tulbaghs** Main Street steht jedes der historischen Gebäude unter Denkmalschutz. Einige von ihnen können besichtigt werden. Wer sich für die Geschichte des Ortes interessiert, sollte sich das **Old Church Museum** ansehen.

Tulbagh

Information

Tulbagh Information, 14 Church Street, Tel. 023-2301 348, tulbaghinfo@lando.co.za o. tulbagh_wine@lando.co.za, www.tulbagh.com; ausführliche Infos zu Weingütern, Restaurants und Übernachtungsmöglichkeiten.

Restaurants

Paddagang Restaurant & Wine House (RR), 23 Church Street, Tel. 023-2300242, paddagang@mweb.co.za; tägl. Frühstück u. Lunch, Mi u. Fr Dinner, traditionelle Kap-Küche, wie *bobotie*, *waterblommetjie bredie* und *brandy muffins*, in einem 1821 erbauten, reetgedeckten Weinhaus. Im Sommer Lunch im weinrebenüberwachsenen Innenhof. Unbedingt reservieren.

Readers Restaurant (R-RR), 12B Church Street, Tel. 023-2300087, readers@iafrica.com, Mi–So Lunch & Dinner. Kleines, charaktervolles Restaurant in zwei Räumen im 1754 erbauten und damit ältesten Haus der Church Street; kleine Terrasse, tägl. wechselnde Gerichte, sowohl typisch südafrikanische als auch internationale Küche. Vorher reservieren.

Rijk's Restaurant (RR), Main Rd, Tel. 023-2301006, tägl. Frühstück, Lunch & Dinner, entweder drinnen oder draußen auf der Terrasse mit Aussicht; beliebte Gerichte sind hier Rumpsteak in Pilzsauce und Schweinefilet mit Schimmelkäse und Apfelwein.

Unterkunft

Lemberg Wine Estate & Guest House (RR), an der R 46, Tel. 023-2300659, Fax 2300661, schindler@lando.co.za, www.kapstadt.de/lemberg. Komfortable Übernachtung als B&B oder für Selbstversorger, idyllisch an einem See und in einem üppig bewachsenen Garten gelegen, sehr nette deutsche Besitzer.

De Oude Herberg (RR), 6 Church Street, Tel./Fax 023-2300260, deoudeherberg@hotmail.com. Wie in der Church Street nicht anders zu erwarten ein historisches Haus mit vier gemütlichen Zimmern; Country-Restaurant mit Hausmannskost im Hause; Swimming-Pool.

Rijk's Country Hotel & Private Cellar (RRR), 2 km außerhalb von Tulbagh an der R 44, Tel. 023-2301006, Fax 2301125, bookings@rijks.co.za, www.rijks.co.za. Neu im alten Stil gebauter Komplex auf einem Weingut, zwölf Zimmer und drei Cottages für Selbstversorger; obwohl sich die Besitzer Mühe gegeben haben, beim Dekor wirkt die Anlage ein bisschen steril.

Typisches Tulbagh-Haus

Weingüter

Tulbagh Wine Trust, Tel./Fax 023-2301348, readers@iafrica.com, www.tulbagh.com. Infos zu den neun produzierenden Gütern Tulbaghs.

Nicht verpassen sollte man:

Lemberg, Tel. 023-2300659, Fax 2300661, schindler@lando.co.za, www.kapstadt.de/lemberg. Weinverkauf und -proben und Kellertouren nach Vereinbarung tägl. 9–17 Uhr, 5 Rand, Gourmet-Essen und Picknick-Körbe nach ein- bis zweitägiger Vorbestellung, europäisch anmutende Weine.

Paddagang Wines, Tel. 023-2300394, Fax 2300433, Church St. Weinverkauf und -proben tägl. 9–16 Uhr, 5 Rand; wunderbar in einem großen Garten gelegenes Paddagang-Restaurant („Paddagang" ist Afrikaans und heißt „Froschpfad"). Die Weine sind nicht überragend, dafür gehören die Etiketten mit ihren witzigen Frosch-Themen zu den schönsten am Kap.

Twee Jonge Gezellen Estate, Tel. 023-2300680, Fax 2300686, tjg@mweb.co.za. Weinverkauf und -proben Mo–Fr 9–16, Sa 10–14 Uhr, Kellertouren Mo–Fr 11 u. 15, Sa 11 Uhr. Historisches Weingut, berühmt für den exzellenten Sekt, genannt *Krone Borealis Brut,* der im Geschmack und Geruch verblüffend nah an Champagner heranreicht und deshalb unbedingt probiert werden sollte; die Rotweine, allen voran der *Shiraz,* sind am Kommen. *Sabrage* buchbar, nach erfolgreichem Flaschenkopf-Abschlagen mit dem Säbel gibt es ein Zertifikat.

Sehenswert

Old Church Museum *(Oude Kerk Volksmuseum),* 4 Church St, Tel. 023-2301041, Fax 2302950, oudekerk@xpoint.co.za, Mo–Fr 9–17, Sa 9–16, So 11–16 Uhr. Ein Museumskomplex, der aus drei Gebäuden besteht, die für ein Eintrittsgeld von 5 Rand (Kinder 2 R) besichtigt werden können

Tulbagh – Riebeek-Kasteel

Der **Nuwekloof Pass,** wo fast immer Paviane am Straßenrand herumtollen, verbindet Tulbagh mit der R 44 auf der anderen Seite der Berge. Von dort ist es nicht mehr weit nach **Bartholomeus Klip.** Die einstige Weizen- und Schaffarm bietet heute eine exklusive Übernachtungsmöglichkeit. Es gibt ein mehrere tausend Quadratmeter großes Naturschutzgebiet, das sich bis zu den zerklüfteten Bergen erstreckt, in dem Gäste unter Führung eines erfahrenen Rangers viel über die Flora und Fauna der Region erfahren. Unter anderem über die extrem seltene geometrische Schildkröte, die nur hier in den Restbeständen des sogenannten Renosterbusches vorkommt. Es gibt außerdem zwei interessante und auch erfolgreiche Aufzuchtprogramme. Bei dem einen ziehen friedvolle Jerseykühe oft „halbstark" sich aufführende Büffel auf. Da viele südafrikanische Büffel an der Maul- und Klauenseuche leiden, helfen die gesunden Bartholomeus-Büffel, Genbestände in anderen Gebieten des südlichen Afrika aufzufrischen.

Das zweite Projekt ist erheblich schwieriger. Die Rückzüchtung des ausgestorbenen *Quaggas,* ein nahezu streifenloses Zebra, dessen DNA nur noch in Hautform im Museum existiert. Wissenschaftler haben jedoch herausgefunden, dass das Quagga-Gen in einigen Bergzebras „versteckt" erhalten geblieben ist. Und so werden immer wieder vielversprechende Zebras, also jene mit möglichst wenig Streifen, miteinander gekreuzt, was bis dato einige am Hintern komplett streifenfreie Exemplare zur Folge hatte.

Unterkunft

Bartholomeus Klip Farmhouse (RRRRR), von der Wellington/Tulbagh Road, der R 44, Abfahrt Bo-Hermon, dann 5 km unbefestigte Straße; Tel. 022-4481820, Fax 4481829, bartholomeus@icon.co.za, www.parksgroup.co.za. Die historische Weizen- und Schaffarm bietet in ihrem stilvoll renovierten viktorianischen Farmhaus eine der schönsten Möglichkeiten auf dieser Route zu übernachten; es gibt nur vier Zimmer und eine Suite. Die Zimmerpreise beinhalten ein üppiges Frühstücksbuffet und ein ebenfalls absolut ausgezeichnetes, viergängiges Kerzenlicht-Dinner. Das ist bei weitem nicht alles: die einstige Farm ist heute ein Naturreservat mit einem viele Hektar großen Naturreservat, wo vom offenen Landrover aus Herden von Elen-, Oryx- und Kuhantilopen, Gnus, Springböcke, Rehböcke und Bergzebras beobachtet werden können. Der ehemalige Farmwassertank ist in einen willkommenen Swimming-Pool umfunktioniert worden.

Wer in Bartholomeus Klip übernachtet, wird, wie erwähnt, mit einem der besten Frühstücke Südafrikas belohnt. Die Auswahl ist überwältigend, und man sollte sich Zeit lassen.

Die beiden Schwester-Dörfer **Riebeek-Kasteel** und **Riebeek-West** liegen nicht weit von Bartholomeus Klip entfernt und nahe beieinander, in dem Tal vor den Kasteelberg Mountains haben sich viele Aussteiger, vor allem aus Kapstadt, niedergelassen. Jedes Wochenende sind in Riebeek-Kasteel Tage der offenen Tür bei den über 20 Malern, Töpfern, Juwelieren und Metallskulpturen des Ortes – *Artist Route* nennt sich das dann. Eine gute Quelle für einzigartige Souvenirs und eine prima Gelegenheit, Südafrikaner der etwas skurrileren Art kennenzulernen.

Riebeek-West/Riebeek-Kasteel

Information

West Coast Tourism Bureau, Tel. 022-7142088, Fax 714 4240, bureau@kingsley.co.za, www.capewestcoast.org, und:
Swartland Tourism, Malmesbury, Tel. 022-4871133, Fax 4972063, swartlandinfo@westc.co.za, Mo–Fr 8.30–17.30, Sa 8.30–13 Uhr; Übernachtungs- und Restaurant-Tipps zu Riebeek-Kasteel und Riebeek-West.

Restaurants

The Arts Inn (R-RR), Fontein St, Riebeek-Kasteel, Tel. 022-4481794, Lunch Fr–So, Dinner Mo, Mi–So; im alten Gefängnis am Stadtplatz, Pub-Lunches, montags Braai.

Klipkalossie Restaurant (RR), Royal Hotel, Hoof St, Riebeek-Kasteel, Tel. 022-4481378; im legendären Dorfhotel befindliches Restaurant, ländliche Küche; bei schönem Wetter im Hof mit Blick auf die Kasteelberg Mountains.

The Fat Green Frog (R-RR), Main St, Riebeek-West, Tel. 022-4611584; leichte Gerichte nach Vereinbarung, oder wenn die schwarze Schiefertafel vor der Türe steht.

Unterkunft

Riebeek Valley Hotel (RRR-RRRR), 4 Dennehof Street, Riebeek-West, Tel. 022-4612672, Fax 4612692, rvhotel @netactive.co.za, www.riebeekvalleyhotel.co.za. Komfortables Hotel mit großem Swimming-Pool, Wellness-Bereich, gute Küche; elf Zimmer, fünf Suiten.

The Royal in Riebeek (RR), 33 Hoof St, Riebeek-Kasteel, Tel. 022-4481378, royal@wcaccess.co.za; typisches Dorfhotel mit neun recht einfachen Zimmern, sowohl Bar als auch Restaurant werden viel von Einheimischen besucht.

The Fat Green Frog (R-RR), Main St, Riebeek-West, Tel. 022-4612584; nettes, kleines Bed & Breakfast mit dem Vorteil, ein prima Restaurant im Haus zu haben.

Weingüter

Swartland Wine Route, Tel. 022-4871133, Fax 4872 063, swartlandinfo@westc.co.za; Infos zu den zehn produzierenden Weingütern der Swartland-Region.

Nicht verpassen sollte man:
Allesverloren Estate, Tel. 022-4612320, Fax 4612444, dmalan@wcaccess.co.za. Weinverkauf und -proben Mo–Fr 8.30–17, Sa 8.30–12.30 Uhr, Kellertouren nach Vereinbarung; unfreundliches Personal, liebloses Probier-Ambiente. Probieren: *Cabernet Sauvignon, Shiraz, Tinta Barocca, Port.*

Riebeek Cellars, Tel. 022-4481213, Fax 4481281, riebeek@mweb.co.za. Weinverkauf und -proben Mo–Fr 8–17, Sa 9–14 Uhr, Kellertouren nach Vereinbarung. Probieren: *Cape Ruby.*

Swartland Wine Cellar, Tel. 022-4821134, Fax 4821 750, swartland@swwines.co.za. Weinverkauf und -proben Mo–Fr 8–17, Sa 9–12 Uhr; derzeit „das" Weingut in der aufstrebenden und viel zukünftiges Potential versprechenden Weinregion Swartland. Probieren: Reserve Range: *Cabernet Sauvignon-Merlot*.

Weiterfahrt

Die beiden bereits bei Stellenbosch erwähnten Weingüter **Hazendal** und **Zevenwacht** liegen bereits sehr dicht an Kapstadt, sind deshalb auch nicht ganz so einfach zu finden: Von Malmesbury kommend auf der R 302 bleiben, bis Durbanville, von dort auf die R 300, bis die M 23, die Bottelary Road heißt, nach links abgeht. 7 km weiter liegt links Hazendal (zweite Einfahrt).

Um zu Zevenwacht zu gelangen, zurück auf die R 300 bis Kuilsrivier, weiter auf der R 102, bis es links nach Zevenwacht abgeht.

Restaurants

Lunch-Tipps

Starlite Diner (R), 15 Mispel St, Bellville, Tel. 021-9496864, www.starlitediner.com. Neben dem Tygervalley Shopping Centre. Wer sich jetzt fragt, was ein gewöhnlicher Diner auf einem Trip durchs Weinland „verloren" hat, dem sei gesagt, dass ein Hamburger mit Pommes so zwischendurch, nach vielen raffinierten Gourmet-Gelagen, gar nicht so schlecht schmeckt, speziell hier, im einzigen täglich rund um die Uhr geöffneten *Original American Diner* Kapstadts (andere Starlite-Diner-Filialen finden sich in Florida, Hollywood und Russland). Natürlich gibt es hier auch *Happy Hour* (zwei Drinks zum Preis von einem), *Cheap Beer Nites* und *Ladies Nites*.

Hazendal Restaurant (RR), Hazendal Wine Estate, Tel. 021-9035034, info@hazendal.co.za. Renoviertes historisches Weingut, bei schönem Wetter im Garten oder im Innenhof essen, oder Rasen-Picknick machen (Nov–April, einen Tag vorher den Picknick-Korb bestellen). Im Winter stehen die Tische im geräumigen Probierraum mit Deckenmalerei. Hazendal-Besitzer Mark Voloshin stammt ursprünglich aus Russland, was natürlich die Speisekarte beeinflusst hat. Leger-elegante Atmosphäre, nette Bedienungen und ein unglaublich gutes Preis-Leistungsverhältnis. Die Hazendal-Weine zum Essen sind erfreulicherweise nur marginal teurer als im Direktverkauf. Alle Estate-Weine auch im Glas erhältlich. Aufgrund der Nähe zu Kapstadt *powerlunchen* hier viele Geschäftsleute aus der City.

Zevenwacht Country Restaurant (RR-RRR), Zevenwacht Wine Estate, Langwacht Rd, ausgeschildert von der Kuils River Main Road, Tel. 021-9035123, restaurant

@zevenwacht.co.za, www.zevenwacht.co.za, tägl. Frühstück, Lunch & Dinner. Internationale Küche in ländlicher Umgebung mit Blick auf den parkähnlichen Garten und den See – eine echte Bilderbuch-Idylle; Picknick- und Braai-Körbe erhältlich.

Weingüter

Hazendal, Bottelary Rd, Kuils River, Tel. 021-9035112, Fax 9030057, info@hazendal.co.za, restaurant@hazendal.co.za, www.wineroute.co.za. Weinproben und -verkauf Mo–Fr 8.30–16.30, Sa/So 10–15 Uhr, 10 Rand p.P. (nur für Gruppen über zehn Personen), Kellertouren Mo–Fr 11 u. 15 Uhr, russisches Kultur- und Kunstmuseum. Probieren: *Cabernet-Sauvignon-Shiraz, Chardonnay.*

Zevenwacht Estate, Tel. 021-8035123, Fax 9033373, sales@zevenwacht.co.za, www.zevenwacht.co.za. Weinverkauf und -proben Mo–Fr 8–17, Sa/So 9.30–17 Uhr, 12,50 Rand mit Glas, Kellertouren nach Vereinbarung. Picknick-Körbe, eigene Käserei, gemütliche Häuschen zum Übernachten für Gäste. Probieren: *Cabernet Sauvignon, Shiraz, Chardonnay.*

Ganz nah an Kapstadt: Das Weingut Hazendal mit Fabergé-Ei Musum

Immobilienkauf in Südafrika

Ich habe eine Farm in Afrika ...
Viele Leser werden sich jetzt wohl fragen, was ein solcher Exkurs in einem Reiseführer verloren hat. Ganz einfach: Kapstadt begeistert Reisende aus Mitteleuropa. Und im Weltvergleich gibt es derzeit bei gleichem Lebensstandard nirgendwo günstiger Häuser und Grundstücke in grandioser Landschaft zu kaufen.

Da sich die Bedingungen zum Grunderwerb in Südafrika schnell ändern können, sind die nachfolgenden Tipps eher als erste Informationen gedacht. Im konkreten Falle sollte ein deutschsprachiger Anwalt in Kapstadt konsultiert werden. Beim deutschen Generalkonsulat in Kapstadt (825 St. Martini Gardens, Queen Victoria Street, Cape Town, Tel. 021-4242410, Fax 4643000, Fax 4249403, info@germanconsulatecapetown.co.za) ist sowohl eine aktuelle kostenlose Anwaltsliste als auch ein „Merkblatt zum Immobilienerwerb in der Republik Südafrika" erhältlich.

Grundsätzlich gilt, dass es für Ausländer derzeit keine Beschränkungen beim Erwerb von Immobilien gibt. Grundstücksübertragungen erfolgen in Südafrika durch die Umschreibung beim Grundbuchamt, dem *Registrar of Deeds*. Nur Rechtsanwälte *(attorneys)*, die gleichzeitig die Zusatzqualifikation zum Grundbuchanwalt *(conveyancer)* besitzen, können derartige Umschreibungen veranlassen.

Kaufverträge über den Grundstückskauf bedürfen in SA nicht der notariellen Form. Ausreichend ist vielmehr der schriftliche Abschluss des Vertrages und dessen Unterzeichnung durch Verkäufer und Käufer. Vorvertrag und Vormerkung sieht das südafrikanische Recht nicht vor.

Das Umschreibungsverfahren dauert in der Regel zwei bis drei Monate, kann aber auf einen Monat verkürzt werden. Im Normalfall wird der Reisende zunächst einmal an den bunten Bildchen in den Schaufenstern der zahlreichen Makler *(real estate agents)* hängenbleiben. Kurz darauf sitzt man bereits in deren Auto und schaut sich unverbindlich passende Objekte an. Beim Kauf übernehmen die Makler alle Formalitäten. Die Maklergebühren von normalerweise 7% (oder frei vereinbar) bezahlt der Verkäufer einer Immobilie. Der Käufer zahlt bei Unterzeichnung des Kaufvertrages 10% des Kaufpreises als Anzahlung, der Restbetrag wird unmittelbar vor der Umschreibung an den Grundbuchanwalt entrichtet.

Weitere Kosten des Käufers:

- die *transfer duty*, die Steuer für die Übertragung des Grundstücks, die in etwa der deutschen Grunderwerbssteuer entspricht. Deren Höhe steigt mit dem Wert des Grundstücks progressiv an: Für die ersten
  60.000 Rand = 1%,
  über 60.000 Rand = 5%,
  über 250.000 Rand = 8%.

- die *value added tax*. Falls der Verkäufer ein sogenannter „eingetragener Verkäufer" *(registered vendor)* und mehrwertsteuerpflichtig ist, fällt die oben erwähnte *transfer duty* weg. Dafür ist die Mehrwertsteuer (VAT – *value added tax*) in Höhe von momentan 14% zu zahlen. Die VAT muss immer im Kaufpreis enthalten sein.

- die *transfer fee* ist eine gestaffelte Übertragungsgebühr, die der Käufer an den Grundbuchanwalt des Verkäufers zu zahlen hat. Bei einem Kaufpreis von 1 Million Rand liegt diese zurzeit bei 0,58%, also 5800 Rand.

Immobilienangebote Online:

www.webinternet.co.za/properties
www.webstudio.co.za/propertyindex
www.ananzi.co.za/catalog/property/onlineproperty

Individuelle Makler:

www.pamgolding.co.za
www.seef.com
www.homenet.co.za
www.durrestates.co.za
www.rawson.co.za
www.aida.co.za
www.astraproperties.co.za
www.e-bluechip.co.za
www.greefprop.co.za
www.spargo.co.za

Die englischsprachigen Tageszeitungen in Kapstadt, *Cape Times* (erscheint morgens) und *Cape Argus* (erscheint nachmittags), legen ihren Auflagen mittwochs und samstags ausführliche Immobilien-Sonderteile bei. Im Internet können diese unter www.property.iol.co.za eingesehen werden.

Sonntags gibt es überall in der Kap-Provinz sogenannte *Show Houses*, d.h., die Besitzer räumen ihr Haus für den Tag und die Makler zeigen Interessierten die Immobilie, also eine Art „Tag der offenen Tür". Einfach den *Show House*-Schildern, die die Makler dann frühmorgens an Straßenkreuzungen aufgestellt haben, folgen (auch für Reisende interessant, die einfach mal gucken wollen, wie Südafrikaner so leben). Ganz unverbindlich und oft wird sogar Kaffee, Tee und etwas Gebäck gereicht. Wenn die Makler einen deutschen Akzent hören, werden sie besonders wach ... Deutsche gelten als kapitalkräftig und gehören neben Briten zu den Ausländern, die am häufigsten Immobilien am Kap erwerben.

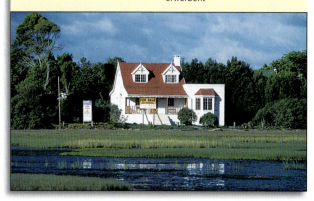

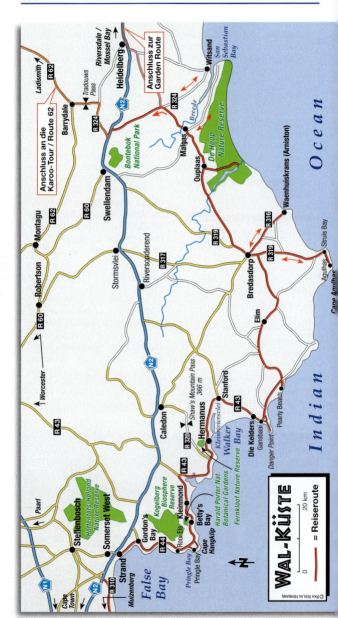

3. Walküste
Von Muizenberg nach Witsand

Gute Walprognose

Zwischen Muizenberg an der False Bay und Witsand an der St. Sebastian Bay (südöstl. von Swellendam) sind zwischen Juli und November häufige Walsichtungen garantiert. Ein Trip entlang der Walküste Südafrikas lohnt sich allerdings auch außerhalb der Meeressäuger-Saison.

Route

Muizenberg – R 310 – Gordon's Bay – R 44 – Rooi Els – Pringle Bay – Hangklip – Betty's Bay – Kleinmond – R 43 Hermanus – Stanford – Die Kelders – Gansbaai – Pearly Beach – Elim – Bredasdorp – R 319 Cape Agulhas – Bredasdorp – R 316 Arniston – Bredasdorp – De Hoop Nature Reserve – Malgas – Witsand

Vom einstigen, viktorianischen Strandbad **Muizenberg** ist die einzige Pracht nur noch zu ahnen. Hier und da wird allerdings renoviert. Und vielleicht erstrahlen ja bald wieder viele der wunderschönen, alten Gebäude in neuem Glanz. Vor allem die Strandparade mit der Art-déco-Ruine des Empire-Kinos könnte sich mit etwas Neon und Farbe locker zur Miami Beach-Konkurrenz entwickeln. Momentan gehören Ort und Beach den Surfern.

Die R 310 folgt dem Verlauf der False-Bay-Küstenlinie. In der Ferne sind deutlich die gezackten Gipfel der Hottentots Holland Mountains zu sehen, die das Weinland dahinter beschützen.

Die attraktive, kurvenreiche und sehr gut ausgebaute Küstenstraße R 44 führt von **Gordon's Bay** ins Dörfchen **Rooi Els** mit sicherem Sandstrand und ideal zum Sonnenbaden. In den Parkbuchten entlang der Küstenstrecke stehende Autos mit fernglasbestückten Menschen dahinter sind ein sicheres Indiz für Wale, die sich in der False Bay oft sehr nahe an der Küste tummeln.

Von hier aus geht die Straße ins Landesinnere. Eine kleine Piste führt allerdings nach **Pringle Bay** weiter und von dort um das **Cape Hangklip** herum. Der portugiesische Name des charakteristischen Felsens war *Cabo Falso* – falsches Kap. Beim Herumfahren erkennt man, was die frühen Seefahrer damit gemeint haben: Cape Hangklip hat eine verblüffende Ähnlichkeit mit Cape Point. Was dazu geführt hat, dass viele Schiffe zu früh „abgebogen" sind, in der Überzeugung, bereits das Kap der Guten Hoffnung umrundet zu haben ...

Die Hangklip-Piste trifft wieder auf die R 44 und kurz darauf geht es links zu den **Harold Porter National Botanical Gardens.** Zwischen Meer und 370 Meter hohen Felswänden, geteilt von zwei Bergströmen, präsentiert sich hier Fynbos „vom Feinsten" – mit Königsproteen, Ericas und Restios. Am Eingang ist genauestens notiert, was gerade wo blüht.

In **Betty's Bay** wurden einst in der Bucht gefangene Wale verarbeitet. Reste der alten *Slipway*, wo die mächtigen Kadaver an Land gezogen wurden, sind heute noch zu sehen.

Hinter der weit verstreuten Siedlung, die fast ausschließlich aus Ferienhäusern besteht, geht es links zu einem lohnenswerten Abstecher. Der staubige Weg führt in das aus zerklüftetem Bergen und abgelegenen Tälern bestehende **Kogelberg Biosphere Reserve**, das 300 km² groß ist. *Cape Nature Conservation* managt das Gebiet, in dem sich viele Wanderwege, 1600 Arten von Fynbos und 70 verschiedene Säugetiere, einschließlich Leoparden, befinden.

Betty's Bay

Restaurant

Lunch-Tipp   **Harold Porter Garden** (R-RR), an der R 44, tägl. Frühstück, Tee und Lunch, Tel. 028-2729400. Ein rustikaler alter Steinkiosk mitten in einem wunderschönen Garten vor fynbosbedeckten Bergen und mit einer tollen Aussicht aufs Meer; Essen nach alten Familienrezepten, wie vegetarische Quiche, *Bobotie,* Käseplatte und Süßkartoffelkuchen.

Sehenswert

Harold Porter National Botanical Gardens, Tel. 028-2729311 o. 2729400, Mo–Fr 8–16.30, Sa/So 8–17 Uhr; Fynbos pur, einschließlich der südafrikanischen Nationalblume Protea.

Kogelberg Biosphere Reserve, Tel. 028-2715138, www.capenature.org.za. Wanderpermits ausstellen lassen, sicherer Parkplatz bei der Rangerstation am Ende der unasphaltierten Straße.

Die R 44 zieht sich weiter die Küste entlang bis **Kleinmond** mit seinem schönen, geschützten Sandstrand. Etwas weiter auf der rechten Seite geht es zu einem der luxuriösesten und teuersten Hotels der Kap-Provinz ab. Die Arabella-Gruppe hat hier an der **Bot-River-Lagune** ein Golfresort mit Hotel, Wellness-Zentrum und privaten

Grundstücken samt Häuschen geschaffen. Wem das **Western Cape Hotel & Spa** zum Übernachten zu teuer ist, der sollte zumindest das wirklich wunderbare Wellness-Zentrum sowie das eher informelle Jamani-Restaurant ausprobieren, wo es Paulaner vom Fass gibt (das Bräuhaus in der Kapstädter Waterfront gehört ebenfalls zur Arabella-Gruppe).

Kleinmond

Restaurant

Lunch-Tipp

Jamani's (RRR-RRRR), Western Cape Hotel & Spa, Arabella Country Estate, Tel. 028-2840000, an der R 44, tägl. Frühstück, Lunch & Dinner. Nordafrikanisch angehauchte Gerichte, zubereitet in einer offenen Show-Küche; es gibt ein Vorspeisen- und Hauptspeisen-Buffet mit großer Auswahl, einschließlich Sushi, sowie ein à-la-Carte-Menü. Die Gestaltung der Speisen ist eine Kunst für sich. Frisch in Kapstadt gebraute Paulaner-Biere vom Fass.

Unterkunft

The Western Cape Hotel & Spa (RRRRR), Bot River Lagoon, zwischen Kleinmond und Hermanus an der R 44, Tel. 028-2840000, Fax 2840011, reservations@w-capehotel.co.za, www.arabella.co.za. Luxus vom Feinsten, und dazu einen 18-Loch-Weltmeisterschaftsgolfplatz; großzügige Rezeption aus Glas, Holz, Stein und Schiefer; 145 Zimmer, davon 28 Suiten.

Weiterfahrt

Dort wo die R 44 auf die R 43 trifft nach rechts abbiegen, Richtung Hermanus. Kurz vor Hermanus, auf der Höhe des Vorortes Onrus, geht es links auf die R 320, die, abschnittsweise unbefestigt, über den 366 m hohen *Shaw's Mountain Pass* bis nach Caledon an der N 2 führt. Das Tal heißt *Hemel-en-Aarde Valley*. Von dort stammen die edlen Hermanus-Weine, u.a. von Hamilton-Russell und Bouchard-Finlayson. Direkt an der Kreuzung, wo es auf die R 320 abgeht, liegt linkerhand das **Hemel-en-Aarde Village** mit Geschäften und Restaurants. Und wer **Hermanus** und die davorliegende Walker Bay aus der „Vogelperspektive" erleben möchte, biegt ganz kurz vor dem Ortsschild von Hermanus noch einmal nach links ab, auf den **Rotary Way Uitsig Pad**, der hoch ins **Fernkloof Nature Reserve** führt.

Wal-Bekanntschaft

In den letzten Jahren kamen mehr und mehr Wale an die Küsten Südafrikas, vor allem an die rund ums Kap.

Jedes Jahr zwischen April und Dezember zieht es vor allem **Glattwale** *(Southern Right Whales)* an die Küsten der Kap-Provinz, um zu kalben und ihre Jungen aufzuziehen. **Buckelwale** *(Humpback whales)* sieht man von Mai bis November auf ihrem Weg zu den Futter- und Paarungsgründen vor Mosambik und Angola. *Bryde's Whales* sind schwieriger zu beobachten, da sie sich meist weiter von der Küste weg in der False Bay aufhalten. Ein echter Glücksfall sind Sichtungen der wunderschönen, schwarzweißen **Killerwale** *(Orcas)*, die auch schon vor Bantry Bay gesehen worden sind. Die **beste Zeit** zum Walebeobachten liegt generell **zwischen Juli und November,** sowohl vom Land als auch vom Boot aus.

Die besten Beobachtungspunkte an der Kaphalbinsel sind:

- vom Chapman's Peak Drive, quasi aus der Vogelperspektive, über der Bucht von Hout Bay, in der sie sich oft tummeln;
- von Kommetjie entlang der Main Road nach Scarborough;
- in Smitswinkel Bay vom Parkplatz an der Straße aus;
- Miller's Point, Simon's Town und Glencairn von der Küstenstraße aus ganz nahe am Strand
- in Fish Hoek vom Jager's Walk entlang der Küste aus;
- von Clovelly von der Küstenstraße aus
- vom Boyes Drive aus vor Kalk Bay und St. James
- in Muizenberg vom nicht asphaltierten Wanderweg nach St. James aus

Zwischen Gordon's Bay und Hermanus kommen die Wale sehr nahe an Küste heran und können von den vielen Parkbuchten aus beobachtet werden. In Hermanus gibt es einen befestigten Klippenpfad mit Bänken. *Die Kelders, Gansbaai* und *Witsand* haben sehr gute Walbeobachtungsmöglichkeiten. **Der beste** und schönste **Platz** zum Wale-Gucken **ist das De Hoop Nature Reserve.**

Da die Delfine und Wale häufig ihre Positionen wechseln, ist es sinnvoll, sich vorher zu erkundigen, wo die Chancen am größten sind. Die **MTN Whale Hotline** meldet unter Tel. 083-9101028 **ständig aktuell Walsichtungen.** Genauere Infos zu Walen, ihrem Verhalten und zur Walbeobachtung gibt es auf der sehr gut gemachten Website **www.whales.co.za.**

Hermanus

Der Ort rühmt sich gerne als die Wal-Metropole Südafrikas und unterstreicht das gleich mit einem festangestellten „Walschreier" *(Whale Crier)*, der in der Saison durch die Straßen zieht. Auf einer Tafel sind die letzten Walsichtungen notiert, und wann immer ein neuer „Kommunal"-Wal in der Bucht „entdeckt" wird, bläst er in sein Seetanghorn (da mittlerweile sehr viele Wale kommen, ist der Walschreier häufig aus der Puste ...). Wer Wale in ruhigerer Umgebung beobachten will, muss dem Küstenverlauf weiter nach Süden folgen.

Das einst verschlafene Städtchen Hermanus ist mittlerweile ein typischer Touristenort geworden, in der Saison mit einem erheblichen Besucherandrang. Zahlreiche Souvenirläden und Fast-food-Restaurants „zieren" die Straßen. Es gibt aber auch einige gute Restaurants dazwischen.

Hermanus Information

Hermanus Tourism Bureau, Old Station Building, Mitchell Street, Tel. 028-3122629, Fax 3130305, infoburo@hermanus.co.za, www.hermanus.co.za. Informationen und Reservierungen für Unterkünfte und Walbeobachtungs- bzw. Haitauch-Touren; es gibt sehr viele B&Bs aller Preisklassen, Bilder der Unterkünfte können angesehen werden. Das nette Personal des Info-Zentrums checkt sofort, ob noch Zimmer frei sind und bucht auf Wunsch; Internet-Café.

Infos zum jährlichen Walfestival: Tel. 028-3130928, Fax 3130927, festival@hermanus.co.za, www.whalefestival.co.za.

Hermanus aus der Helikopterperspektive

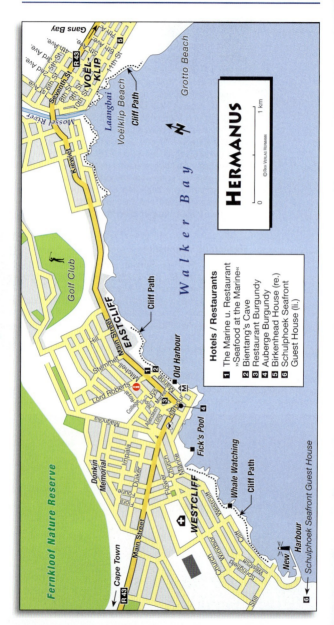

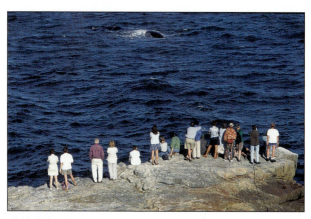

„Wal in Sicht ...!"

Restaurants

Lunch-Tipps

B's Steakhouse & Grill (RR-RRR), Hemel- und Aarde Valley, vor Hermanus links, dort wo die Straße zu den Hermanus-Weingütern abgeht, Tel. 028-3163625, Lunch Fr/So sowie nach Vereinbarung, Dinner Di–So. Mehrfach preisgekröntes Steakhaus, Preise nach Gewicht der Fleischbrocken, exzellente Weinliste.

Bientang's Cave (RR), unterhalb vom Marine Drive, Tel. 028-3123454, www.bientangscave.com. Über eine steile Treppe erreicht man das rustikale, in einer Grotte in den Klippen untergebrachte Fischrestaurant. Aussicht und Essen ergänzen sich gut. Vor allem in der Walsaison speist man unglaublich nahe an den Ozeanriesen.

Dinner-Tipps

Seafood at the Marine (RRR), The Marine Hotel, Marine Drive, Tel. 028-3131000, tägl. Lunch & Dinner. Im Gegensatz zum ebenfalls im Marine Hotel befindlichen elegant-vornehmen „Pavillon Restaurant" ist das „Seafood" die deutlich relaxtere Angelegenheit; nichtsdestotrotz sind die angebotenen Gerichte ausgezeichnet zubereitet und *die* Adresse in Hermanus für Fisch- und Schalentiergerichte. Auch der in grau-schwarz gehaltene Speiseraum ist attraktiv und die Küche ist einsehbar.

Burgundy Restaurant (RRR), Market Square, Harbour Road, Tel. 028-3122800. Leichte, mediterrane Küche mit Schwerpunkt auf Fischgerichten; von denen Tischen im Freien lassen sich die Wale in der Bucht beobachten.

Unterkunft

The Marine (RRRRR), Marine Drive, Tel. 028-3131000, Fax 3130160, marine@hermanus.co.za, www.marine-hermanus.co.za. Das luxuriöseste Hotel vor Ort, große Zimmer, die mit Meeresblick sind natürlich die schönsten; bei offenem Fenster hört man in der Nacht die Gesänge der Wale.

Auberge Burgundy (RRR), 16 Harbour Rd, Tel. 028-3131201, Fax 3131204, auberge@hermanus.co.za, www.auberge.co.za. Das stilvolle, pastellfarbene Gästehaus ist zwar nach dem Burgunder benannt, sieht aber so nach Provençe aus, dass es einer Filmkulisse entnommen zu sein scheint; schattige Innenhöfe, kleine Steinbalkone, 17 Zimmer und eine Penthouse-Suite. Das nicht weit entfernte, historische Burgundy-Restaurant gehört den gleichen Besitzern.

Schulphoek Guest House (RRR), 44 Marine Drive, Tel. 028-3162626, Fax 3162627, schulphoek@hermanus.co.za, www.schulphoek.co.za. An der Schulphoek-Bucht mit tollem Meeresblick gelegen; Dinner auf Wunsch, entweder mit Wild oder Fisch; Weinkeller mit über 2000 Flaschen!

Birkenhead House (RRRRR), 7th Av., Voelklip, Tel. 028-3148000, Fax 3141208, info@birkenheadhouse.com, www.birkenheadhouse.com. Eine der schönsten und exklusivsten Übernachtungsmöglichkeiten in der Western Cape Province. Ethnische und Beach House-Elemente wurden geschickt und mit viel Stil gepaart. Perfekter Luxus. Gourmet-Menus am Abend. Fitness- und Wellnessbereich.

Weingüter

Hamilton Russell Vineyards, Tel. 028-3123595, Fax 3121797, hrv@hermanus.co.za. Weinverkauf und -proben Mo–Fr 9–17, Sa 9–13 Uhr, Keller- und Weinbergtouren nach Vereinbarung. Verproben des auf dem Gut produzierten Hemel-en-Aarde-Käses, schöne Aussicht ins pittoreske Hemel-en-Aarde-Tal.

Das Gut produziert nur zwei Weine, einen Chardonnay und einen Pinot Noir, was die Weinprobe überschaubar macht. Beide Weine sind mehrfach national und international preisgekrönte Fünfsterne-Produkte. Dafür verantwortlich ist neben dem kühlen Walker-Bay-Klima der steinige, wenig nährstoffreiche und kalkhaltige Boden. Maxime des Gutes: Erhaltung dieses Bodens mit organischen Mitteln.

Bouchard Finlayson, Tel. 028-3123515, Fax 3122317, info@bouchardfinlayson.co.za, www.bouchardfinlayson.co.za. Weinverkauf und -proben Mo–Fr 9.30–17, Sa 9.30–12.30 Uhr. Fynbos-Touren nach Vereinbarung. Ebenfalls ausgezeichnete Weine; die Pinot Noirs konnten bereits mehrfach erfolgreich gegen Top-Burgunder bestehen. Probieren: *Galpin Peak Pinot Noir, Tête de Cuvée Galpin Peak Pinot Noir, Missionvale Chardonnay, Kaaimansgat Chardonnay, Sans Barrique Chardonnay, Pinot Blanc-Chardonnay.*

Sehenswert

Fernkloof Nature Reserve, Rotary Way Uitsig Pad, Tel. 028-3138000; einheimischer Fynbos und Super-Aussicht auf Hermanus und die Walker Bay.

Hermanus – Bredasdorp

Hermanus scheint sich ewig hinzustrecken. *Kleinriviersvlei* bietet einen schönen langen Sandstrand. Dann wird **Stanford** erreicht, von wo die R 43 nach **Die Kelders** führt. Dort steht mit **Grootbos** eine der schönsten Lodges der Gegend. Im privaten, traumhaft gelegenen Naturreservat der deutschsprachigen Lutzeyer-Familie wird in afrikanisch dekorierten Holz- und Steinhäuschen übernachtet. Es gibt begleitete Fynbos-Touren zu Fuß oder zu Pferde. Per Teleskop können die Wale in der Walker Bay beobachtet werden.

Die Kelders bietet von seinen Klippen aus mindestens genausoviel Walsichtungen wie Hermanus, mit dem Unterschied, dass hier praktisch kein Rummel herrscht.

Begegnung mit Kindern im deutschen Missionsdorf Elim

Die Kelders
Unterkunft

Grootbos Nature Reserve (RRRRR), auf der R 43, 13 km nach Stanford links ab, Tel. 028-3840381, Fax 384-0552, grootbos@hermanus.co.za, www.grootbos.com. 13 Suiten in ruhig und weit auseinanderliegenden Holz- und Steinhäuschen, Preise beinhalten Frühstück, Lunch und Gourmet-Dinner sowie alle Aktivitäten im Naturreservat, wie Reiten oder Fynbos-Touren.

Die südwestlich von Die Kelders liegende, äußerste Kapspitze heißt hier nicht umsonst **Danger Point.** Hier liefen schon einige Schiffe auf Grund. Das wohl berühmteste ist die *HMS Birkenhead,* die 1852 mit 600 englischen Soldaten auf dem Weg nach Algoa Bay war, um dort im 8. Grenzkrieg gegen die Xhosa zu kämpfen. Am 26. Februar lief sie auf den versteckten Klippen auf. Die Soldaten standen auf Deck Spalier und ließen die sieben Frauen und 13 Kinder zuerst in die beiden kleinen Rettungsboote. Die Zivilisten überlebten, 445 Soldaten kamen ums Leben. Und der Seenotspruch „Frauen und Kinder zuerst!" war geboren.

Die gefährlich zerklüftete Küste setzt sich bis zu Afrikas südlichstem Punkt **Cape Agulhas** fort und hat den Bau einer durchgehenden Küstenstraße wirksam vermieden. Von **Pearly Beach** führt eine staubige Piste ins Landesinnere und über das 1824 von Deutschen gegründete Missionsdorf **Elim** mit seinen hübschen, weißverputzten und reetgedeckten Häuschen bis nach Bredasdorp. Im dortigen, hochinteressanten *Shipwreck Museum* ist die Geschichte der Birkenhead eindrucksvoll beschrieben. Zahlreiche Bergestücke von Wracks machen die Schiffskatastrophen greifbar.

Bredasdorp
Restaurant

Lunch-Tipp

Blue Parrot (RR), Dirkie Uys Street, Tel. 028-4251023, Mo–Fr Lunch, Mo–Sa Dinner. Untergebracht in über hundert Jahre alten, renovierten Ställungen; gemütliches Country-Feeling mit Antiquitäten und Familienbildern an der Wand; Karoo-Lamm oder *Line fish*, der frisch von den umliegenden Häfen angeliefert wird.

Sehenswert

Shipwreck Museum. Independent Street, Tel. 028-3141 240, Mo–Fr 9–16.45 Uhr, Sa 9–12.45, So 10.30–12.30 Uhr; viele Fundstücke von havarierten Schiffen.

Von Bredasdorp führt die R 319 direkt nach Süden und erreicht 39 km später Afrikas südlichsten Punkt, **Cape Agulhas.** Der flache, steinige Aussichtspunkt beim Zusammentreffen von Indischem und Atlantischem Ozean bietet außer seiner geografischen Signifikanz wenig. Ausnahmen sind das verrostete und pittoresk auf den Klippen aufgelaufene Wrack eines taiwanesischen Frachters und der attraktive Leuchtturm mit Leuchtturm-Museum und Teestube. Wer Fotos von ihm im oft dramatischen, letzten Tageslicht machen will, muss im Örtchen L' Agulhas übernachten.

Cape Agulhas

Restaurants

Lunch-Tipp **Agulhas Lighthouse Restaurant** (R-RR), Marine Drive, Tel. 028-4357506, tägl. Frühstück, Lunch und Tee, Dinner in der Saison auf Anfrage. Hausgemachtes Essen wie Kasserolen, Curry, Fischgerichte oder Fish & Chips; leichte Snacks, Kuchen und Sandwiches für Zwischendurch-Esser, die den Leuchtturm besuchen.

Dinner-Tipp **Agulhas Country Lodge** (RRR), Marine Drive, tägl. Frühstück u. Dinner, Lunch in der Saison auf Anfrage, Tel. 028-4357650. Besitzerin Sue Fenwick kocht selbst, zum Beispiel Bouillabaisse, Gemüsekuchen, fangfrischen Fisch mit Cajun-Kruste, in einem Bambuskörbchen gedämpfte Garnelen oder langsam gegartes griechisches Lamm. Am besten nach dem Dinner gleich in einem der schönen Zimmer übernachten.

Unterkunft

Agulhas Country Lodge (RRR-RRRR), Marine Drive, Tel. 028-4357650, Fax 4357633, lagulhas@brd.dorea.co.za, www.agulhascountrylodge.com. Attraktives, am Hang erbautes dreistöckiges Gästehaus aus Natursteinen der Umgebung, natürlich tolle Sicht aufs Meer; sehr gute Küche mit Schwerpunkt auf frisch gefangenem Fisch; Bar mit marinem und Luftfahrt-Thema; deutsche Besitzer.

Sehenswert

◂ **Cape Agulhas Lighthouse,** Tel. 028-4356222, Mo–Sa 9–16.15, So 9–14 Uhr. Interessantes Museum zur Geschichte der Leuchttürme, gute Aussicht von oben; der 1848 erbaute Leuchtturm ist nach dem im Kapstädter Stadtteil Green Point der älteste in Südafrika.

Weiterfahrt

Um in den nächsten Küstenort zu gelangen, gilt es, die R 319 wieder zurück nach Bredasdorp zu fahren und dann auf der R 316 Richtung Südosten, nach **Waenhuiskrans,** das auch **Arniston** genannt wird. „Arniston", weil ein Schiff gleichen Namens vor der Küste gesunken ist, „Waenhuiskrans", weil das Afrikaans-Wort „Ochsenwagenhöhle" bedeutet und sich auf die Grotte in der Felsenküste zwischen den Sandstränden bezieht, die so groß ist, dass sie einen solchen Wagen locker hätte aufnehmen können.

Arniston ist Stranderlebnis pur. Da sich der Ort östlich des Cape Agulhas befindet, ist das Wasser deutlich wärmer als um Kapstadt. Ausgedehnten Badefreuden steht also nichts im Weg. Im Ort sehenswert sind die alten, weißverputzten und reetgedeckten Häuschen der Coloured-Fischermänner, deren über 200 Jahre alte Siedlung **Kassiesbaai** genannt wird. Das Arniston Hotel veranstaltet Kerzenlicht-Dinner für seine Gäste in den historischen Häuschen. Die Coloureds kochen dann traditionelle Gerichte.

Wer Glück hat, die Fischer dabei zu beobachten, wie sie ihre Boote ins Meer lassen, erlebt ein besonderes Schauspiel. Ein Traktor schiebt die bunten Schiffe mit Vollgas die betonierte Rampe hinunter, die Fischermänner halten es rechts und links, und wenn es in die Wellen schießt, springen sie auf, und dem Traktorfahrer spült die Welle über den Kopf.

Arniston

Unterkunft

Arniston Hotel (RRRR-RRRRR), Beach Rd, Tel. 028-4459000, Fax 4459633, reservations@arnistonhotel.com, www.arnistonhotel.com. Wunderbares Hotel am Meer, insgesamt 31 Zimmer; unbedingt die Balkonzimmer mit Meeresblick im ersten Stock *(luxury seafacing)* wählen, sie sind nach vor der Küste gesunkenen Schiffen benannt; gutes Restaurant im Haus.

Arniston Seaside Cottages (R-RR), Harbour Street, Tel. 028-4459772, Fax 4459125, cottages@arniston-online.co.za, www.arniston-online.co.za. Reetgedeckte Häuschen mit offenem Kamin für Selbstversorger, Holzkohlen-Grill im Innenhof.

Und wieder geht es zurück nach Bredasdorp. Von dort 6 km auf der R 319, dann nach rechts auf die Piste zum **De Hoop Nature Reserve.** Vorsicht ist angeraten! Die Staubstraße verleitet zum Schnellfahren, was in den Kurven leicht zum Verlust des Bodenkontakts führen kann. Außerdem sind die Bremswege auf Schotter deutlich länger. Immer wieder aus der Piste ragende, kleine scharfe Steine erhöhen außerdem das Risiko einer Reifenpanne. Also gemach.

Nach 31 km Staub und Schotter geht es kurz vor *Ouplaas*, wo es einen kleinen Laden gibt, rechts ab zum **De Hoop Nature Reserve.** Am Eingangstor wird ein kleines Eintrittsgeld fällig. Das 360 km² große Gebiet gehört zu den schönsten Nature Reserves der Kap-Provinz. Einsame Sandstrände mit weichem, weißen Sand, von der Sonne aufgeheizte Felsenpools in den Klippen, Buntböcke, Zebras, Elen-Antilopen und mit Sicherheit die besten **Walsichtungen** an der gesamten Küste! Vor den Felsenklippen in De Hoop finden sich oft bis zu 50 Wale gleichzeitig ein – und das vor einem meist sehr kleinen Publikum und völlig ohne „Walschreier" ...

Typische Fischerhäuschen

De Hoop Nature Reserve

Unterkunft

De Hoop Nature Reserve (R-RR), Tel. 028-5421126, Fax 5421679, dehoopcnc@brd.dorea.co.za, www.capenature.org.za; das Eingangstor zum Schutzgebiet ist zwischen 7 und 18 Uhr geöffnet. Ausgesprochen nette und hilfreiche Ranger, zehn einfache, dafür günstige Selbstversorger-Häuschen (für vier Personen), Grillplatz. **Tipp:** die reetgedeckten Häuschen Nr. 8, 9 und 10, die, im Gegensatz zu den anderen, mit Bettzeug, Handtüchern, Koch- und anderem Geschirr ausgestattet sind. Camping ebenfalls möglich. Diverse Wanderwege und ein Mountainbike-Trail, der vorher gebucht werden muss.

Buchu Bushcamp (R-RR), an der Grenze vom De Hoop Nature Reserve, Tel. 028-5421602, Fax 5421741, bushcamp@sdm.dorea.co.za, www.buchu-bushcamp.com. 40 km Staubpiste, fünf geschmack- und liebevoll aus Holz mit Strohdächern erbaute Chalets in einem geschützten Fynbos-Tal. Der Besitzer war Ranger im benachbarten De Hoop Naturreservat und unternimmt Touren mit seinen Gästen. Die Häuschen sind sowohl für Selbstversorger als auch für Gäste, die im Restaurant übernachten wollen.

Zurück auf der Piste wird nach weiteren 15 km **Malgas** erreicht, wo der breite *Breede River* den Weg versperrt. Südafrikas einzige handgezogene Fähre *(pont)* überquert ihn. Sie operiert nur tagsüber und solange es hell ist.

Kurz darauf trifft die Piste auf die ebenfalls nicht asphaltierte R 324, wo es rechts nach **Witsand** weitergeht. Der Ort ist gleichermaßen berühmt für seinen langen, schönen Sandstrand und für die hervorragenden Walbeobachtungsmöglichkeiten.

Witsand

Unterkunft

Breede River Lodge (RRR), Breede River Mouth, Tel. 028-5371631, Fax 5371650, breederiver@relais.co.za, www.relaishotels.com. Paradies für Angler, die ihren Fang in den Selbstversorger-Appartements (Nr. 201 bis 208) mit Grill im Freien zubereiten können; für Nicht-Angler empfiehlt sich die gleiche Unterkunftsart, da das Restaurant-Essen nur mit Hilfe von einigen Magenbittern zu ertragen ist.

Weiterfahrt

Anschluss an die **Karoo-Tour** von Witsand auf die N 2 und über den Tradouw Pass nach Barrydale. Oder Anschluss an die **Garden Route**, ebenfalls von Witsand auf die N 2, aber in die Gegenrichtung nach Osten Richtung Mossel Bay.

4. Karoo

Route

Kapstadt – N 1 Paarl – Du Toitskloof Pass – Worcester – R 60 Robertson – Ashton – Route 62 Montagu – Barrydale – (Abstecher über den Tradouws Pass nach Swellendam) – Ronnie's Sex Shop – Ladismith – Amalienstein (Abstecher: Seweweekspoort) – Huisrivier Pass – Calitzdorp – Oudtshoorn – N 12 Meiringspoort – (Alternative: Swartberg Pass) – Prince Albert – R 407 Prince Albert Road – N 1 Matjiesfontein – Touws River – Hex River Pass – Worcester – Kapstadt

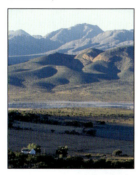

Typische Karoo-Landschaft (bei Prince Albert)

Um die Karoo-Tour gleich mit einem landschaftlichen Highlight zu beginnen, fährt man von Kapstadt auf der N 1 kommend die letzte Paarl-Ausfahrt, kurz vor dem mautpflichtigen Tunnel, von der N 1 herunter. Ein Schild weist zum **Du Toitskloof Pass**. Bei der Pass-Abfahrt ist Vorsicht angesagt: Der am Fuß lebende Pavian-Klan hat sich darauf „spezialisiert", vorbeifahrende Autos und Motorräder zu „steinigen".

Von der N1 in Worcester dann auf den Highway R 60 Richtung Robertson abbiegen, und nach dem Passieren einiger verlockender Weingüter um Robertson hinter Ashton links in die Route 62 abbiegen.

Robertson

Information

Robertson Tourism Bureau, Tel. 023-6264437, Fax 626-4290, info@robertson.org.za; Infos zu den Weingütern der Region.

Weingüter

Robertson Wine Valley, Tel. 023-6263167, Fax 6261054, info@robertsonwinevalley.co.za, www.robertsonwinevalley.co.za; Infos zu den 27 Weingütern der Region.

Nicht verpassen sollte man:

De Wetshof Estate, Tel. 023-6151853 o. -1857, Fax 6151915, info@dewetshof.co.za, www.dewetshof.co.za. Weinproben/-verkauf Mo–Fr 8.30–16.30, Sa 9.30–12.30 Uhr, Kellertouren nach Vereinbarung, Berg- und Weinbergblick.

Berühmt für seine erstklassigen Chardonnays. Probieren: das Aushängeschild des Guts, den *Danie de Wet Bateleur Chardonnay*. Auch exzellent: *Finesse Chardonnay, Danie de Wet Limestone Hill Chardonnay, Rhine Riesling, Edeloes, Danie de Wet Cape Muscadel*.

Graham Beck Wines, Tel. 023-6261214, Fax 6265164, cellar@grahambeckwines.co.za, www.grahambeckwines.co.za. Weinproben und -verkauf Mo–Fr 9–17, Sa 10–15 Uhr, Kellertouren nach Vereinbarung. Schöne Picknickplätze, eigener, kleiner Wildpark. Probieren: *The Ridge Shiraz, Blanc de Blancs, Brut, Rhona Muscadel*.

Robertson Winery, Tel. 023-6263059, Fax 6262926, info@robertsonwine.co.za o. sales@robertsonwine.co.za. Weinproben und -verkauf So–Do 8–17, Fr 8–17.30 (Winter), Fr 8–18 Uhr (Sommer), Sa 9–15 Uhr, Kellertouren nach Vereinbarung, kleines Weinmuseum. Probieren: Wide River Reserve Range: *Almond Grove Weisser Riesling Noble Late Harvest;* Robertson Range: *Special Late Harvest*.

Springfield Estate, Tel. 023-6263661, Fax 6263664, admin@springfieldestate.com, www.springfieldestate.com. Weinproben und -verkauf Mo–Fr 8–17, Sa 9–16 Uhr, Kellertouren nach Vereinbarung, Picknickplätze, Kinderspielplatz. Probieren: *Whole Berry Cabernet Sauvignon, Méthode Ancienne Chardonnay, Wild Yeast Chardonnay*.

Van Loveren, Tel. 023-6151505, Fax 6151336, vanloveren@lando.co.za. Weinproben und -verkauf Mo–Fr 8.30–17, Sa 9.30–13 Uhr; idyllische Probier-Location in einem Rondavel, umgeben von einem schönen Garten. Probieren: *Sauvignon Blanc*.

Unterkunft

Fraai Uitzicht 1798 (RR-RRR), Klaas Voogds East, an der R 60, zwischen Robertson und Ashton, Tel./Fax 023-6266156, info@fraaiuitzicht.com, www.fraaiuitzicht.com. Am Fuß der Langeberg Mountains liegt diese historische Wein- und Gästefarm in friedvoller Ruhe; Farmspaziergänge, alle Gästehäuschen haben offene Kamine, einen Grillplatz und große Verandas; Swimming-Pool, Bambus-Wald, deutsche Besitzer.

Restaurant

Fraai Uitzicht 1798 (RR-RRR), zwischen Robertson und Ashton an der R 60, Tel./Fax 023-6266156, info @fraaiuitzicht.com, www.fraaiuitzicht.com. Ländliche Gourmetküche, Mi–So Lunch & Dinner, geschlossen im

Juni und Juli. Die frischen Produkte kommen direkt aus dem Gemüse- und Kräutergarten. Bei den Vorspeisen gibt es z.B. Schinken, Fetakäse oder Springbock-Carpaccio; bei den Hauptspeisen ein Filetsteak nach Hausrezept; bei den Nachspeisen empfiehlt sich vor allem *Dream of Africa,* ein Schokoladentraum. **Tipp:** das siebengängige *„Fine Wine and Dine Menu"* mit sieben ausgewählten Weinen für um die 400 Rand p.P., einschließlich Wein, Kaffee und Brandy. Im Winter wärmt drinnen der offene Feuerplatz, im Sommer bietet die Veranda eine schöne Aussicht über das Breede-River-Tal. Die Weinliste führt natürlich die besten Robertson-Weine. Deutsche Besitzer. Eigener Merlot – probieren!

Ashton

Unterkunft

Jan Harmsgat Country House (RRR-RRRR), zwischen Ashton und Swellendam an der Route 60 (noch 20 km, nachdem die R 62 in Ashton von der R 60 abzweigt), Tel. 023-6163407 o. 6163311, Fax 023-6163201, brinreb@iafrica.co.za, www.jhghouse.com. Nur vier Zimmer in einem wunderbar stilvoll renovierten Farmhaus; der Chefkoch kommt aus Benin und die Kerzenlicht-Dinner sind ein Traum; Besitzer Brin ist ein passionierter Weinkenner und kann die besten Tropfen des Landes empfehlen.

Wunderschön restauriert: Jan Harmsgat Bed & Breakfast

„Route 62"

Bevor Montagu erreicht wird, passiert man den **Kogman's Kloof.** Vor allem im letzten Nachmittagslicht, wenn die spektakulären, roten Felsformationen aussehen als würden sie von innen heraus leuchten, ist die Fahrt durch das Felsentor besonders spektakulär. Der Mini-Tunnel gilt als das Portal zur **„Route 62".**

Mit dem Motorrad unterwegs auf der Route 62

Die Straße ist genauso alt wie ihr berühmtes amerikanisches Pendant, die „Route 66". Die R 62 ist Südafrikas „Route 66" – mit einem entscheidenden Unterschied: Die Afro-Variante wurde erst in den letzten paar Jahren „wiederentdeckt". Sie hat viele Gemeinsamkeiten mit der US- Version: Beide sind wichtige Ost-West-Arterien, die kleinen Städten Zugang zu einer Hauptdurchgangsstraße verschaffen sollten. Route 66 verbindet Chicago mit Los Angeles, die R 62 Kapstadt mit Port Elizabeth. Ihr **schönstes Stück** liegt **zwischen Montagu und Oudtshoorn.** Beide wurden durch nationale Highways ersetzt. In den USA killte die Interstate I-40 die Route 66, in Südafrika versetzte die N 2 der R 62 fast den Todesstoß. Glücklicherweise liegen die Dörfer an der südafrikanischen Straße in relativ reichen Farmgemeinden. Die Orte sind deshalb nicht zu Geisterstädten verkommen, sondern teilweise wunderbar erhalten geblieben, wurden vom Schnellverkehr der N 2 die letzten 40 Jahre einfach nur links liegengelassen. Statt *„Get your kicks on Route 66"* heißt der Slogan in Südafrika *„See the Karoo on Route 62".*

Schon das erste Gebäude in **Montagu,** der *Kloof Farm Stall,* weist mit einem frisch auf die weiße Hauswand gepinselten „Route 62"-Emblem im Stil der US-amerikanischen Interstate-Schilder auf den Highway hin. Kaffee und Kuchen im Restaurant sind hier, im Gegensatz zu ländlichen US-Regionen, sehr empfehlenswert.

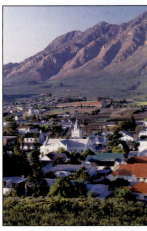

Blick auf Montagu

Montagu selbst ist ein ruhiger, fast verschlafener Ort mit typischem Kleinstadt-Flair. Verkehrsschilder warnen vor Katzen, die die Straße überqueren könnten. Die Kirche wurde cremefarben gestrichen, weil die ursprüngliche weiße Farbe bei Sonnenschein (was hier fast immer vorkommt) die Leute geblendet hat.

Wem das noch nicht beruhigend genug ist, der sollte die heißen Quellen beim *Avalon Hotel* besuchen. Die um die radioaktiven Hot Springs gebaute Herberge ist zwar an altmodischer Schrecklichkeit kaum zu überbieten, aber die Becken mit unterschiedlich temperiertem Heilwasser sind schön angelegt. Tagesgäste können hier nach Zahlung eines kleinen Eintrittsgeldes wohlig entspannen. Und eine Bar gibt es auch.

Montagu

Information

Montagu Tourism Bureau, 24 Bath St, Tel./Fax 023-6142471, www.montagu.org.za; Infos zu Übernachtungen, Restaurants und Aktivitäten in und um Montagu.

Restaurants

Kloof Farmstall & Route 62 Restaurant (R), 1 Long Street, Montagu, Tel. 023-6142209, Fax 6142410; üppig bestückter Farmladen, leckere Kuchen und guter Kaffee – leider sehr unfreundliche Besitzer.

Avalon Springs: Baden in den heißen Quellen von Montagu

Unterkunft

Montagu Country Hotel (RR), Bath Street, Tel. 023-6143125, Fax 6141905, montinn@iafrica.com, www.montagucountryhotel.co.za. 110 Jahre altes Stadthotel mit 23 Zimmern und Swimming-Pool; attraktiver, gut bestückter Gäste-Pub aus altem Teakholz; Hotelbesitzer Gert Lubbe fährt einen 1956er Cadillac de Ville, mit dem er manchmal Gäste herumschippert. Neu ist das Wellness-Zentrum im Haus.

Avalon Springs Hotel (RRR), Hot Springs, Tel. 023-614 1150, Fax 023-6141906, reservations@avalonsprings.co.za, www.avalonsprings.co.za. 44 Zimmer in einem unattraktiven und altmodischen Hotel; dafür ist die Lage direkt an den heißen Quellen absolut super.

Montagu – Barrydale

Dann ist wieder „Gleitzeit" angesagt. Eine Straße wie aus dem Bilderbuch, auf und ab, mal nach rechts, dann wieder sanft nach links swingend. Flankiert auf beiden Seiten von beeindruckenden Bergketten. Felder und Farmen erstrecken sich bis zu den Hängen. Große, silberne Windräder pumpen das kostbare Nass zur Bewässerung aus dem Boden.

Kruispad ist ein typischer Laden an der Straße (etwa 30 km von Montagu, rechts der Straße), untergebracht in einem attraktiven, historischen Farmgebäude. Überall sonst auf der Welt, wo sich zunehmend Touristen tummeln, wäre hier ein Café mit Garten, ein Souvenir-Shop mit Route 62-T-Shirts und Aufklebern. Drinnen nichts dergleichen. Nicht mal Postkarten, dafür ein paar Lebensmittel, Mausefallen, Gummistiefel und Arbeitshosen.

Der nächste, größere Ort, 60 km von Montagu, hat sich bereits auf die ständig wachsende Zahl der Route-62-Befahrer eingestellt. **Barrydale** ist kleiner und noch ruhiger als Montagu. In den letzten Jahren hat der attraktive Karoo-Ort mit seinen etwa 400 Einwohnern Dutzende von „Aussteigern" aus dem In- und Ausland angezogen. Gründe gibt es viele: Die trockene, klare Luft, die schöne Berglandschaft und eine spürbare spirituelle Energie des Platzes. Menschen kommen – und bleiben einfach. Viele verlassene und teilweise verfallene Häuser und Farmgebäude wurden renoviert und sehen heute besser aus als je zuvor. Das einst spießig-konservative Dorfhotel, heute das *Barrydale Hotel,* hat die wohl beeindruckendste Metamorphose hinter sich:

Die Innenwände der Herberge zieren überlebensgroße Gemälde im Art-déco-Stil von eleganten Damen und gut gebauten Adonis-Jünglingen. Gemeinsam mit barocken Kronleuchtern und lässig über die bequemen Sofas geworfenen Leopardenmuster-Decken dürfte das Barrydale Hotel vom Ambiente her selbst Edelbordellen in New Orleans die Show stehlen.

Die erotischen Wandmalereien im Barrydale-Hotel

Um während der Renovierung etwas Geld in die Kasse zu bekommen, eröffneten die beiden Freunde Riaan und Philip aus Pretoria gleich nach dem Kauf des Hotels einen mit alten Kinoplakaten dekorierten Pub, der sofort zu einem beliebten Treffpunkt im Ort wurde – und zum Glück bis heute geblieben ist. Hier diskutieren weiße Farmer mit ihren farbigen Arbeitern, schwule Newcomer mit eingesessenen Heteros, Englischsprachige mit afrikaansprachigen Südafrikanern und, ergänzt Philip, „Lesben mit allen ..."

Trotzdem ist nicht alles freizügig und paradiesisch in Barrydale. Die verhärmten Gesichter der ausgemergelten Menschen vor dem *Bottle Store,* der gegenüber vom Hotel billig Alkohol verkauft, sprechen für sich. Die Arbeitslosigkeit auf dem Land ist sehr hoch. Und wie in fast allen Karoo-Orten gibt es noch immer kein einziges Geschäft, das einem Schwarzen gehört.

Hoffnung bringen die Neuankömmlinge. Sie schaffen mit ihren Kunstgewerbe-Betrieben und Marmelade- „Fabriken" mehr und mehr Arbeitsplätze, binden die lokale Bevölkerung in ihre Geschäfte mit ein. Vielleicht wird der Andrang vor dem *Bottle Store* bald geringer.

Das, was *Meyer Joubert* herstellt, steht dort übrigens nicht im Regal. Der Merlot-Cabernet Sauvignon-Verschnitt seines kleinen Weingutes außerhalb des Ortes ist nach der Straße, die ihn durchquert, benannt. Der *Joubert Tradouw R 62* hat bei seiner Vorstellung in Weinkreisen nicht unerhebliches Aufsehen erregt, und kürzlich hat Meyer sogar einen durchaus akzeptablen R 62 Chardonnay fermentiert. Eine Überraschung, so weit weg von Kapstadt. Der sympathische Mittdreißiger studierte Weinbau in Stellenbosch und praktizierte im Anschluss längere Zeit im kalifornischen Napa Valley. „Highways und Straßen", erklärt er die Namenswahl, „finden sich häufig auf den Etiketten amerikanischer Winzer, warum nicht auch hier zu Hause?"

Barrydale

Weingut

Joubert-Tradauw Winery, Tel./Fax 028-5721619, helenaj@lando.co.za o. mjoubert@hotmail.com. Kleines Weingut an der Route 62. Zwei Tropfen sind im Angebot, der tiefrote R 62 Cabernet Sauvignon-Merlot und der im Eichenfass fermentierte R 62 Chardonnay; probiert und gekauft werden können die Weine von Mo–Sa zwischen 9 und 17 Uhr; Kellertouren nach Vereinbarung. Beate Joubert kocht auf Wunsch und gegen Voranmeldung traditionelle Gerichte, die bei schönem Wetter im Garten serviert werden (Tel. 028-5721619).

Unterkunft

Lentelus (RR-RRR), an der Route 62, von Montagu kommend 11 km vor Barrydale, Tel./Fax 028-5721636 o. Tel. 082-5791246, helenaj@lando.co.za, www.lentelus.co.za. Nur ein Zimmer und zwei Garden Suites, nette, freundliche Besitzer. Kinder sind willkommen und es wird auch Deutsch gesprochen. Ferien auf dem südafrikanischen „Bauernhof", sprich einer Wein- und Fruchtfarm. Großer Swimmingpool, Farm- und Kellertouren, Weinproben, Früchtepflücken in der Saison. Außerdem bietet die Besitzerin ihren Gästen an zu kochen und serviert das Essen dann an einem zauberhaft gedeckten Tisch im privaten Wohnzimmer –drei Gänge für 65 Rand.

Barrydale Hotel (RR), Barrydale, 30 Van Riebeeck St, Tel. 028-5721226, Fax 5721185; der Werbeslogan deutet es bereits an: „Das schönste Boutique-Hotel der Karoo"; die Zimmer des alten Dorfhotels sind plüschig-einfach eingerichtet, dafür sind die Art-déco-Wandmalereien und die Dekoration der Eingangshalle grandios; die Bar ist einen längeren Besuch wert.

Abstecher nach Swellendam

Von Barrydale kann man über den grünen, landschaftlich sehr schönen *Tradouws Pass* nach **Swellendam** fahren. Südafrikas drittälteste Stadt (nach Kapstadt und

Stellenbosch) bietet eine Fülle an historischen Gebäuden. In vielen von ihnen kann übernachtet werden.

Unterkunft **Herberg Roosje Van De Kaap** (R-RR), 5 Drostdy St, Tel./Fax 028-5143001, roosje@dorea.co.za. Charmante kleine Herberge, neun mit Antiquitäten eingerichtete Zimmer, üppige Frühstücke; die Kerzenlicht-Dinner im gemütlichen Bistro sind sehr zu empfehlen. Swimming-Pool.

Rothman Manor (R-RR), 268 Voortrek St, Tel. 028-5142771, Fax 5143966, guesthouse@rothmanmanor.de, www.rothmanmanor.de. Gemütliches B&B, das aus zwei kapholländischen Häusern von 1834 besteht, auf einem großen Grundstück an der Hauptstraße, sehr nette, deutsche Besitzer.

Weiter auf der Route 62 von Barrydale nach Ladismith

Ronnie Price geht es ähnlich wie Meyer Joubert. Er muss sich ebenfalls keine Sorgen um seine Zukunft machen. Sein Geschäft brummt, und das, obwohl er eher zufällig dazu kam. Wer nicht aufpasst, fährt, 27 Kilometer nach dem Verlassen von Barrydale, an dem kleinen, weißen Gebäude rechts der Straße und mitten im Nichts vorbei. **„Ronnie's Sex Shop"** steht da in großen, roten Buchstaben auf den weißverputzten Wänden.

Sex in the Country? Wer hier ein südafrikanisches Beate-Uhse-Sortiment erwartet, wird allerdings enttäuscht.

Route 62 und Ronnies Sex Shop

Im Halbdunkel des kleinen Gebäudes steht eine lange Theke, dahinter ein üppig mit Flaschen bestücktes Regal, diverse Kühlschränke mit viel Bier und wenig Softdrinks. Hinter dem Tresen hebt ein bärtiger Typ mit langen blonden Haaren, durch die sich ein paar vereinzelte graue Strähnen ziehen, grüßend seine Hand. Offensichtlich Ronnie. Und was ist mit Sex?

"Ich hatte vor, einen Laden an der Straße aufzumachen", erzählt Ronnie, "wollte frische Früchte und so'n Zeug von meiner Farm verkaufen". Und so fing er an, die ehemalige Arbeiter-Unterkunft zu renovieren und den roten Schriftzug „Ronnie's Shop" anzubringen. Dann waren seine Freunde an der Reihe.

"Ich kam eines Nachts nach Hause, und da stand plötzlich ‚Sex' hinter ‚Ronnie'. Wahnsinnig witzig. Ich war stinksauer, hab' das dann einfach stehenlassen und weiter renoviert."

Mehr und mehr Leute hielten an. Ronnie gab ein Bier aus. Ab und zu legte er ein paar Würste auf den Grill. Irgendwann sagte dann jemand: "Mensch, Ronnie, warum machst du eigentlich keine Kneipe auf?" Seither steht "Ronnie's Sex Shop" praktisch synonym für die Route 62 und ist einer der bekanntesten und beliebtesten Pubs in Südafrika. Und ein willkommenes „Wasserloch" am ausgetrocknetsten und texasähnlichsten Teil der Strecke …

Das einzige, was ein bisschen an „Sex" erinnert, ist leicht angestaubte, schwarze Damenunterwäsche, die von der Decke baumelt, sowie einige Spielkarten mit unbekleideten Damen (und Herren), die hinter der Theke hängen. Alle Wände in Ronnie's Pub sind mit Kommentaren angeheiterter Gäste vollgeschrieben und mit deren Visitenkarten zutapeziert. Weniger mit Sex zu tun, aber bei der Hitze trotzdem orale Verzückung versprechend, ist das, was Ronnie auf die Theke stellt: eiskaltes Bier – ein himmlischer Genuss, wenn draußen die heiße Karoo-Sonne herunterbrennt …

Ronnie's Sex Shop, an der Route 62, zwischen Barrydale und Ladismith, Tel. 028-5721153 o. 5721800.

Nach dem Verlassen von Ronnie's Sex Shop wird die Gegend immer trockener, und je mehr sich die Farbe Grün reduziert, desto mehr kommt dieses wüstenhafte Road-Movie-Gefühl auf. Am Horizont tauchen die beiden Gipfel des *Toorkop* auf, des verhexten Berges. Eine Legende besagt, dass eine Hexe hier vorbeikam und sie der Berg, der ihren Weg versperrte, so nervte, dass sie ihn kurzerhand mit ihrem Zauberstaub in der Mitte durchschlug.

Am Fuße des Toorkop liegt **Ladismith.** Wieder ein Ort, wo man annehmen könnte, dass das Trinkwasser regelmäßig mit nicht unerheblichen Mengen von Valium versetzt wird. Die Tankstelle ist willkommen, da es an der Route 62 nicht viele gibt, und der Farmladen in der Ortsmitte ist erstaunlich gut sortiert.

Immer häufiger stehen nun größere Gruppen von **Straußen** in der Landschaft herum. Sobald ein Auto kommt, macht sich das flugunfähige Großgeflügel panisch aus dem Staub, was überaus komisch aussieht.

Abstecher:

21 km nach Ladismith, kurz vor Amalienstein, geht es nach links auf die staubige Piste in die spektakuläre Schlucht des **Seweweekspoort** – ein guter Platz für ein Picknick.

Zurück auf der R 62 und nur ein paar hundert Meter weiter, Richtung Calitzdorp, weist ein Schild mit der Aufschrift **„Amalienstein"** nach rechts. Deutsche Missionare haben die schöne und überraschend große Kirche für die einheimische farbige Bevölkerung vor über 100 Jahren erbaut. Den Schlüssel hat der Pfarrer, der gegenüber wohnt.

Amalienstein-Info: Tel. 028-5611000, Auskünfte zur Missionsstadt und zu Bed & Breakfast-Unterkünften im Ort.

Ebenfalls „göttlich" ist der **Huisrivier Pass,** der in ein tiefgelegenes Flusstal und in zahlreichen Kurven durch eine Felsenlandschaft weiter nach **Calitzdorp** führt. Und wo wir gerade beim Thema „göttlich" sind: Calitzdorp ist das Portwein-Zentrum Südafrikas, und der weiße Port schmeckt einfach himmlisch.

Fantasievoll: Kinder in Calitzdorp fahren mit ihren „Autos" um die Wette

Calitzdorp

Information

Calitzdorp Tourism Bureau, Tel. 044-2133312; Auskünfte zu Übernachtungen und Sehenswürdigkeiten der Umgebung.

Weingüter

Klein Karoo Wine Route, Tel. 044-2412562 o. 2133301, Fax 2133328. Infos zu den 17 Weingütern der Region.

Nicht verpassen sollte man:
Boplaas, Tel. 044-2133326, Fax 2133750, boplaas@mweb.co.za, www.boplaas.co.za. Weinproben und -verkauf Mo–Fr 8–17, Sa 9–15 Uhr, Kellertouren nach Vereinbarung, permanente Ausstellung mit San-Artefakten. Probieren: *Pinotage Reserve, Muscadel, Cape Vintage Reserve Port, Cape Tawny Port, Cape Dated Tawny Vintner's Selection.*

Die Krans, Tel. 044-2133314, Fax 2133562, diekrans@mweb.co.za. Weinproben und -verkauf Mo–Fr 8–17, Sa 9–15 Uhr (in der Saison 9–16 Uhr), Kellertouren nach Vereinbarung (im Dez. jede Stunde zur vollen Stunde), zwischen 12 und 14 Uhr wird im Februar samstags u. mittwochs während der Traubenlese eine Winzerplatte serviert; Olivenölverkauf. Probieren: *White Muscadel Jerepigo, White Muscadel Reserve, Vintage Reserve Port, Cape Tawny Port, Cape Ruby Port.*

Unterkunft

The Retreat at Groenfontein (R-RR), Tel./Fax 044-2133880, groenfon@iafrica.com, http://users.iafrica.com/g/gr/groenfon/. Grant und Marie Burton haben die alte Farm gekauft und das viktorianische Herrenhaus wunderbar renoviert und umgebaut. Es gibt jetzt fünf sehr schöne Gästezimmer und eine der ruhigsten und romantischsten Übernachtungsmöglichkeiten (samt Dinner) am Kap. Die Wanderungen in der unberührten Natur am Ende des Groenfontein-Tales sind spektakulär. Marie spricht auch Deutsch.

The Port Wine Guest House (RR), 7 Queen St, Tel. 044-2133131, info@portwine.net, www.portwine.net. Stilvolles, mit Antiquitäten eingerichtetes Haus, sehr engagierte und freundliche Besitzer, die auch selbst Strauße aufziehen und diese ihren Gästen zeigen; Dinner auf Wunsch.

Flugunfähiges Großgeflügel in der Karoo: die skurrilen Strauße

Zwischen Calitzdorp und Oudtshoorn leben weit über 90 Prozent der Weltstraußen-Population. Straußensteak oder -carpaccio sollte deshalb unbedingt einmal auf dem Speiseplan stehen. Das Fleisch ist fest, rot und nahezu cholesterinfrei, erinnert im rohen wie im gegrillten Zustand eher an Rind, das in Südafrika übrigens „wahnsinnsfrei" genossen werden kann.

Ein Straußenei entspricht in der Menge etwa 24 Hühnereiern, allerdings schmeckt es nicht besonders gut und ist im Gegensatz zum Fleisch eine wahre Cholesterin-Bombe. In der Stabilität sind sie dann wieder echte Überraschungseier: Ein Erwachsener kann ohne weiteres auf ihnen stehen, ohne sie zu zerbrechen.

Wer eine der vielen Straußen-Schaufarmen besucht, erfährt noch mehr. Die Augen der Vögel sind unheimlich scharf, dafür ist das Gehirn nur so groß wie ein Augapfel. Dass sie unheimlich schnell rennen können, wissen die meisten Besucher bereits, aber dass sie mit einem gekonnten Kickboxer-Fußtritt selbst Löwen ausknocken können, dürften viele nicht wissen. Und auch, dass der kräftige Fußnagel schärfer ist als das Messer des Ripper. Der Grund, warum viele männliche Strauße hier Jack heißen.

Während die Farmer früher mit den Federn der Strauße Millionen gemacht haben – die Straußenpaläste in Oudtshoorn zeugen davon –, geht es ihnen heute hauptsächlich um die Haut der Tiere. Das narbige Straußenleder steht hoch im Kurs – selbst für texanische Cowboystiefel.

Oudtshoorn

Oudtshoorn Tourism Bureau, Baron von Rheede St, Tel. 044-2792532, Fax 2728226, otb@mweb.co.za, www.oudtshoorn.com. B&B und Hotelbuchungen, Infos über Aktivitäten und Straußenfarmen in der Umgebung.

Klein Karoo National Arts Festival, Tel. 044-2727771, Fax 2727773, karoofees@pixie.co.za. Auskünfte zum mittlerweile über die Landesgrenzen hinweg berühmten Kunstfestival in Oudtshoorn.

Unterkunft

Altes Landhaus (RRR-RRRR), Tel. 044-2726112, Fax 2792652, altes.landhaus@pixie.co.za, www.alteslandhaus.co.za, an der R 328, 13 km von Oudtshoorn, bei Schoemanhoek links, den Schildern folgen. Altes kapholländisches Farmhaus, das von seinem deutschen Besitzer Heinz Meyer sehr schön renoviert worden ist; die Ausstattung bis hin zu den Matratzen und dem Bettzeug ist von erstklassiger Qualität; großer Pool mit neuen, geräumigen Pool-Suiten.

Auf Wunsch wird ein Dinner (ländliche Küche, gute Weinauswahl) serviert, bei gutem Wetter (also fast immer) im Freien; eigene Straußenzucht. Alle Zimmer, die sich im historischen Haus befinden, und natürlich die neuen Pool-Suiten, verfügen über Klimaanlage, Telefon und Fernseher. Fünf Suiten und vier Zimmer, Kinder ab 12 Jahre.

Unbedingt sehenswert: das C.P. Nel Museum in Oudtshoorn

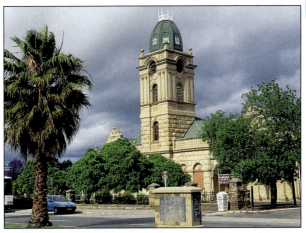

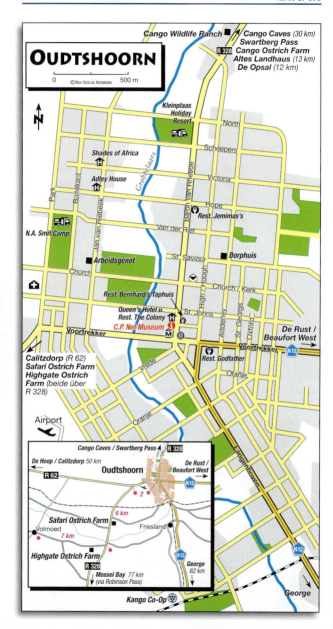

De Opstal (RR), Tel. 044-2792954, Fax 2720736, deopstal@mweb.co.za, www.deopstal.co.za, an der R 328, 13 km von Oudtshoorn, bei Schoemanhoek links. Die Lodge besteht aus verschiedenen Farmgebäuden, die um 1830 erbaut worden sind; Ställe, Kutschenhaus, Farmhaus und Arbeiterunterkünfte sind in rustikal-stilvolle Zimmer mit Aircon und offenen Feuerplätzen verwandelt worden; aktive Straußenfarm, schöner Pool; traditionelle, ländliche Dinner auf Wunsch; Kinder willkommen.

Adley House (RR), 209 Jan van Riebeeck Rd, Tel. 044-2724533, Fax 2724554, adley@pixie.co.za, www.adleyhouse.co.za. Klassisches Bed & Breakfast mit zehn gemütlichen Zimmern in einem historischen Haus, das in einem ruhigen Garten liegt; zwei Pools, Zimmer mit allem Komfort; Besitzerin Hilda ist bekannt für ihre üppigen, südafrikanischen Frühstücke; Dinner auf Wunsch, natürlich auch mit Strauß.

Shades of Africa (RR), 238 Jan van Riebeeck Rd, Tel. 044-2726430, Fax 2726333, shades@pixie.co.za, www.shades.co.za. B&B mit einem afrikanischen Touch, der gelungen ist, die Farben sind erdig und afrikanische Artefakte sind organisch integriert; fünf Zimmer, schöner Pool.

Restaurants

The Colony (RR-RRR), im Queens Hotel, Baron Van Rheede Street, Tel. 044-2722101, tägl. Lunch & Dinner. Traditionell-südafrikanisches Essen mit internationalem Touch in elegantem Ambiente mit Silberbesteck, Stoffservietten und weißen Tischdecken, sehr gute Weinliste.

Jemima's (RR), 94 Baron van Rheede Street, Tel. 044-2720808, Di–Sa Lunch, Di–So Dinner. Das beste Restaurant in der Karoo gehört den beiden Schwestern Celia und Annette Le Roux und befindet sich in einem schön renoviertem Haus in drei miteinander verbundenen Zimmern; es gibt auch Plätze im Freien. Ländliche Gourmet-Küche mit verschiedenen Menüs oder à la Carte, traditionelle und internationale Gerichte, wie Straußenterrine mit gepökelten Pfirsichen, oder die mit nordafrikanischen Gewürzen eingeriebene Karoo-Lammkeule; Reservierung notwendig.

Café Kalinka (RR), 93 Baron van Rheede St, Tel. 044-2792596, Di–So 9 Uhr bis spät. Relaxtes Restaurant mit russischem Touch in einem historischen Steinhaus. Olga kocht nicht nur prima, sie backt auch fantastische Kuchen!

Bernhard's Taphuis & Montague House (RR), 10 u. 12 Baron van Rheede St, Tel. 044-2723208, tägl. Lunch & Dinner. Die beiden Restaurants (das eine ein ehemaliger Straußenpalast mit großem Garten), gehören dem Österreicher Bernhard, der behauptet, die weltgrößte Zahl von Straußengerichten auf der Karte zu haben; probieren: Straußenleberkäse; es gibt auch Bier vom Fass!

The Godfather Restaurant (RR), Voortrekker Rd, Tel. 044-2725404, tägl. ab 17 Uhr Dinner; der Italiener ist schon seit vielen Jahren in Oudtshoorn, verlässlich gutes Essen, sehr gute Straußensteaks und Wildgerichte.

Besichtigen

Cango Wildlife Ranch, an der R 328, 3 km außerhalb von Oudtshoorn, Tel. 044-2725593, cango@kingsley.co.za, www.cango.co.za; in Freigehegen können Krokodile und Raubkatzen aus nächster Nähe beobachtet werden.

Zwei große Straußen-Show-Farmen:

Highgate Ostrich Show Farm, Tel. 044-2727115, host @mweb.co.za, www.highgate.co.za und **Safari Ostrich Farm** Tel. 044-2727311, safariostrich@mweb.co.za, www.safariostrich.co.za; außerhalb von Oudtshoorn an der R 328 gelegen, von der R 62 Richtung Calitzdorp abgehend,

Oudtshoorn – Prince Albert

Über Dysselsdorp geht es nach De Rust und dann durch die gewaltige **Meiringspoort-Schlucht.** Eine fantastische Straße mit sanft geschwungenen Kurven und vielen Brücken zieht sich durch den Canyon. Die Nachmittagssonne schafft es fast nicht mehr, seinen Boden zu erreichen. Hunderte von Metern ragen braune, rote und gelbe, von tektonischen Kräften wild verformte Gesteinsschichten nach oben. Dort wo die Sonne nicht hinkommt haben sich Moose und Flechten breit gemacht. Die Schlucht verbindet die Kleine mit der Großen Karoo. Die Straße, der wir jetzt hinter Klaarstroom westlich nach Prince Albert folgen, gehört wieder zur „Traumstrecken-Kategorie".

Alternativ-Strecke

Alternativ-Strecke von Oudtshoorn nach Prince Albert (R 328): Oudtshoorn – Cango Caves – Swartberg Pass (nicht asphaltiert) – Prince Albert.

Die Fahrt über den 1888 eröffneten **Swartberg Pass** ist auch heute noch ein kleines Abenteuer. Dieser Bergübergang ist der spektakulärste im Land, eine Meisterwerk des „Straßenkünstlers" Thomas Bain.

Andrew Geddes und Thomas Bains: Die Highway Stars

Die spektakulärsten Straßen und Pässe der Kap-Provinz stammen allesamt von zwei Männern: Andrew Geddes Bains und seinem Sohn Thomas Bains.

Der Schotte Andrew kam 1816 ohne formelle Ausbildung ans Kap, wo er zunächst als Sattler arbeitete. Später versuchte er Handelsverbindungen mit den Tswana an der Grenze zu Botswana zu etablieren. Danach kämpfte er in einem der Grenzkriege 1834/35 gegen die Xhosa. Sein Interesse am Bau von Straßen, für das er ein natürliches Talent zu besitzen schien, führte dazu, dass er 1836 eine Verdienstmedaille für die Projektleitung des Van Rynevelds Passes erhielt.

Danach farmte er ein paar Jahre, zwischendurch baute er Straßen fürs Militär. Schließlich folgten weitere zivile Projekte. Die teilweise spektakulären Straßen über den Mitchell's und Gydo Pass (bei Ceres) entstanden. Der *Karoopoort,* eine Piste in der Karoo, wurde von ihm rekonstruiert. Der steile Katberg Pass bei Fort Beaufort entstand kurz vor seinem Tod 1864.

Wie der Vater, so der Sohn. Doch Thomas übertrumpfte seinen Papa noch. Von ihm stammen die schönsten und bekanntesten Straßen und Bergübergänge am Kap. Zu seinen Highlights gehören: Der heute denkmalgeschützte **Swartberg Pass,** der noch immer unbefestigt auf einigen atemberaubenden Abschnitten Oudtshoorn mit Prince Albert verbindet; der **Prince Alfred's Pass** bei Knysna; der **Robinson Pass** und der **Garcia's Pass** nordwestlich von George; **Kogman's Kloof,** das Eingangstor zur Route 62 zwischen Ashton und Montagu; die alte, teilweise noch immer nicht asphaltierte **George – Knysna Road** sowie die wunderschöne, bis heute mehrfach modernisierte Küstenstrecke von Sea Point über Camps Bay bis Hout Bay. Er baute 24 Pässe, dreimal soviel wie sein Vater.

Swartberg Pass

In den gewaltigen Cango Caves

Mit Hilfe von 220 Sträflingen, Schießpulver und Spitzhacken wurden die 24 Kilometer dem Berg abgewonnen. Die Passhöhe liegt bei immerhin 1585 Metern Höhe. Die Mühe wird durch fantastische Blicke belohnt.

Zuvor erreicht man, 27 km nördlich von Oudtshoorn, die Zufahrtsstraße zu den berühmten **Cango Caves** (Caves Road, Tel. 2727410, 8.30–16.30 Uhr, Touren von 9–16 Uhr; zwei Touren stehen zur Auswahl: Standard-Tour R 40/R 20, „Abenteuer-Tour" R 50/R 30 (Erw./Kinder). Die **Cango Caves** sind die älteste und eine der beliebtesten Attraktionen in der Kleinen Karoo. Es gibt drei Kalkstein-Systeme mit beeindruckenden Tropfsteinhöhlen. *Cango One* ist 760 m lang, *Cango Two*, die Wunderhöhle, 260 m, und die erst kürzlich entdeckte *Cango Three* hat eine Länge von 1600 m. Die Standard-Tour dauert etwa eine Stunde und führt durch die ersten sechs, leicht zugänglichen Räume der Tropfsteinhöhle. Die 90minütige Adventure-Tour folgt einer 1200 m langen Route durch die Unterwelt und ist nur sportlichen Besuchern zu empfehlen. Zum Teil muss durch enge Röhren gekrochen werden. Absolut nichts für Klaustrophobe!

Prince Albert

Prince Albert ist von allen verschlafenen Karoo-Orten der schönste. Auch hier gibt es viele Aussteiger, denen das Leben in den großen Städten zu hektisch geworden ist. Kriminalität existiert hier praktisch nicht. Charles Roux, dessen Hugenotten-Vorfahren vor 14 Generationen von Frankreich ans Kap kamen, ist in der „Vorstufe" zum Aussteigen. Er besitzt zwar noch sein Gästehaus in Kapstadt, bevorzugt aber seine Bergkant Lodge in Prince Albert, die er mit viel Liebe zum Detail immer weiter perfektioniert. Das historische, ehemalige Pfarrhaus ist voll mit interessantem Trödel. Vor dem Haus stehen zwei alte Feuerwehrautos, ein 50er Jahre Ford und ein 20er Jahre Dodge. Die Badezimmer sind riesig, haben Doppelduschen und freistehende, viktorianische Wannen, mit alten Armaturen aus Kupfer und Messing. Im Garten, versteckt zwischen dichten Büschen, stehen zwei weitere solcher Badewannen unter freiem Himmel. „Damit die Gäste den klaren Karoo-Sternenhimmel mit einem Gläschen Sekt in der Hand völlig entspannt genießen können", erklärt Charles.

Unterkunft

De Bergkant Lodge (RRR), 5 Church St, Tel./Fax 023-5411088, Reservierung auch unter 021-4191097, www.debergkant.co.za. Das ehemalige Pfarrhaus in der Main Street wurde von Besitzer Charles Roux wunderbar renoviert; Dinner-Raum direkt am neuen, großen Pool, neun großzügige Zimmer mit herrlich geräumigen Bädern, schöner Garten. Charles spricht Deutsch, was die Kommunikation deutlich erleichtert. Die schönste Übernachtungsmöglichkeit auf dem Karoo-Trip. Auf Wunsch bereitet Charles auch ein leckeres Braai-Dinner für seine Gäste zu (etwa 100 Rand pro Person).

Restaurants

Blue Fig (RR), 61 Church St, Prince Albert, Tel. 023-5411900; Lunch Mi–Sa, tägl. Dinner. Drei talentierte Stadtflüchtlinge haben dieses Showpiece-Restaurant auf dem Land eröffnet. In den Zimmern des restaurierten Hauses stellen Künstler ihre Werke aus. Karoo-

Laden in Prince Albert

Küche mit einem geschickten europäischen Touch und frischen Produkten der Gegend. **Tipp:** die Lammleber-Vorspeise, dann Karoo-Lammkotelett, und als Nachtisch gebackene Feigen. Dazu Weine der Region.

Karoo Kombuis (R-RR), 18 Deurdrift St, Prince Albert, Tel. 023-5411110; traditionelles Essen in einem winzigen Restaurant, unbedingt reservieren, eigenen Wein mitbringen, keine Kreditkarten.

Aktivitäten

Off-Road-Ausflug nach Die Hel. Für Reisende mit Zeit und Geländewagen bietet sich ein Ausflug in „die Hölle" an. Die fantastische Piste dorthin zweigt von der Swartberg-Pass-Straße ab. Das Tal, das seinen Namen aufgrund der dort im Sommer herrschenden höllischen Hitze bekam, ist nach 47 staubigen Kilometern erreicht. Die Häuser der ehemaligen Farmer sind heute Unterkünfte für Selbstversorger. Es gibt außerdem einen schönen Campingplatz. Buchung über **Cape Nature Conservation** in Oudtshoorn, Tel. 044-2791739 o. 2791829, www.capenature.org.za.

Spektakulär: die Serpentinen in die „Hölle" ...

Prince Albert – N 1

Von Prince Albert sind es auf der R 407 ca. 45 km zur N 1. Auf ihr ist dann wieder deutlich mehr los, und die mächtigen Trucks, die die 1600 Kilometer lange Strecke zwischen Johannesburg und Kapstadt hin und her pendeln, lassen trotz Linksverkehr wieder amerikanische Freeway-Gefühle aufkommen.

Der nächste Pflichtstopp ist das kleine **Matjiesfontein.** Ein unglaublich englischer Ort, mitten in der weiten Breite der Karoo. Komplett mit altehrwürdigem Hotel, dem *Lord Milner,* einem viktorianischen Pub, dem *Laird's Inn* und einem Bahnhof, an dem ab und zu mal der berühmte Blue Train oder der Rovos Rail hält.

Die wunderschönen alten Shell-Zapfsäulen stehen noch, der Sprit kommt allerdings aus den neueren Pumpen direkt daneben. Im **Matjiesfontein Motor Museum** liegt der Schwerpunkt der Exponate offensichtlich auf Leichenwagen.

Um Matjiesfontein richtig zu erfahren, sollte man eine Nacht bleiben und die vierminütige, geführte Stadtrundfahrt im roten Londoner Doppeldecker-Bus mitmachen. Das von mit Rüschenhäubchen ausgestatteten Bedienungen präsentierte, fürchterlich schlechte englische Abendessen ist ein weiteres „Highlight". Szenen, bei denen eigentlich nur noch Mr. Bean fehlt …

John Theunissen ist nicht nur der Busfahrer, er ist außerdem Tourguide, Gepäckträger, Kellner, Pianospieler und Straßenkehrer. „Und sonntags", ergänzt er, „predige ich in der Kirche." Der ebenso gut gebaute wie gelaunte John weiß unheimlich viel über die Geschichte des Ortes. Nicht nur er, auch seine Mutter wurde bereits hier geboren, und beide haben ihr ganzes Leben hier verbracht. Er ist nicht nur einer der beliebtesten Menschen im Ort, er ist auch ein prima Entertainer. Seine Mandela-Imitationen klingen verblüffend echt.

Unterkunft

Lord Milner Hotel (RR), Matjiesfontein, Tel. 023-5513011, Fax 5513020, milner2@mweb.co.za, www.matjiesfontein.com; eine der skurrilsten Übernachtungen im Land, die beste Wahl sind die Balkonzimmer im ersten Stock des Haupthauses.

Zurück zur N 1 und nach links abbiegen. Weiterfahrt über Worcester und Paarl nach Kapstadt. (Entfernung Matjiesfontein – Kapstadt 230 km.)

Herbe Schönheit Karoo (Karoo National Park)

5. Garden Route
Zwischen Bergen und Meer

Südafrikas berühmteste Touristenstrecke führt zwischen Mossel Bay und Port Elizabeth fast immer an der Küste entlang. Um ihre landschaftlichen Reize wirklich richtig zu erleben, sollte die N 2 möglichst oft verlassen werden. Denn die „Garden Route" ist keine Route durch Gartengebiete, wie der Name vermuten lassen könnte, sondern eine durch die häufigen Niederschläge üppig grüne Landschaft mit dichten Wäldern, idyllischen Flüssen und Seen.

Route

Mossel Bay – George (Abstecher Montagu Pass) – Victoria Bay – N 2 Wilderness – Knysna – Plettenberg Bay – Keurboomstrand – Tsitsikamma N.P. – Jeffrey's Bay – Port Elizabeth (Alternativstrecke für die Rückfahrt nach Knysna: Von Port Elizabeth R 331 Hankey – Patensie – Baviaanskloof-Schlucht – Willowmore – Prince Alfred's Pass – Knysna; siehe Exkurs: „Tal der Affen").

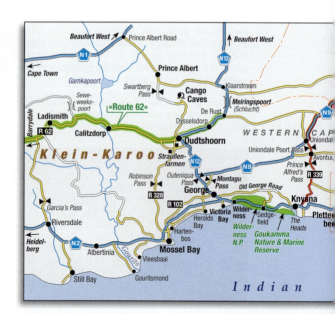

Dort, wo die ersten Europäer 1488 südafrikanischen Boden betraten, liegt heute das inoffizielle „Eingangstor" zur Garden Route, **Mossel Bay.** Der kleine Ort an der gleichnamigen Bucht besitzt natürlich auch ein Museum, das den berühmten, portugiesischen Seefahrer **Bartolomeu Diaz** würdigt. Der Museums-Komplex umfasst u.a. das **Maritime Museum**, dessen Prunkstück der Nachbau von Bartolomeu Diaz' Karavelle ist. Das in Portugal hergestellte Schiff segelte 1987 von Lissabon nach Mossel Bay und ankerte dort rechtzeitig zum 500. Jahrestag von Diaz' Landung. Neben dem erstaunlich kleinen Schiff gibt es noch alte Landkarten und etliche andere maritime Exponate aus der Zeit der Entdecker zu sehen – unbedingt sehenswert!

Das gegenüberliegende **Muschelmuseum** ist weniger interessant. Aber zwischen den beiden Museen steht noch eine Besonderheit, der **Old Post Office Tree.** Ein buschiger Baum, in dessen hohlen Stamm die frühen Seefahrer Nachrichten und Briefe für nachfolgende Schiffe hinterlassen haben. Heute ist passenderweise ein Briefkasten angebracht. Ansonsten ist Mossel Bay eine eher hässliche Industriestadt.

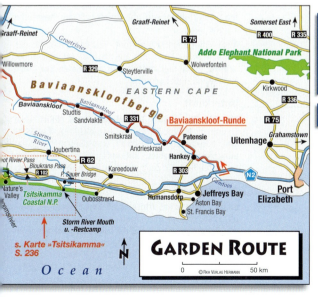

Die Diaz-Karavelle im Maritime Museum

Mossel Bay

Information

Mossel Bay Tourist Office, Ecke Market- u. Church Street, Tel. 044-6912202, www.gardenroute.net/mby o. www.mosselbay.co.za; tägl. 8–18 Uhr (im Süd-Winter Mo–Fr 9–17, Sa/So 9–13 Uhr). Auskünfte zu Übernachtungen, Restaurants und zum Haitauchen.

Restaurants

The Gannet (RR), Bartolomeu Diaz Museum Complex, Market Street, Tel. 044-6911885; tägl. Frühstück, Lunch & Dinner, rustikal-afrikanisches Ambiente, Seafood (empfehlenswert die in der Bucht heimische Scholle, *sole*).

Khoi Village (RR), The Point, Tel. 044-6904940; das Buffet-Dinner, Fisch und Fleisch über offenem Feuer gegrillt, wird hier mittels Muschelschalen statt mit Messer und Gabel gegessen.

Unterkunft

The Old Post Office Tree Manor Hotel (RRR), Ecke Church- u. Market Street, Tel. 044-6913738, Fax 6913 104, book@oldposttree.co.za, www.oldposttree.co.za; plüschig-komfortables, mit Antiquitäten eingerichtetes Hotel, fast alle Zimmer mit Aussicht über die Bucht.

Aktivitäten

Shark Africa Great White Shark Experience, Tel. 044-6913796, sharkafrica@mweb.co.za, www.sharkafrica.co.za. Der Veranstalter bietet die beliebten Tauchgänge im Käfig an; wer keine Weißen Haie zu Gesicht bekommen sollte, bekommt 50% der bezahlten 750 Rand wieder zurück (die Erfolgsquote liegt allerdings bei 87%); Taucher brauchen kein Zertifikat, keine Altersbeschränkung.

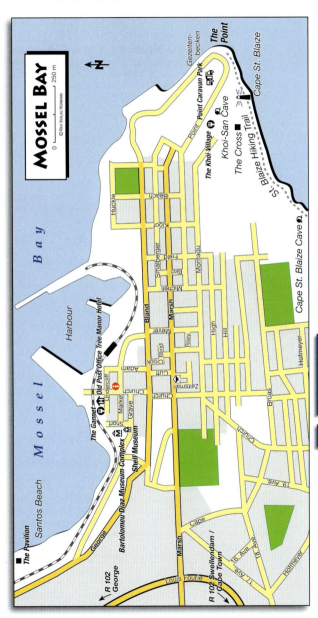

Haibeobachten vom Boot für weniger Mutige kostet 450 Rand. Ein bis zwei Tage vorher buchen.

Romonza Whale Watching, Vincent Quay, Mossel Bay Harbour, Tel. 044-6903101, romonza@mweb.co.za, www.mosselbay.co.za/romonza. Walbeobachtung vom Boot aus, zwischen Juni und Oktober, die Wale kommen oft bis 50 Meter an das Schiff heran.

Sehenswert

Maritime Museum, Diaz Museum Complex, Tel. 044-6911067, diasmuseum@mweb.co.za, http://diasmuseum.museum.com, Mo-Fr 9-16.45, Sa/So 10-16 Uhr, kleines Eintrittsgeld; wer auf das Diaz-Boot möchte, zahlt noch einmal, was sich lohnt, die Holzarbeiten der portugiesischen Bootsbauer, die das Schiff mangels Original-Plänen nach zeitgenössischen Skizzen und Gemälden konstruiert haben, sind sehr schön.

Marine World 2000, The Point, Tel. 044-6919066, Mo-Fr 9-13 u. 14-16.30 Uhr, Sa/So 9-13 Uhr; viel besser und größer als das „Aquarium" im Muschelmuseum des Diaz-Komplexes; lokal vorkommende Fische und fundierte Erläuterungen.

Khoi Village, The Point, Tel. 044-6904940, tägl. 10-17 Uhr, kleines Eintrittsgeld; ein kleines Open-air-Museum zur Geschichte der Kap-Ureinwohner, die sich mit der Ankunft von Diaz rapide veränderte.

Die Statue des Bartolomeu Diaz

Cape Saint Blaize Cave, eine kurze Wanderung die Felsen am Point hoch; die Höhle ist eine wichtige archäologische Fundstätte geworden, nachdem Relikte gefunden wurden, die beweisen, dass Khoikhoi bereits vor über 80.000 Jahren in der Höhle gelebt haben.

Weiterfahrt

Von Mossel Bay dann auf der R 102, nicht auf der zu gut ausgebauten N 2, weiter nach George fahren. Die Strecke vermittelt einen guten Eindruck, wie die Garden Route vor dem Bau der Autobahn ausgesehen hat. **George** steht bei Golfern hoch im Kurs. Im Fancourt Hotel steht diesen ein Weltmeisterschaftsplatz zur Verfügung. Abenteuerlustigen Reisenden empfiehlt sich eine Fahrt auf den 1847 gebauten, unter Denkmalschutz stehenden **Montagu Pass** über die Outeniqua-Bergkette nördlich von George. Die Strecke ist nicht asphaltiert, eng und steil. Dennoch ein lohnenswerter Ausflug in die automobile Vergangenheit, bei gutem Wetter auch mit einem Pkw gut zu schaffen. Zurück nach George geht es dann über den bestens ausgebauten Outeniqua Pass (N 9/N12).

Historisch: der geschotterte Montagu Pass

George

Information

George Tourism Bureau, 124 York Street, Tel. 044-8019295, Fax 8735228, info@georgetourism.co.za, www.georgetourism.co.za; Infos zu und Reservierungen für Übernachtungen, Attraktionen, Trips und Touren in George, Victoria und Herold's Bay.

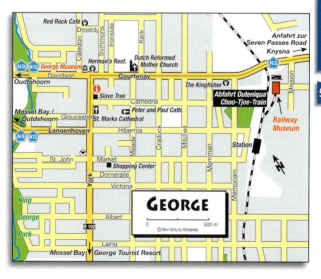

Restaurants

Lunch-Tipps

Herman's (RR), 70 Courtenay St, tägl. Lunch & Dinner, 10–24 Uhr, Tel. 044-8732052; Restaurant in zwei ausgedienten Eisenbahn-Speiseabteilen, tägl. Pub Lunch Specials, nachts Steakhaus.

Red Rock Café (RR), Red River Centre, Arbour Road, Lunch im Sommer, tägl. Dinner, Tel. 044-8733842; lockere Atmosphäre, abwechslungsreiche Speisekarte von Fisch über Fleisch bis zu einer größeren Auswahl an vegetarischen Gerichten.

The Kingfisher (RR), Courtney St, tägl. Lunch & Dinner, Tel. 044-8733127; ruhige Taverne mit leiser Background-Musik, ausschließlich frischer Fisch jeder Zubereitungsart (**Tipp:** die *Combos,* wie gegrillter Linefish mit einem Dutzend Garnelen oder mit Kalamari). Auch Pizzas und Pasta.

Wer gerne Strände mag und vor dem Schlafengehen noch einmal ins Meer springen möchte, sollte nicht in George, sondern im wenige Kilometer entfernten **Victoria Bay** direkt an der Küste übernachten (von der N 9 auf die N 2, dann Richtung Wilderness, nach 2 km rechts ab). Die winzige Bucht ist von hohen Bergen umgeben. Nur Gäste der B&Bs im Ort dürfen mit ihrem Auto weiter als bis zu dem großen Parkplatz fahren. In der jeweiligen Unterkunft nach dem Schlüssel für die Schranke fragen. Hoch über dem Beach verläuft die Bahnlinie, und der Blick fällt direkt auf den Tunnel, durch den ab und zu der berühmte **Outeniqua-Choo-Tjoe-Zug** gedämpft kommt ...

Von George nach Knysna auf der Old Georg Road

Alternativ zur N 2 zieht sich die teils unbefestigte *Old George Road* (oder „Seven Passes Road") parallel zur N-2-Garden-Route durch dichte Urwaldvegetation. Sie war früher die einzige Verbindungsstrecke zwischen George nach Knysna. Damals mussten noch viele Flüsse gefurtet werden, dann baute man einfache Brücken aus Eisen und Stein, die 1995 einer Totalrenovierung unterzogen worden sind. Wer außer Thomas Bains hätte eine solche Straße bauen können. Die Old George begann er 1867.

Von George aus gelangt man folgendermaßen auf die historische Strecke: auf der Knysna Road aus George hinaus und nach dem Pick-'n-Pay-Supermarkt, vor der Pine Lodge, nach links abbiegen.

Abenteuerlich: Old George Road zwischen George und Knysna

Victoria Bay

Unterkunft

The Waves (RR-RRR), 7 Beach Rd, Tel./Fax 044-8890166, thewaves@intekom.co.za, Frühstück mit Delfin bzw. in der Saison mit Walblick von der Terrasse des 1906 erbauten Hauses. Übernachten entweder im historischen Haus oder in einem doppelstöckigen hölzernen Anbau nebenan (drei Zimmer, zwei Wohnungen für Selbstversorger).

Lands End (RR-RRR), The Point, Tel. 044-8890123, Fax 8890141, rod@vicbay.com, www.vicbay.com. Wie der Name bereits andeutet das letzte Haus in Vic Bay, nur sechs Meter vom Meer entfernt, natürlich gigantische Blicke auf den Ozean, den Strand und die umliegenden Berge; drei Zimmer, eine Honeymoon Suite mit eigenem Sonnendeck.

Zwischen Victoria Bay und Knysna liegt der **Wilderness National Park,** ein dicht bewaldetes Feuchtbiotop mit Lagunen, Flüssen, Sümpfen und Seen. Über 200 verschiedene Vogelarten wurden dort registriert. Am besten erschließt sich das Gebiet auf den zahlreichen Wanderwegen oder Kanu-Routen.

Nur wenige Kilometer weiter folgt bereits das nächste Schutzgebiet: **Goukamma Nature und Marine Reserve.** Hier gibt es neben Seen weiteres zu sehen: Im Meer tummeln sich das ganze Jahr über Delfine und zwischen Juli und Oktober oft Südliche Glattwale.

Küste bei Wilderness

Wilderness

Unterkunft

The Dune Guest Lodge (RR-RRR), 31 Die Duin, Tel./Fax 044-8770298, info@thedune.co.za, www.thedune.co.za. Direkt am Meer gelegen, mit sehr guten Wal- und Delfin-Beobachtungsmöglichkeiten (in der Saison) von der Terrasse aus; mediterran-leichte Einrichtung, Pool, Schweizer Besitzer, nur vier Zimmer.

Sehenswert

Wilderness National Park, Tel. 044-8771197, Fax 877 0111, www.george.co.za/parks, tägl. 8–13 u. 14–17 Uhr, im Dez./Jan. tägl. 7–20 Uhr, Eintritt 15/8 Rand Erw./Kinder; Kanu- und Wanderouten, Übernachten in diversen Häuschen und Blockhütten verschiedener Größe, oder auf Caravan- und Campingplätzen.

Goukamma Nature & Marine Reserve, Tel. 044-3830 042, Fax 3830043, www.capenature.co.za, tägl. 8–18 Uhr, Eintritt 15/8 Rand Erw./Kinder; Übernachten in einer Lodge, in strohgedeckten Rundhütten oder einem Buschcamp.

Knysna

Touristisches Zentrum der Garden Route ist ohne Zweifel Knysna, das mit seinen Shopping Malls, Neonreklamen und Fast-food-Restaurants schon fast US-amerikanische Gefühle aufkommen lässt ... Doch weg von der Main Street wird es wieder idyllischer und ruhiger.

Karte S. 218/219 **Garden Route** 227

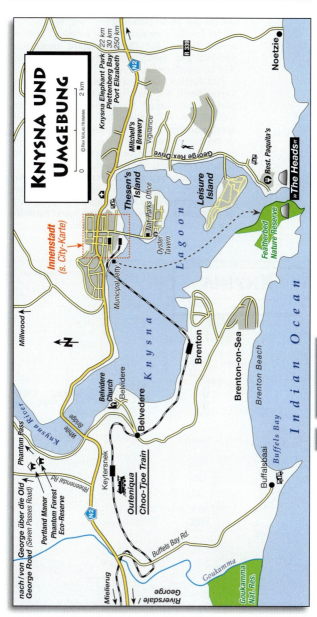

Und die Lage an der Lagune ist ein Traum. Weltberühmt ist der Ort für seine Austern, die unbedingt probiert werden sollten. Auf **Thesen's Island** werden sie gezüchtet und können dort praktisch direkt aus dem Meer geschlürft werden.

Zwei Ausflüge von Knysna müssen sein: Einmal zu den **Knysna Heads**, ein gewaltiges Felsenportal, durch das das Meer in die Lagune dringen kann (rüber per Schiff, Auffahrt zum *Featherbed Nature Reserve*) und nach **Brenton-on-Sea**, Knysnas einzigem Sandstrand, ideal für Wanderungen und zum Baden. Das Knysna Tourism gibt gerne Auskunft darüber und hält jede Menge buntbedruckter Prospekte und Broschüren bereit.

Die geschmackvoll gemachte **Waterfront** im Stil der von Kapstadt ist eine neuere Sehenswürdigkeit Knysnas. Es gibt einige gute Restaurants und natürlich viele Ladengeschäfte. Während des großen **Oyster Festivals** (jährlich vom 5.–15 Juli) ist hier die Hölle los.

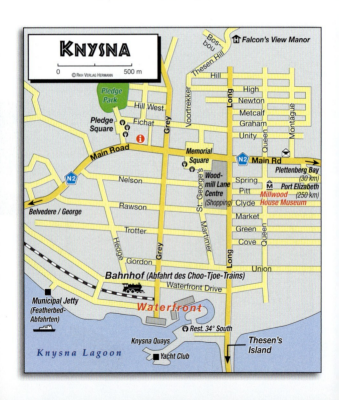

Die Waterfront von Knysna

Information

Knysna Tourism, Tel. 044-3825510, Fax 3821646, knysna.tourism@pixie.co.za, www.knysna-info.co.za.

Für Unterkünfte: Knysna Reservations, Tel. 044-3826960, Fax 3821609; Auskünfte zu Übernachtungen, Restaurants, Oyster Festival. Die zahlreichen Bed & Breakfasts in und um Knysna werden auf Wunsch auch direkt gebucht. Viele von ihnen haben Foto ihrer Zimmer bei Knysna Tourism aufgehängt, was schon mal einen ersten Eindruck vermittelt.

Restaurants

Phantom Forest Lodge (RRRR), Phantom Pass Road (6 km außerhalb), Tel. 044-3860046, tägl. Dinner. Eine panafrikanische Essenserfahrung: Das Auto bleibt auf einem sicheren Parkplatz stehen, ein Lodge-Fahrzeug schippert die Gäste den extrem steilen Phantom Pass zum Restaurant hoch; in einer Bambus-Boma, einem Art Rundkral, wird hoch über der Knysna-Lagune ein fünfgängiges Menü serviert, das täglich wechselt, aber immer afrikanisch beeinflusst ist. Rechtzeitig buchen, da Lodge-Gäste bevorzugt Plätze bekommen.

Portland Manor (RR-RRR), Rheenendal Rd (westl. außerhalb), Tel. 044-3884604, tägl. Frühstück und Lunch, Fr/Sa Dinner. Im *Old Packhouse Restaurant* des im 18. Jahrhundert erbauten *Portland Manors* werden herzhafte Gerichte serviert, samstags sogar ein deutsches Frühstück. Bonus: der englische Pub.

Oyster Tavern (RR-RRR), Thesen's Island, Tel. 044-38 26641, tägl. Lunch & Dinner. Gutes Seafood-Restaurant, direkt dort, wo die berühmten Austern gezüchtet werden. Immer viel Betrieb.

Oyster Catcher (RR-RRR), Knysna Quays, Tel. 044-3829995; die ruhigere Austernschlürf-Variante in Knysnas Waterfront, direkt am Wasser.

Bosun's Bar & Grill (RR), George Rex Drive, Tel. 044-3826276, Di-So Lunch & Dinner. Ein traditioneller Pub, der die Biere der lokalen Knysna-Mini-Brauereien (Mitchell's, Forresters und Bosun's Bitter) vom Fass ausschenkt; im Sommer auf den Holzbänken und -tischen im Freien, im Winter drinnen am wärmenden Kaminfeuer.

34° South – The Market (RR), Knysna Quays, Tel. 044-3827331; großer Seafood-Delikatessen-Laden in der Waterfront mit Super-Dekor und gut sortiertem Wein-Shop, Tische auch im Freien.

Paquita's (RR), Knysna Heads, Tel. 044-3840408; Super-Lage an den Heads (Anfahrt über den Georg Rex Drive) und trotzdem ein prima Italiener, keine Touristenfalle; besonders die Pizzas sind sehr empfehlenswert.

Unterkunft

Phantom Forest Eco-Reserve (RRRRR), Tel. 044-3860046, Fax 3871944, phantomforest@mweb.co.za, www.phantomforest.com. Von der N2 nach Norden auf der Phantom Pass River Road 1,3 km bis zum Phantom Forest-Eingang; die Gäste werden, nachdem sie ihr Fahrzeug am Fuße des Berges abgestellt haben, samt Gepäck in einem Landrover den steilen Pass durch dichten Urwald nach oben zur Lodge transportiert, die so geschickt in die Vegetation einfügt ist, dass sie kaum auffällt – „öko" eben. Übernachtet wird in zehn strohgedeckten Baumhäuschen mit allem Komfort; hölzerne Stege führen zum Frischwasser-Pool und zu einer Wellness-Boma; wunderbare Blicke über die Lagune bis zu den Knysna Heads. Einziger Nachteil: der Verkehrslärm von der N 2 schafft es, je nach Windrichtung, mehr oder weniger stark in die friedvolle Idylle einzudringen.

Falcon's View Manor (RRR-RRRR), Thesen Hill Nr. 2, Tel. 044-3826767, Fax 3826430, reservations@falconsview.com, www.falconsview.com; zwei Minuten von Knysnas Main Road entfernt, die Long Street den Berg hoch, dann links in die Hill Street und rechts in die Thesen Hill. Aussichtsreiches B&B mit toller Aussicht über Knysna und die Lagune; das elegant mit Antiqutäten eingerichtete historische Haupthaus wurde 1899 erbaut; Gäste können hier oder in den neuen, geräumigeren afrikanisch-ethnisch dekorierten Garten-Suiten übernachten. Insgesamt zehn Zimmer, alle für Nichtraucher. Ausgezeichnete Gourmet-Frühstücke; mehrgängige Kerzenlicht-Dinner gegen Vorbestellung.

Weiterfahrt

Auf der N 2 geht es weiter Richtung Osten. Kurz vor **Plettenberg Bay** („Plett") warnen plötzlich Schilder vor Elefanten, die die Straße überqueren könnten. Knysna-Elefanten sind die einzigen wirklich wilden Elefanten im Land und die am weitesten im Süden lebenden Afrikas. Während einige Zeit lang angenommen wurde, dass nur noch ein einziges weibliches Exemplar existieren würde, haben Naturforscher inzwischen weitere Knsyna-Dickhäuter in dem dichten Urwald um den Prince Alfred's Pass entdeckt.

Wer Elefanten hautnah erleben möchte, tut das besser im **Knysna Elephant Park** zwischen Plettenberg Bay und Knysna (Tel. 044-5327732, www.knynsaelephantpark.co.za), eine tolle Erfahrung, nicht nur für Kinder: Die sieben ehemaligen Krügerpark-Elefanten dürfen gefüttert und gestreichelt werden. Neu ist das interessante und gut gemachte Knysna-Elefanten-Museum im Eingangsbereich.

Hautnah: Dickhäuter im Knysna Elephant Park

Plettenberg Bay

In Plettenberg Bay haben sich viele reiche Johannesburger Ferienhäuser gekauft und in den Sommerferien und über Weihnachten tummeln sich etwa 50.000 von ihnen im Ort. Aber keine Angst, „Plett" hat so viele schöne Strände, dass man sie kaum alle mit Sonnenhungrigen zulegen kann.

In der Bucht tummeln sich nicht nur Wale, sondern auch etwas aggressivere Meeressäuger, die Weißen Haie, die sich allerdings glücklicherweise hauptsächlich von den Robben im **Robberg Nature Reserve** ernähren.

Die rasante Erholung der südafrikanischen Walpopulation seit dem internationalen Fangverbot hat selbst Experten überrascht. Allein in 2001 besuchten mehr Glatt- und Buckelwale die Buchten zwischen Kapstadt und Plettenberg Bay als in den vorangegangenen 150 Jahren! Früher ein seltener Anblick, tummeln sich heute in fast jeder Küstenbucht bis zu 70 Wale gleichzeitig (Südafrikaner nennen das mittlerweile respektlos *whale soup* – Walsuppe). Jede Gemeinde, von Plett über Wilderness bis Witsands und natürlich Hermanus, dem

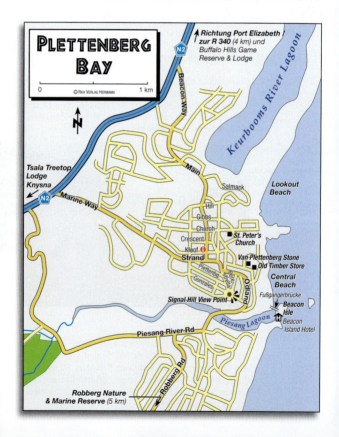

Walort schlechthin, hat ihren „Kommunal-Wal" und kann Besuchern zwischen August und November sichere Walversprechen geben.

16 km hinter Plett zweigt von der N 2 nach rechts eine Straße zum **Monkeyland Primate Sanctuary ab.** In dem privaten Affenpark haben viele einst wilde Tiere eine neue Heimat gefunden. Mit einem kenntnisreichen Führer können Touristen durch die riesigen Freigehege gehen.

Neun Kilometer weiter (25 km von Plett entfernt) dann von der N 2 nach rechts abfahren, auf die R 102. Die Strecke über **Nature's Valley und den Bloukrans Pass ist ein echter Traum!** Kurvenreich schlängelt sich die – man braucht es eigentlich nicht mehr zu erwähnen – von Thomas Bains erbaute Straße durch den dichten Urwald.

Der Bungee-Jump von der Bloukrans-Brücke ist mit 216 Metern der höchste Gummiseil-Sprung der Welt

Die von unten sichtbare **Bloukrans-Brücke,** auf der die in diesem Abschnitt mautpflichtige N 2 verläuft, ist die höchste im Land. Kein Wunder, dass sich hier die Adrenalin-Fraktion etabliert hat. Der Bloukrans-Bungee-Jump ist mit 216 Meter der höchste kommerzielle Gummiseil-Sprung der Welt!

Information

Tourism Centre, Victoria Cottage, Kloof Street, Tel. 044-5334065, Fax 5334066, www.plettenbergbay.co.za; Infos zu Schiffstouren, Unterkünften und Restaurants.

Restaurants

Rafikis (R-RR), Kettle Beach, Keurboomstrand, Tel. 044-5359813, rafikis@lantic.net; Frühstück und leichte Gerichte, guter Cappuccino und Bier vom Fass, dazu eine grandiose Aussicht über die Klippen aufs Meer.

Cornutis (RR), 1 Perestrella Street, Tel. 044-5331277; Pierro Carrara serviert leckere Pizzas mit dünnen Böden und innovativen Belägen, wie z.B. Straußenfleisch, dazu leckeres, lokal gebrautes Bier vom Fass. Sieht von außen aus wie ein Fliesen-Großmarkt, ist aber innen cool dekoriert, der absolute „in"-Platz in Plett mit toller Aussicht aufs Meer.

Mermaid's (RRR), Bitou River (nördlich außerhalb), Tel. 044-5330754, tägl. Frühstück, Lunch & Dinner; Besitzer Michael Johnson hat das einst triste Restaurant am Bitou River in Pletts Jet-Set-Ziel verwandelt; man kann sowohl Beluga-Kaviar mit Champagner als auch Fish & Chips in fettresistentem Papier genießen.

Tsala Treetop Lodge (RRRR), zwischen Knysna und Plett (10 km vorher) rechts der N 2, Tel. 044-5327818, tägl. Frühstück, Lunch & Dinner. Kleines Restaurant, das zur gleichnamigen Lodge gehört (s.u.), und sich wie dieses quasi in den Baumwipfeln befindet, wirklich spektakuläre Aussichten, rechtzeitig vorher buchen (wenn die Lodge voll ist, haben deren Gäste Vorrang); der luftige Essensraum hat etwas Asiatisches; ausgezeichnete Gourmetküche.

Unterkunft

Tsala Treetop Lodge (RRRRR), zwischen Knysna und Plett (10 km vorher, rechts der N 2), Tel. 044-5327818, Fax 5327878, www.hunterhotels.com. Einzigartige Lodge, die in die Baumriesen der Garden Route integriert ist; selbst die Pools zu jedem Häuschen liegen in sechs Meter Höhe; hölzerne Stege verbinden die einzelnen Wohneinheiten. Die Lodge aus Naturstein, Holz und Glas ist ein architektonisches Meisterwerk, das kaum in die fragile Natur eingreift.

Buffalo Hills Game Reserve & Lodge (RRRR), Tel. 044-5359739, Fax 5359480, buffalohills@mweb.co.za, www.buffalohills.co.za; von der R 340 die Abfahrt Uniondale/Wittedrift wählen, nach 5 km Wittedrift, dann 1 km links auf der Stofpad Road. Unterkunft in einem afrikanisch-gestylten Farmhaus oder in geräumigen Safarizelten; intensives Erleben von Nashörnern und Büffeln, von denen sich einer sogar beim Frühstück zum Naschen einfindet. Kinder willkommen. Pirschfahrten im offenen Geländewagen. In der farmeigenen Destille wird der berühmte Fruchtlikör *Mampoer* abgefüllt, der natürlich auch probiert werden darf.

Sehenswert

Robberg Nature & Marine Reserve, Tel. 044-5332125, Fax 5330322, www.capenature.co.za; tägl. von Sonnenauf- bis -untergang, Eintritt 15 Rand.

Monkeyland Primate Sanctuary, 16 km östl. von Plett, Tel. 044-5348906, Fax 5348907, monkeys@global.co.za, www.monkeyland.co.za; ein Wald voller „fast" freilebender Affen (14 verschiedene Arten), interessante Führungen mit kenntnisreichem Guide.

Bloukrans Bungee, Face Adrenalin, Tel. 021-4241580, extremes@iafrica.com, www.faceadrenalin.com; der Bungee-Jump von der Bloukrans-Brücke ist mit 216 Metern der höchste der Welt.

Tsitsikamma National Park

Danach mündet die R 102 wieder in die N2. Nach sieben Kilometern nach rechts abbiegen. Nach Zahlung des Eintrittsgeldes geht es steil hinunter zum Meer und zum **Storms River Mouth Restcamp.**

Der 1964 ins Leben gerufene **Tsitsikamma National Park** war der erste Meeres-Naturschutzpark in Afrika. Insgesamt gehören etwa 80 Kilometer zerklüftete Küstenlinie dazu, das Schutzgebiet reicht fünf Kilometer in den Indischen Ozean hinaus. Die beste und berühmteste Art den Park kennenzulernen besteht darin, den fünftägigen **Otter Trail** zu laufen. Der Wanderpfad beginnt an der Mündung des *Storms River,* führt die Küstenklippen hinauf und hinunter, quert mehrere Flüsse und endet nach 42 oft sehr anstrengenden Kilometern westlich im **Nature's Valley.** Weniger anstrengend ist der kürzlich etablierte, 20 Kilometer lange **Dolphin Trail,** während dessen viertägiger Dauer in Luxuslodges übernachtet wird.

Information

Otter Trail, Gebühr 420 Rand, Buchung bis zu 12 Monaten im voraus online bei South African National Parks (www.parks-sa.co.za). **Dolphin Trail,** Geb. 2200 Rand, alles inklusive; Infos bei *Storms River Adventures,* Tel. 042-2811607 o. 2811836; Buchung Tel. 012-4265111.

Die **Paul Sauer Bridge** über den Storms River östlich vom Tsitsikamma National Park markiert das inoffizielle Ende der Garden Route. Bei der Tankstelle/Restaurant links der N 2 gibt es eine Aussichtsplattform mit Blick auf die 1950 eröffnete Bogenbrücke. Weiterfahrt nach Port Elizabeth über die N 2. Von dort Verbindung mit der „Big-Five-Route", s.S. 241.

Fast unberührt: die Natur im Nature Valley

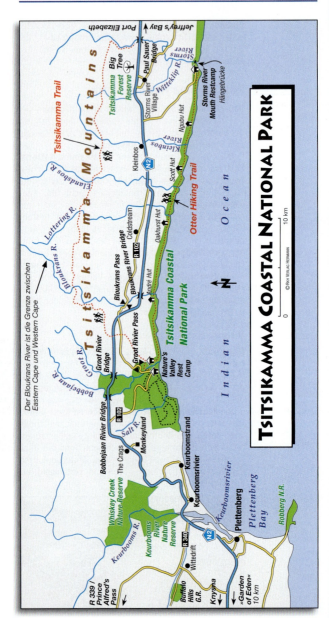

Tal der Affen – Baviaanskloof

Abenteuerliche Garden-Route-Alternative. Wer die Garden Route nicht zweimal fahren möchte, dem bietet sich eine überwiegend nicht asphaltierte Strecke durch eine grandiose und einsame Landschaft als Alternative an. Ein Auto mit ordentlicher Bodenfreiheit, ein Geländewagen oder eine Enduro sind bei einem Trip durch den Baviaanskloof jedoch notwendig.

Route

Von Port Elizabeth auf der N 2 kommend die Abfahrt „Humansdorp" nehmen, dann auf der R 303 nach *Hankey,* weiter auf der R 331 16 km nach *Patensie* (volltanken!). Danach auf der Bergpiste durch den Baviaanskloof, bis die N 9 erreicht ist (von Hankey 194 km). Auf der N 9 südlich bis Uniondale (63 km). Von dort über den Pass *Uniondale Poort* nach Avontuur. Dann auf der nicht asphaltierten R 339 über den *Prince Alfred's Pass* nach Knysna an der N 2.

Baviaan ist das holländische Wort für Pavian. Hier gab es einst so viele, dass die ersten Siedler begannen, ihnen im wahrsten Sinne des Wortes die Haut über den Kopf zu ziehen: Sie knallten die Primaten erbarmungslos ab und verwendeten ihr Leder für Schuhe und Taschen. Die Reste einer Gerberei zeugen davon. Heute sind die Paviane geschützt, sie trauen ihren nahezu unbehaarten Artgenossen allerdings noch immer nicht über den Weg. Die Baviaanskloof-Affen sind nicht so aufdringlich wie ihre Artgenossen am Kap der Guten Hoffnung. Während letztere auf der Suche nach Fressbarem sogar auf die Hauben der vorbeifahrenden Autos springen, um dort ab und zu ein Verdauungsprodukt zu hinterlassen, sind erstere äußerst schüchtern. Sobald sie ein Auto hören, machen sie sich aus dem Staub.

Zwischen Patensie im Osten und Willowmore im Westen finden

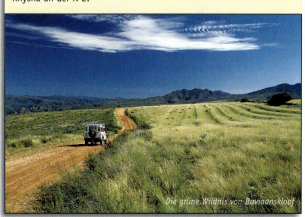

Die grüne Wildnis von Baviaanskloof

Naturfreunde auf 120 Kilometern Länge eine nahezu unberührte Wildnis vor – Afrika pur. Das Gebiet erstreckt sich durch die Täler des Eland River und Grootrivier zwischen parallel verlaufenden Bergketten.

Patensie ist Zentrum des Früchteanbaus in der Region und die letzte Chance, den Tank und die Kühlbox aufzufüllen. Kurz darauf ragt bereits der 1800 Meter hohe Gipfel des *Cockscomb*, des passend getauften Hahnenkamms auf.

Die Straße wurde von niemanden anders als Thomas Bains (siehe Exkurs S. 213) zwischen 1880 und 1890 erbaut. Der erste Teil der Stecke führt direkt durch ein Naturreservat den *Combrink's Pass* hoch. Er ist steil und hat einige verdammt enge Kurven mit atemraubenden Abgründen, die Landschafts-Szenerie ist dramatisch. Bei der Auffahrt sind Wagenlenker froh, dass hier Linksverkehr herrscht. Es ist kein Platz für zwei Autos nebeneinander.

Der Blick von oben ist wirklich fast unglaublich: Im Osten das gerade durchquerte Tal, im Westen Berge und noch mehr Berge. Bevor es wieder runter geht, passiert man das *Bergplaas-Plateau*, eine Hochebene, die mit goldenem Gras bedeckt ist, das sanft im Wind wiegt. Wer Glück hat sieht Bergzebras, Elen-Antilopen, Buschböcke und Kudus. Neben „Zebrastreifen" gibt es noch „Bremsschwellen" in Form von Bergschildkröten. Sie erreichen locker Lkw-Radgröße, und wenn man sich ihnen nähert, ziehen sie sich in ihre Panzer zurück und stoßen empörte Seufzer aus, die auch noch wie ein plattwerdender Reifen klingen ...

Passabwärts sind die Hänge mit Speckbaum, Aloen, Tal-Bushveld und Berg-Fynbos bedeckt, dazwischen blühen einige Proteen, deren bezaubernde Düfte ins Auto dringen – Aromatherapie für die Seele. Man muss einige Furten durchqueren, die meisten von ihnen wurden allerdings mittlerweile betoniert. Normalerweise gibt es also keine Probleme. Nur nach heftigen Regenfällen werden manchmal größere Teile der Strecke weggespült. Dann kommt meist nur ein Allrad durch.

Die erste Campingmöglichkeit im Tal ist **Doodsklip**, direkt am Fluss. Der Name kommt angeblich von mysteriösen Todesfällen, die sich hier vor langer Zeit zugetragen haben sollen. Vielleicht ein paar rachsüchtige Paviane ...? Gegen Abend rascheln einige von ihnen im dichten Gebüsch. Gelbe Augen schimmern aus dem Halbdunkel – kein gemütlicher Platz.

Nur 5 km weiter sieht es deutlich freundlicher aus. Ein anderer Campingplatz, direkt dort, wo der Kruisrivier einen natürlichen Pool mit einem kleinen weißen Sandstrand geschaffen hat – ein Bilderbuch-Platz. Reinspringen, Staub abwaschen und die Seele baumeln lassen ... Hoch oben zieht ein Schreisee-Adler seine Kreise, während die untergehende Sonne die steilen Felswände in ein warmes, rotes Licht taucht.

Früh am nächsten Morgen, nur kurz nach Sonnenaufgang, ertönt ein markerschütternder Schrei: Das Alpha-Männchen des Pavian-Klans begrüßt offensichtlich den neuen Tag. Und alle anderen scheinen ihm zu antworten.

Sandvlakte Farm ist wieder einer dieser Plätze, wo die Farmer erkannt haben, dass Naturschutz mehr bringt als Agrarprodukte anzubauen. Geschütztes Land, in den Urzustand zurückversetzt und mit frei umherstreifenden Tieren lockt Touristen an. Andere Farmer der Gegend ziehen mit, und mittelfristiges Ziel ist ein gigantischer Nationalpark, der sich über das gesamte Baviaanskloof-Gebiet erstreckt, ohne Zäune, wo die kürzlich ausgesetzten Büffel und die demnächst folgenden Nashörner wieder umherziehen können wie vor hunderten von Jahren.

Kurz bevor die Piste den **Grassneck Pass** hochklettert, besteht noch einmal die Möglichkeit, einen erfrischenden Sprung in den Fluss zu wagen. Von der Passhöhe aus hat man wieder endlose Karooblicke. Dann ist die Piste so übersichtlich und gut ausgebaut, dass man es so richtig „stauben" lassen kann ... Kurz bevor die Asphaltstraße erreicht wird, gilt es noch einen kleinen, aber trotzdem spektakulären Canyon mit massiven, gefalteten Gesteinsschichten zu durchqueren. In **Willowmore** endet das Baviaanskloof-Abenteuer.

Doch auf der Weiterfahrt nach Knysna ist wiederum Staubschlucken angesagt. Auf einer Piste geht es durch endlose Wälder, in denen noch wilde Elefanten leben, über den **Prince Alfred's Pass,** der natürlich auch von Thomas Bain gebaut worden ist.

Informationen

In Baviaanskloof gibt es einige B&Bs und Gästefarmen, fast alle von ihnen aufgelistet in der übersichtlich gestalteten Website www.baviaans.co.za. Das sehr hilfreiche Personal des **Tolbos Country Tea Garden and Restaurants** (Tel. 042-2830437) in Patensie bucht auf Wunsch gerne Unterkünfte in Baviaanskloof. Der Laden fungiert auch als inoffizielle Tourist Information für die Gegend.

Unterkunft

Endulini Garden Cottage (R), Patensie, Tel. 042-2830740. Sehr schönes B&B, das gleichfalls für Selbstversorger gebucht werden kann; reichhaltiges Frühstück in einem Haus, das man eher in einem Kapstädter Nobelvorort vermutet.

Zandvlakte Guest Farm (R), etwa auf halbem Weg durch Baviaanskloof, Tel./Fax 049-8391002, sandvlak@global.co.za, http://home.global.co.za/~sandvlak/. Der ehemalige Farmer hat die Zeichen der Zeit erkannt und beginnt, seine Farm in ein Naturreservat zurückzuversetzen; einfache Unterkünfte für Selbstversorger in ehemaligen Farmhäusern.

Willowmore Guest House (RR), Tel. 044-9231574, thewillow@telkomsa.net. Das historische, viktorianische Gästehaus ist im ehemaligen Pfarrhaus der Holländisch-Reformierten Kirche untergebracht; eine stilvolle Übernachtung am Ende des Baviaanskloof-Abenteuers.

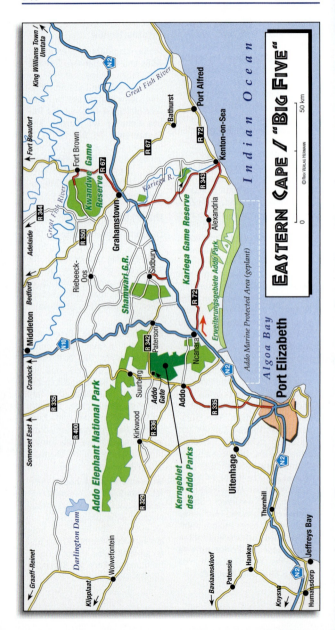

6. Die „Big Five" – malariafrei

Auf Safari in der malariafreien Eastern Cape Province – zwischen Port Elizabeth und Grahamstown.

Route

Die privaten und staatlichen Wildnisreservate in der Eastern Cape Province.
Port Elizabeth – N 2 – R 72 Alexandria – Kenton-on-Sea – R 343 Kariega Game Reserve – N 2 Grahamstown – R 67 Kwandwe Private Game Reserve –– Shamwari Private Game Reserve – Addo – Addo Elephant National Park

Südafrikas Eastern Cape Province hat sich in den letzten Jahren gewaltig verändert. Farmer brachen und brechen mit uralten Viehhaltungstraditionen. Schafe gehören plötzlich zu einer aussterbenden Art. Zäune zwischen benachbarten Farmen werden eingerissen, Kleinlaster gegen offene Landrover getauscht und Schafe durch Gnus, Giraffen und Zebras ersetzt. Ein privates Wildnisreservat entsteht neben dem anderen. Zur gleichen Zeit expandiert das berühmte nationale **Addo-Elephant**-Schutzgebiet bis zum Indischen Ozean zu einem Mega-Park. Die einstige Woll-Provinz hat sich so dramatisch und schnell verändert, dass ihre Wildschutzgebiete zusammengenommen mittlerweile eine größere Fläche einnehmen als der Krüger National Park – und die „grüne Revolution" lohnt sich! Bei Touristen werden die „Big-Five"-Safaris im Eastern Cape immer beliebter, zumal dort keine Malaria-Gefahr besteht. In Kürze wird es im Addo-Park Löwen geben, was durch die neugeschaffene Verbindung zum Meer eine „Big-Seven"-Erfahrung möglich machen wird. nämlich neben den klassischen Fünf – Löwe, Leopard, Elefant, Nashorn und Büffel – noch Weiße Haie und Wale. Noch vor dem Ende dieses Jahrzehnts werden über 200 Elefanten an den Stränden der Algoa Bay umherziehen ...

Von der Garden Route her kommend ist **Port Elizabeth** sozusagen das Eingangsportal zu den Wildnisgebieten der Eastern Cape Province. In der letzten Zeit versucht „P.E." sein schmuddeliges Industriestadt-Image abzulegen. Was nur bedingt gelingt. Mehr als ein Tag oder eine Übernachtung empfiehlt sich nicht. Genügend Zeit, um den alten schönen Stadtkern mit diversen historischen Häusern zu besichtigen und einen Rundgang durch den neuen Boardwalk-Komplex zu machen.

Xhosa in Ritualbemalung

Port Elizabeth

Information

Tourism Port Elizabeth, Tel. 041-5858884, Fax 585 2564, information@tourismpe.co.za, www.ibhayi.com; Tipps zu Übernachtungen, Restaurants und Touren zur See und auf dem Land. Einen P.E. Internet-Entertainment-Guide gibt es unter www.leg.co.za.

Unterkunft

Hacklewood Hill Country House (RRRRR), 152 Prospect Rd, Walmer, Tel. 041-5811300, Fax 5814155, hacklewood@pehotels.co.za, www.pehotels.co.za. Die 1898 erbaute, elegante Residenz hat acht Gästezimmer und liegt im ruhigen Stadtteil Walmer, eingerichtet mit Antiquitäten; die großen Bäder haben freistehende, viktorianische Badewannen und Duschen, Swimming-Pool; auf Wunsch Dinner bei Kerzenlicht, die Gäste können ihren Wein im Keller selbst aussuchen.

The Beach Hotel (RRRR-RRRRR), Marine Drive, Summerstrand, Tel. 041-5832161, Fax 5836220, reservations@pehotels.co.za, ww.pehotels.co.za/beach.htm. Renoviertes, historisches Haus am Strand, direkt neben dem Boardwalk Casino & Entertainment World Complex, 58 geräumige und freundlich eingerichtete Zimmer.

Edward Hotel (RRR), Belmont Terrace, Tel. 041-5862056, Fax 5864925, reservations@pehotels.co.za, www.pehotels.co.za. Das historische Hotel, ein Wahrzeichen von P.E. mitten in der Stadt, gehört zur südafrikanischen Hotelkette Protea; gutes Preis-/Leistungsverhältnis, 110 Zimmer im typischen Hotelketten-Stil.

Sunset in Port Elizabeth

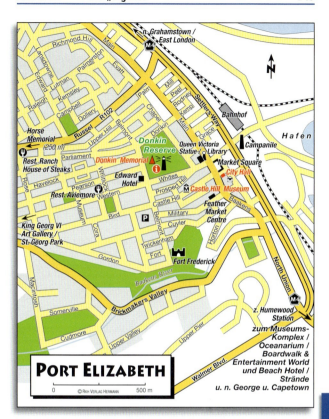

Restaurants

Aviemore Restaurant (RRR), 12 Whitlock St, Tel. 041-5851125, Lunch nach Vereinbarung, Dinner Mo–Sa. Ausgezeichnete und kreative Küche, sehr persönlicher Service; da nur Platz für 36 Gäste ist, unbedingt vorher reservieren; selbst gute Weine werden auch im Glas verkauft.

Ranch House of Steaks (RRR), Ecke Russell- u. Rose Street, Tel. 041-5859684, Lunch So–Fr, tägl. Dinner. Seit über 30 Jahren im Familienbesitz, das Essen ist von konstant guter Qualität, der Service exzellent, viele Geschäftsleute und prominente Einwohner P.E.s kommen hierher, hervorragende Steaks (gewinnt praktisch jedes Jahr den Titel „Steakhouse of the Year im Eastern Cape") und Seafood.

Wo P.E. auf die Pauke haut: Vergnügungsmeile Boardwalk-Komplex

Old Austria Restaurant (RR–RRR), 24 Westbourne Rd, Tel. 041-3730299, Mo–Fr Lunch, Mo–Sa Dinner. Eine lokale Institution, sehr gutes Essen bei günstigen Preisen. **Tipp:** die gegrillten Calamari, oder die Klassiker Wiener Schnitzel und Cordon Bleu vom Kalb, oder *Liver Wiblin,* Kalbsleber gedünstet mit Zwiebeln, Sherry und Knoblauch, serviert mit Rösti. Nachtisch für Kalorienunbewusste: die dunkle, französische Schokoladentorte.

Natti's Thai Kitchen (RR), 21 Clyde St, Tel. 041-585-4301, Mo–Sa Dinner ab 18.30 Uhr. Einziges authentisches Thai-Restaurant im Eastern Cape, winzig, längere Zubereitungszeiten, dafür Super-Ergebnis. **Tipp:** Der erfrischende Lemongrass-Tea.

Ristorante di Mauro (RR), 38 Newton St, Newton Park, Tel. 041-3651747, Mo–Fr Lunch, Mo–Sa Dinner. Mauro überrascht seine Gäste immer wieder mit seinen kulinarischen Kreationen, wie *Baby Beef,* gefüllt mit Pilzen, Karotten und Hühnerlebern, geschmort in Marsala, Wein und Tomaten; das Eis ist ebenso super wie der in der Cocktail Lounge offerierte Espresso.

The Royal Delhi (RR), 10 Burgess St, Tel. 041-373 8216, Mo–Fr Lunch & Dinner. Hier gibt es die besten Curries der Stadt, **Tipp:** Wenn erhältlich, Krabben-Curry, sehr gut, aber eine Riesen-„Sauerei", da die Krabben mit den Fingern aus der Soße geholt und gegessen werden müssen.

34° South (RR), Boardwalk Casino & Entertainment Complex, tägl. Frühstück, Lunch & Dinner ab 10 Uhr, Tel. 041-5831085. Wie sein großer Bruder in Knysna ein echter Seafood-Tempel; die Kombination aus Delikatessenladen und Restaurant mit tollem Dekor ist ein echtes Erfolgsrezept. Blick auf den künstlichen See.

Sehenswert

Boardwalk Casino & Entertainment World Complex, Marine Drive, Summerstrand, Tel. 041-5077777, Fax 5077778, sveck@sunint.co.za. Geschmackvoll gestyltes Unterhaltungszentrum rund um einen künstlichen See; Kernpunkt ist ein Casino, das aber nicht unbedingt besucht werden muss; der Komplex hat einige gute Restaurants und Geschäfte aufzuweisen; außerdem gibt es Kinos. Am See kommt sogar ein bisschen Waterfront-Feeling auf.

Um die im folgenden genannten Game Reserves in einer **Rundtour Kwandwe – Shamwari – Addo** erfahren zu können, empfiehlt es sich, P.E. zunächst auf der N 2 Richtung Grahamstown zu verlassen, dann auf die R 72 abzubiegen und über Alexandria nach **Kenton-on-Sea** zu fahren. Von dort auf der R 343 wieder nach Norden, wo es 14 km später nach rechts zum **Kariega Game Reserve** abgeht. Ein guter Einstieg, denn Kariega ist vergleichsweise günstig, bietet dafür allerdings nicht alle Big Five. Sehr zu empfehlen ist die romantische Sundowner-Flussfahrt mit der *Kariega Queen*.

Nur wenige Kilometer nördlich an der N 2 liegt **Grahamstown**, ein sehr englisch anmutender Ort, der von den Siedlern, die 1820 von der britischen Insel kamen, gegründet worden ist. Grahamstown ist vor allem für sein jährliches Kunstfestival und seine historischen Gebäude berühmt. Eine Nacht sollte man zwischen den Safaris mindestens dort verbringen.

Angenehme Ruhe: die wunderbare Kwandwe Lodge

Kwandwe, etwa 25 km nördl. von Grahamstown (R 67), ist **das schönste der neuen,** riesigen privaten **Wildschutzgebiete.** Auf dem Gelände von sechs ehemaligen, überweideten Schaf- und Rinderfarmen hat der amerikanische Vitamin-Milliardär Carl de Santis mit einer Investition von zehn Millionen US$ die Zeit erfolgreich zurückgedreht. 7000 Tiere wurden wieder eingeführt, pro Jahr sollen gut 1400 weitere dazukommen. 2000 Kilometer Zäune wurden entfernt. Spurlos verschwunden sind Wassertröge und -leitungen, Wasser-Windräder, alte Pickups und rostige Traktoren, ein Großteil der Farmhäuser samt ihrer Fundamente

Drei Spezies der „Big Five" ... (die anderen sind Leopard und Büffel)

und alle Hinweise auf die frühere alles beherrschende Viehwirtschaft.

Die **Kwandwe-Lodge** mit ihren neuen, reetgedeckten Chalets aus Holz und Glas liegt traumhaft! Direkt oberhalb des geschichtsträchtigen *Great Fish River*, wo im 18. Jahrhundert das erste Mal in der Geschichte Südafrikas Weiße aus der Kapregion und Schwarze aus dem Nordwesten mit ihren Viehherden aufeinandertrafen und wo 1779 der erste von insgesamt neun blutigen Grenzkriegen ausgefochten wurde.

Wer heute mit einem gekühlten Glas Sauvignon Blanc auf der hölzernen Terrasse der Lodge steht und auf das Flusstal und die friedliche Berglandschaft dahinter blickt, kann sich diese gewalttätigen Konfrontationen kaum vorstellen. In Kwandwe ist die lokale Xhosa-Bevölkerung sehr stark miteingebunden. Es gibt Ausbildungsprogramme, fast alle Angestellten kommen aus den umliegenden ehemaligen Agrargebieten. Die meisten hatten vorher keine Ausbildung und keinen Job. Selbst Schulen für die Kinder und Kliniken wurden gebaut.

Ähnliche soziale Programme laufen seit einigen Jahren im weiter westlich gelegenen, 140 km² großen, privaten **Shamwari Game Reserve,** wo ebenfalls nicht mehr gewinnbringende Farmen in ein gigantisches Big-Five-Reservat verwandelt worden sind. Gäste wohnen im Norden des Gebietes in der afrikanisch angehauchten **Lobengula Lodge** oder in einigen stilvoll renovierten Farmhäusern, die englische Siedler, die 1820 zu Tausenden in Algoa Bay, dem heutigen Port Elizabeth landeten, gebaut haben. Kundige Ranger kutschieren ihre Gäste in offenen Landrovern durch die Botanik, die, wenn sie Pech haben (oder je nach individueller Abenteuerlust Glück) auf „Wagenheber" stoßen, auf ein Nashorn, das für seine meist schlechte Laune und Auto-Aversion berüchtigt ist.

Auch von staatlicher Seite tut sich einiges im Eastern Cape. Der **Addo Elephant National Park** erfuhr durch den Kauf von privatem Land eine gewaltige Erweiterung. Dank der Weitsicht des südafrikanischen Umwelt- und Tourismusministers Valli Moosa entsteht so gerade das landschaftlich abwechslungsreichste Naturschutzgebiet des Landes. Neben Elefanten können bald, dank zukünftigem Meeresanschluss, auch noch größere Säuger beobachtet werden, Wale und Weiße Haie, was wie erwähnt den Addo zum ersten „Big-Seven"-Reservat Südafrikas machen wird.

Im Gegensatz zu den privaten Parks dürfen Besucher des Addo-Parks im eigenen Wagen auf die Pirsch gehen. Was, wenn das Fahrzeug mitten in einer Herde trompetender Dickhäuter zum Stehen kommt schnell zur Adrenalin-Sportart mutieren kann. Wichtig: ruhig bleiben, nicht aussteigen und natürlich Fotos machen, sonst glaubt einem das zu Hause sowieso wieder keiner.

Wem die Übernachtungsmöglichkeiten und das Restaurant im Park zu „primitiv" sind, der kann auf einige äußerst stilvolle Plätze wie das **Elephant House** oder die **River Bend Lodge** ausweichen, die in der letzten Zeit an der Peripherie des Parks aufgemacht haben. Mr. Moosas Initiative, in den Nationalparks private Konzessionen zuzulassen, feierte hier ebenfalls Premiere. Mitten im staatlichen Schutzgebiet entstand das **Gorah Elephant Camp** mit seinen komfortablen Luxuszelt-Unterkünften.

Grahamstown

Information

Tourism Grahamstown, 63 High Street, Tel. 046-6223241, Fax 6223266, www.grahamstown.co.za. Wer möchte, kann sich hier seinen eigenen Stadtführer buchen; auf eigene Faust geht das prima mit der Broschüre „Walking Tours of Graham's Town", die es für ein paar Rand zu kaufen gibt; Buchung von Unterkünften in der Stadt und Umgebung.

Restaurants

Cock House (RR), 10 Market Street, tägl. Lunch, Mo–Sa Dinner, Tel. 046-6361287. Eines der beliebtesten Restaurants der Stadt, speziell während des National Arts Festivals im Juli; Peter und Belinda Tudge beschreiben das Essen in ihrem historischen Haus als „gute Hausmannskost", was etwas untertrieben ist; selbst Gourmets werden hier nicht enttäuscht; gute Weinliste. **Tipp:** Belindas Schokoladen-Trüffel.

La Galleria (RR), 13 New Street, Mo–Sa Dinner, Tel. 046-6222345; ein typischer Italiener mit viel Pasta und etwas Fleisch und Fisch auf der Karte; die üppig bestückten Vor- und Nachspeisen-Wägen sind verführerisch.

Unterkunft

Cock House (RR), 10 Market Street, Tel./Fax 046-636-287 o. 6361295, cockhouse@imaginet.co.za, www.cockhouse.co.za. Schöne, stilvolle Unterkunft in einem englischen Siedlerhaus von 1826, sieben Zimmer, eine Wohnung mit zwei Schlafzimmern für Selbstversorger; Ex-Präsident Nelson Mandela hat dreimal hier übernachtet.

Die „Big Five"

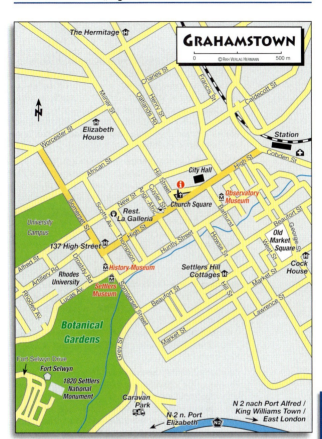

Settlers Hill Cottages (RR), 71 Hill Street, Tel./Fax 046-6 22-97 20, hadeda@imaginet.co.za. Die drei kleinen Häuschen der 1820er Siedler stehen alle unter Denkmalschutz. *Sheblon Cottage* hat ein Strohdach, Gelbholzböden und einen hübschen Garten; das gemütliche *Custard Apple Cottage* ist nach dem Apfelbaum in seinem kleinen Innenhof benannt; das *Coach House* hat Terrakotta-Böden und hohe Decken.

137 High Street (RR), 137 High Street, Tel. 046-6223242, Fax 6222896, 137highstr@xsinet.co.za: Das Haus wurde 1843 im Stadtzentrum erbaut; sieben Zimmer, Restaurant, das einen guten Cappuccino zum Frühstück serviert.

Safaris

Unterkunft

Gorah Elephant Camp (RRRRR), Addo Elephant National Park, Tel. 044-5327818, Fax 5327878, res@hunterhotels.com, www.gorah.com. Erste private Lodge-Lizenz in einem südafrikanischen Nationalpark, wunderbar ruhig gelegenes, kleines Luxus-Zelt-Camp (max. 20 Gäste), neben einem stilvoll renovierten Farmhaus, wo abends Kerzenlicht-Dinner serviert werden; Pirschfahrten im offenen Landrover.

Riverbend Country Lodge (RRRR-RRRRR), Addo, Tel. 042-2330161, Fax 2330162, riverbend@icon.co.za, www.riverbend.za.com. Überraschung in der „Wildnis", eine Lodge mit nur acht Zimmern im englischen Landhaus-Stil, geschmackvoll eingerichtet; gute Küche, kinderfreundlich, Babysitter und Spielräume für Kinder, ruhige Lage; im September 2002 sind die Zäune zum benachbarten Addo Elephant Nationalpark entfernt worden, was manchmal Elefanten zum Frühstück beschert ...

Elephant House (RRRR-RRRRR), Addo-Park, Tel. 042-2332462, Fax 2330393, elephanthouse@intekom.co.za, www.elephanthouse.co.za. Die „afrikanisch-ethnische" Alternative zu Riverbend, Lodge-Feeling in liebevoll dekorierten Zimmern, sehr nette Besitzer, nur einen Leoparden-Sprung vom Addo Elephant National Park entfernt.

Zuurberg Country House (RR), Addo-Park, Tel. 042-2330583, Fax 2330070, zuurberg@addo.co.za. Uriges Übernachten in einer ehemaligen Kutschenstation, die 1861 erbaut worden ist, wunderbare Lage an einem Bergpass, dank Erweiterung des Addo Elephant Nationalparks nun direkt an dessen Grenze gelegen, die alte Einrichtung vermittelt ein gewisses Sperrmüll-Ambiente, die neueren, gerade renovierten Rundhütten sind die beste ÜN-Option.

Private Game Reserves

Die Übernachtungspreise in den Private Game Reserves beinhalten Frühstück, Lunch, Fünf-Uhr-Tee und Dinner sowie zwei Pirschfahrten mit Ranger im offenen Geländewagen pro Tag.

Kariega Game Reserve (RRRR), Tel. 046-6367904, Fax 6362288, kariega@imaginet.co.za o. e-res@kariega.co.za, www.kariega.co.za. Kariega bietet keine Big-Five-Erlebnisse, dafür sind die Übernachtungen deutlich günstiger und bei den Pirschfahrten gibt es immerhin viele Antilopen, Zebras und Giraffen zu sehen. **Tipp:** die abendliche Flussfahrt auf der hölzernen *Kariega-Queen* mit guten Vogelbeobachtungsmöglichkeiten, u.a. Ibisse und Schreisee-Adler.

Kwandwe Private Game Reserve (RRRRR), auf der R 67 von Grahamstown 22 km Richtung Fort Beaufort, am Kwandwe/Kransdrift-Wegweiser links abbiegen, 11 km Piste bis zur Rezeption bei Heatherton Towers. Reservierung und Infos in D: CCAfrica, Tel. 011-8094300, Fax 8094400, information@ccafrica.com oder booking@ ccafrica.com, www.ccafrica.com o. www.kwandwe.com. Privates Big-Five-Wildnisreservat, 160 km² groß, wie in allen CCA-Lodges sind Kinder willkommen, Übernachtung in neun luxuriösen Chalets mit afrikanischem Dekor, Blick auf den Great Fish River und eigenem Pool.

Shamwari Private Game Reserve (RRRRR), Reservierung in D: Tel. 0208-4445424, Fax 4445407, gemany@ mantiscollection.com, www.shamwari.com. Eines der ersten privaten Wildnisreservate im Eastern Cape, entstanden aus mehreren aufgelassenen Farmen, ehemalige Farmgebäude und englische Herrenhäuser dienen heute als edle Übernachtungsstätten. Im *Long Lee Manor* mit seinen 20 Zimmern ist es abends recht laut, **Tipp:** die *Riverdene Lodge* im edel-ethnischen Stil oder die im Norden des Reservats liegende und aufwendig renovierte, afrikanische *Lobengula Lodge* mit nur sechs Zimmern. Im Süden des Reservats besteht außerdem die Möglichkeit in der *Bayethe Lodge* zu nächtigen, einem luxuriösen Zeltcamp mit sechs Leinwandbehausungen für etwas direkteren Fauna-Kontakt.

Zebrastreifen im Busch: Kreuzung im Kwandwe Game Reserve

7. Westküste und Cederberge
Fische und Felsen

Südafrikas **West Coast** ist berühmt für ihr Seafood, das oft in Open-air-Restaurants gegrillt serviert wird. Der **Westcoast National Park** gehört zu den wichtigsten Feuchtbiotopen des südlichen Afrika. Die Weine aus den **Swartland-Bergen** werden in letzter Zeit immer besser – und beliebter. Und in den zerklüfteten, wild verwitterten **Cederbergen** wächst Südafrikas berühmtes Gesundheitsgetränk, der *Rooibos-Tee*. Wie in vielen Teilen Südafrikas wird auch dort ehemaliges Farmland in seinen ursprünglichen Zustand zurückversetzt.

Route

Kapstadt – Bloubergstrand – R 307 Mamre – Darling – Yzerfontein – West Coast National Park – Langebaan – Paternoster – Velddrif – Lambert's Bay – R 364 Clanwilliam – Cederberge – Wuppertal – Ceres

Auf der N 1 geht es von der City Richtung Paarl und kurz darauf nach links auf die R 27, die bis **Bloubergstrand** führt. Hier entstehen die berühmten Tafelbergfotos im letzten Nachmittagslicht mit dem Meer und den Felsen im Vordergrund und dem Lichtersaum der Stadt dahinter.

Bloubergstrand
Restaurant

Café Blouberg (RR), 20 Stadler Rd, Tel. 021-5544462, Mo–So Lunch & Dinner; hierher kommt man aufgrund der fantastischen Tafelberg- und Kapstadtansicht, vor allem bei schönem Wetter, wenn man draußen sitzen kann; das Essen ist o.k., von Fisch bis Fleisch ist alles auf der Karte.

Information

The West Coast Tourism Office, Tel. 022-4332380, Fax 4332172, tourism@capewestcoast.org, www.capewestcoast.org; Infos zu Sehenswertem und Unterkünften zwischen Yzerfontein und Lambert's Bay.

Foto: *Die unverwechselbare Silhouette des Tafelbergs vom Bloubergstrand* ▶

Über **Melkbosstrand** gelangen wir zurück auf die R 27. An der T-Junction mit der R 307 verlassen wir die Küstenstraße und halten uns nordwärts. Sofort wird die Landschaft deutlich trockener, Brauntöne lösen das Grün ab. Die kurvige Straße gleitet über sanfte Hügel.

Karte S. 253 **Westküste und Cederberge** 253

Typisch: buntes Fischerboot in Jacobsbaai an der West Coast

Der Missionsort **Mamre** wurde 1808 von Deutschen gegründet. Die kleine Kirche und die weißverputzten, strohgedeckten Häuschen sehen aus wie die Filmkulissen zu einem Heilewelt-Heimatfilm. Bevor die Missionare kamen, war die Situation desolat. Die lokale Khoi-Gemeinde war völlig verarmt. Die Deutschen lehrten ihnen verschiedene Handwerke, wie Strohdachdecken, Mauern, Tischlern, Gerben und Schmieden. Was nicht nur dazu führte, dass sie Geld verdienen konnten, sondern auch ihr verlorenes Selbstbewusstsein zurückbekamen.

Unter mangelndem Selbstbewusstsein hat die im folgenden beschriebene „Dame" nie gelitten: Das kleine Örtchen **Darling** ist durch Südafrikas berühmteste weiße Südafrikanerin, die ein Mann ist, auf die touristische Landkarte gelangt. Der Kabarettist **Pieter Dirk Uys,** der heute so über den ANC *(„You ANC nothing yet")* herzieht wie zu Zeiten der Apartheid über die National Party, hat sich hier niedergelassen. Sowohl privat als auch „geschäftlich". In der kleinen ehemaligen Bahnstation „Evita se Perron" hat er sein eigenes Theater mit Restaurant. Im Garten, *Boerassic Park* genannt, finden sich satirische Apartheid-Interpretationen. Pieter-Dirk, Sohn eines Afrikaner-Vaters und einer deutsch-jüdischen Mutter, konnte sich nur deshalb ungestraft freizügig über die einstige konservative Buren-Regierung äußern, weil er sich auf der Bühne in eine Frau verwandelte – und es bis heute tut. Die elegante „Dame" heißt *Evita Bezuidenhout* und sollte von Darling-Besuchern unbedingt einmal live erlebt werden. Sobald Evita bzw. Pieter merkt, dass Deutsche im Publikum sitzen, baut er ein paar passende deutsche Sprachbrocken mit ein ...

Neben der Hauptattraktion Evita ist Darling vor allem für seine im Frühling (September/Oktober) herrlich blühenden Wildblumen bekannt.

Evita Bezuidenhout über die Wildblumen in Darling: „Some of the flowers are unique, such as the ones from Taiwan in my garden. They're open 24 hours a day and never need water. Just dust them once a week."

Darling

Info

Tourist-Info, Museum, Tel. 022-4923361; Tipps zum Übernachten in und um Darling.

Weingüter

Swartland Wine Route, Tel. 022-4871133, Fax 487 2063, swartlandinfo@westc.co.za; Infos zu den zehn produzierenden Weingütern der Swartland-Region.

Nicht verpassen sollte man folgende Westküsten-Weingüter (drei andere Swartland Estates sind bereits beim Weinlandkapitel erwähnt):

Darling Cellars, Tel. 022-4922276, Fax 4922647, info@darlingcellars.co.za. Weinproben und -verkauf So–Do 8–17, Sa 8–12 Uhr, 5 Rand p.P., Kellertouren nach Vereinbarung, Picknickmöglichkeiten, Wildblumen in der Saison. Probieren: Onyx Range: *Kroon,* ein Pinotage/Shiraz-Verschnitt; Groenekloof Range: *Shiraz*; DC Range: *Shiraz*.

Groene Cloof, Tel. 022-4922839, Fax 4923261, cloofwines@intekom.co.za. Weinproben und -verkauf Mo–Do 10–16, Fr 10–13, Sa 10–13 Uhr, Kellertouren nach Vereinbarung; schöne Aussichten, grenzt an ein Naturschutzgebiet. Probieren: *Cabernet Sauvignon*.

Groote Post Vineyards, Tel. 021-5570606 o. 022-4922825, Fax 022-4922693, gpwines@iafrica.com. Weinproben und -verkauf Mo–Fr 8–12 u. 14–17 Uhr, Sa 8–12 Uhr. Probieren: *Sauvignon Blanc*.

Restaurant

Die Melkbosskerm (RR), 32 Visvanger Rd, Tel. 021-5532583, tägl. Lunch & Dinner. Typisches Westküsten-Fischgelage zum Festpreis, diesmal nicht direkt am Strand, sondern in einer Mischung aus Bierzelt und Lagerhalle; oft treten südafrikanische Musiker hier auf.

Evita se Kombuis (RR), Evita se Perron, Bahnstation, Tel. 022-4922831, Fax 4922851, evita@iafrica.com, www.evita.co.za. Der berühmte Satiriker *Pieter-Dirk Uys* hat in der kleinen Bahnstation des Winz-Kaffs Darling ein einzigartiges Kabarett-Café ins Leben gerufen. Neben seinen regelmäßigen Auftritten wird typische Burenkost serviert: *Bobotie, Bredie, Curry, Koeksisters* und *Melktart*. In **Bambis Berlin Bar** gibt es Wein, Bier und Hochprozentiges. Restaurant-Reservierung unbedingt erforderlich.

Unterkunft

Waylands Guest Farm (R), Tel. 022-4922873, jduckitt @mweb.co.za. Das schöne alte Farmhaus ist seit 1865 im Besitz der Duckitt-Familie, schöner Garten mit Pool, der einen Damm überblickt, wo u.a. Webervögel nisten; es wird nach wie vor gefarmt: Wein, Weizen, Schafe und eine Herde Friesland-Milchkühe. Das *Waylands Wild Flower Reserve* auf der Farm steht im Frühling der Öffentlichkeit offen.

Weiterfahrt

Über die R 315 geht es Richtung Küste auf die R 27. In **Yzerfontein** ist vor allem während der Snoek-Fangsaison viel los. Restaurant- und Fischladenbesitzer aus Kapstadt warten dann bereits mit ihren Pickups. Die Fische fliegen vom Schiff direkt auf die Ladeflächen.

Yzerfontein

Restaurants

Kaijaiki Restaurant (RR), 39 Park Rd, Tel. 022-4512858, Lunch & Dinner Fr–Mi. Im Winter brennt ein Gemütlichkeit ausstrahlendes Feuer im offenen Kamin, Petroleumlampen stehen auf den Tischen, manchmal liest jemand Gedichte; es gibt leichte Lunches und Kaffee tagsüber, abends wird dann „zugeschlagen", mit Muschelsuppe, gebackenem Linefish, Kalamari, Felslangusten und diversen anderen Pfannengerichten. Westküsten-Weine auf der Karte.

Strandkombuis (RR-RRR), Sixteen Mile Beach, tägl. Lunch & Dinner, wetter- und reservierungsabhängig, im Juni u. Juli geschlossen, Tel. 082-5759683. Beliebtes Open-air-Fisch„restaurant" am Strand, unbedingt vorher reservieren, da nur ab zehn Buchungen geöffnet wird; gigantisches Seafood-Buffet: Felslangusten-Suppe und Austern, Seafood Potjie, Muscheln, geräucherter Snoek, Linefish vom Grill u.a. Dazu frisches Farmbrot.

Die Lagune von **Langebaan** ist Teil des **Westcoast National Park** und eines der wichtigsten Feuchtbiotope in Südafrika. Tausende von Vögeln leben an dem nährstoffreichen Wasser. Mehr als 250 verschiedene Arten wurden hier bislang registriert – sogar Flamingos aus der namibischen Etosha-Pfanne. Pro Saison landen hier etwa 70.000 Zugvögel.

Langebaan

Information

Langebaan Tourism Bureau, Ecke Oostewal- u. Bree St, Tel. 022-7721515, Fax 7721531, www.langebaan info.com; Infos zu Übernachtungen, Restaurants, Surfspots und zur Blütezeit der Wildblumen.

Restaurants

Strandloper (RRR), am Strand von Langebaan, Tel. 022-7722490 o. 083-2277195, Lunch & Dinner tägl. in der Saison, außerhalb der Saison nur Lunch. Kerniges Open-air-Seafood Restaurant am Strand im Robinson-Ambiente, stundenlang Fisch genießen, barfuß im Sand, dazu mitgebrachten Wein trinken und zum Abkühlen zwischendurch ins Meer springen ...

The Farmhouse (RRR), 5 Egret St, Tel. 022-7722062, farmhous@mweb.co.za, www.thefarmhouselangebaan.co.za. Klassische, mediterrane Küche, französischer Chefkoch, untergebracht in einem kapholländischen Haus aus dem Jahre 1860; sowohl Fisch- als auch Fleischspezialitäten; sehr große Weinauswahl, sowie ein kleines, kostenloses Büchlein, in dem steht, welcher Wein zu welchem Essen getrunken werden soll.

Boesmanland Plaaskombuis (RR-RRR), Club Mykonos, Tel. 082-7730646 o. 082-5605934, tägl. geöffnet. Open-air-Restaurant hoch oben auf den Felsen mit Blick aufs Meer; Spezialität: Burenkost und Afrikanisches; berühmt für das leckere, im Holzofen gebackene Brot, die Knoblauch-Muscheln, das auf offenen Feuern gegrillte Lamm-, Rind- und Hühnerfleisch ...

Langusten satt im Strandloper Restaurant

La Taverna (RR), Ecke Bree- u. Oosterwal Street, tägl. Frühstück, Lunch & Dinner, Tel. 022-7722870; sehr gute Fisch- und Fleischgerichte mit österreichischem Touch, leckere hausgemachte Kuchen; nettes, kleines Restaurant.

Pearlys on the Beach (RR), am Strand, Tel. 022-7722734; wie der Name bereits andeutet, isst man hier auf einer Holzterrasse direkt am Strand; gute Fleisch- und Fischgerichte; legere Surfer-Atmosphäre.

Sehenswert

Westcoast National Park, Tel. 022-7722144, Eintritt 18/9 Rand Erw./Kinder, tägl. 7–19 Uhr. Ein 180 km² großes Schutzgebiet, das sich zwischen Yzerfontein bis Langebaan erstreckt; die Parkstraßen sind nicht asphaltiert; besonders zur Wildblumen-Saison wunderschön!

Über Vredenburg auf der R 399 nach Paternoster fahren. Landkarten von 1693 verzeichnen den verschlafenen, kleinen Westküstenort noch als *St. Martins Bay*. Später wurde *St. Martins Paternoster* daraus, schließlich blieb einfach **Paternoster** übrig. Wörtlich übersetzt bedeutet dies bekanntlich „Vater unser", was viele darauf zurückführen, dass es sich dabei um die letzten Worte der häufig vor der Küste havarierten Seeleute gehandelt haben muss ... (aber Paternoster existiert auch als Nachname, ist ein Ort in Chile und in Belgien und die Bezeichnung für eine schottische Fischerboot-Takelage).

Bunte Farbtupfer in spröder Landschaft

Wo der Name tatsächlich herkommt, interessiert die Bewohner nicht. Sie sind froh, da zu leben, wo es breite Sandstrände gibt, üppige Fischgründe, mehr als genug Felslangusten und viele skurrile Typen. Mehr und mehr Kapstädter legen sich hier friedsam-beschauliche Wochenend-Domizile zu.

1793 schrieb der holländische Forscher Peter van Meerhof in sein Tagebuch, dass er in St. Martins Bay einen Leoparden und ein Flusspferd geschossen habe. Diese Zeiten sind längst vorbei. Aber die Sümpfe im Osten des Orts sehen noch heute sehr nach Hippo aus ... Auch Pinguine gibt es keine mehr, was an der unangenehmen Angewohnheit lag, diese im vor-

Westküste und Cederberge

Friedliche Idylle: Paternoster ist einer der schönsten Orte der Westküste

letzten Jahrhundert als Felslangusten-Köder zu benutzen und ihre Eier als Frühstücks-Snacks zu vertilgen. Was sich glücklicherweise bis heute erhalten hat, sind die erwähnten Felslangusten *(greyfish* oder *rock lobster)*, die zwischen November und Juli gefangen werden, die strömungs- und brandungssicheren Strände, die wunderschönen Wildblumen im Frühling und die Wale im Meer.

Die teilweise eingefallenen, historischen Fischerhäuser werden renoviert – meist von ruhesuchenden Kapstädtern. Den besten Fisch im Ort gibt es im **Voorstrandt Restaurant.** Das urige Holzhäuschen steht direkt am Beach, was es zum idealen Sundowner-Platz macht.

Ebenfalls einen Besuch wert ist der alte Gemischtwarenladen **Die Winkel op Paternoster,** der viktorianischen Trödel, alte Schilder, restaurierte Möbel, selbstgemachte Marmeladen und Süßigkeiten verkauft. Wer die skurrilsten Typen des Ortes live erleben möchte, muss in die Bar des **Paternoster Hotels** gehen und dort ein Bier trinken (Warnung: das „Innendekor" der Bar ist ein absoluter Alptraum für Feministinnen ...

Das mit Küsten-Fynbos bewachsene **Cape Columbine Nature Reserve** liegt direkt außerhalb des Ortes. Die Frühlingsblumenblüte „explodiert" hier besonders spektakulär!

Paternoster

Restaurants

Voorstrand Restaurant (RR), am Strand, Tel. 022-7522038, das gemütliche, in einem angewitterten Holzhaus direkt am Strand untergebrachte Restaurant serviert leckere Fischgerichte; die Speisekarte gibt es nur auf Afrikaans, die netten Bedienungen übersetzen allerdings gerne ins Englische; angeboten werden einige Weine aus der Region.

Vissermans Kombuis (RR), St. Augustine Street, tägl. Lunch, Mi, Fr u. Sa Dinner, in der Nebensaison Mo geschlossen, sonntags Specials (2x im Monat), Tel. 022-7522096 o. 083-4638131. Das rustikale Innere des ehemaligen Gemischtwarenladens ist mit Gegenständen, die aus Schiffswracks geborgen wurden, dekoriert. Der Linefish mit Knoblauch- und Zitronenbutter ist ebenso lecker wie die frisch von den Felsen gepflückten Muscheln, die leicht panierten Calamari-Ringe und in der Saison die Felslangusten.

Unterkunft

Blue Dolphin B&B (RR), 12 Warrelklip St, Tel. 022-7522001, bluedolphin@mweb.co.za. Das gemütliche B&B mit vier mit Antiquitäten eingerichteten Zimmern liegt direkt am Meer; für Familien empfiehlt sich das im Nachbarhaus gelegene Appartement mit zwei Schlaf-, einem Wohnzimmer, einer Küche und einem Grill im Freien; preiswerte Übernachtung.

Sehenswert

Cape Columbine Nature Reserve, Tel. 022-7522718, tägl. 9–17 Uhr, Camping am Strand möglich.

Die Winkel op Paternoster, Main St, Tel. 022-7522 632; fotogener Gemischtwarenladen aus alten Zeiten.

Über **Velddrif** geht es nahe am Meer entlang nördlich weiter, und zwar abenteuerlich und staubig, auf einer recht gut unterhaltenen Piste. Der nächste Ort heißt **Dwarskersbos,** von wo bereits Elands Bay ausgeschildert ist. Der Streckenabschnitt erinnert an die einsame Straße entlang Namibias berühmter Skelettküste.

Elands Bay hat wieder eines dieser typischen Landhotels mit Bar aufzuweisen. Diesmal hängt zur Dekoration eine abgeschnallte Beinprothese von der Decke über dem Tresen – Burenhumor.

Fünf Kilometer vor **Lambert's Bay** befindet sich links der Piste **Muisbosskerm.** Das Freiluft-Restaurant ist nach den Ästen des an der Küste wachsenden Muisbos-Busches benannt, aus dem es erbaut worden ist. Edward Turner, ein lokaler Farmer, erfand 1986 diese Art von Fisch-Essplatz direkt am Meer und betreibt ihn noch heute mit seiner Familie. Entlang der Westküste hat sein Beispiel Schule gemacht. Heute gilt diese Art von Restaurant als ein Synonym für eine West-Coast-Reise.

Westküste und Cederberge

Lambert's Bay: Hafen mit Möwe

In Lambert's Bay selbst lohnt sich ein Besuch im Hafen, von wo ein gemauerter Steg auf die einstige **Vogelinsel** führt. Dort lassen sich Tausende von Kap-Tölpeln aus nächster Nähe beobachten.

Lambert's Bay

Information

Lambert's Bay Tourism Bureau, Church St, Tel. 027-4321000, Fax 4322335, Mo–Fr 9–13 u. 14–17 Uhr, Sa 9–12.30 Uhr; in der Blumensaison (Aug–Sept.): Mo–Fr 9–17.30, Sa 9–13 Uhr. Gute Tipps zum Übernachten und zur Blumenblüte.

Restaurants

Bosduifklip (RR), Tel./Fax 027-4322735, 4,2 km außerhalb von Lambert's Bay an der R 364 nach Clanwilliam; Lunch & Dinner je nach Vorbestellung. Das Open-air-Restaurant liegt im *Sandveld* (bewachsene Dünenlandschaft) inmitten einer steinalten Felsformation; das Buffet-Menü besteht aus herzhafter Burenkost. An Vorspeisen gibt es Snoekpastete, marinierte Muscheln, Rollmops, frische Salate und Pfeffermakrele; Delikatessen sind der grillte Fisch und das zarte, am Spieß gegarte Lamm; Alkohol-Ausschank; vorher reservieren.

Isabellas Restaurant (R-RR), Lambert's Bay Hafen, Tel. 027-4321177, bella@kingsley.co.za, Mo, Di 8–17, Mi–So 8–22 Uhr, charaktervolles kleines Restaurant, dessen Boden aus Muschelschalen besteht, Fischspezialitäten der Westküste und hervorragende Pizzas aus dem Holzofen.

Muisbosskerm (RRR), 5 km südl. von Lambert's Bay, an der Piste nach Elands Bay, Tel./Fax 027-4321017, muisbosskerm@kingsley.co.za, www.muisbosskerm.co.za, tägl. Lunch & Dinner, abhängig vom Wetter und den Reservierungen. Mit diesem Restaurant wurde vor mehr als zehn Jahren der Trend zu den für die Westküste typischen Open-air-Seafood-Plätzen ausgelöst, das Prinzip ist immer noch das gleiche: Für einen Festpreis darf drei Stunden lang Fisch direkt am Meer gegessen werden. Vorher reservieren.

Sehenswert

Voeleiland (Bird Island), Cape Nature Conservation, Tel. 027-4822403, Fax 4822406, sommers tägl. 8–18 Uhr, winters 8–17 Uhr. Auf der einstigen Insel, die nun durch einen Steg mit dem Festland verbunden ist, leben Tausende von Kap-Tölpeln *(gannets)* und Kormorane, die man aus einem künstlichen Felsenversteck beobachten und fotografieren kann.

Weiterfahrt

Tourfortsetzung von Lambert's Bay auf der R 364 nach **Clanwilliam**, in die Cederberge. Vor allem zur Wildblumenblüte im August und September wird der hübsche, kleine Ort von Besuchern überrannt. Ansonsten herrscht eine eher beschauliche Atmosphäre. Zwei südafrikanische Spezialitäten entstehen hier in Fabriken: der gesunde *Rooibos-Tee* und die bequemen weichen Lederschuhe, *Veldskoene*.

Clanwilliam – Wuppertal

Hauptgrund für einen Besuch in Clanwilliam ist, vor allem bei Geländewagenfahrern, die 70 Kilometer lange und abschnittsweise unbefestigte, aber gut mit einem Pkw zu schaffende Strecke nach **Wuppertal.** Von dort aus kommt man nur per Allradantrieb weiter.

Zunächst geht es auf der R 364 aus Clanwilliam hinaus auf den 905 m hohen **Pakhuis Pass** – wieder ein Werk von Thomas Bains –, mitten hinein in die skurril verwitterte, rote Felsenlandschaft der **Cederberge.** Die Aussicht zurück ins Tal des *Olifants River* ist super! An der Passhöhe hat der berühmte, in Clanwilliam geborene Arzt und Poet *Louis Leipoldt* seine letzte Ruhestätte gefunden. Seine Asche wurde ihm 1917 nach seinem Vermächtnis in eine Buschmannhöhle gestreut. Er wollte eins werden mit der Landschaft, die er sein Leben lang so geliebt hatte.

Westküste und Cederberge

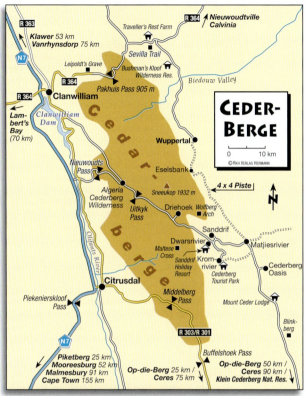

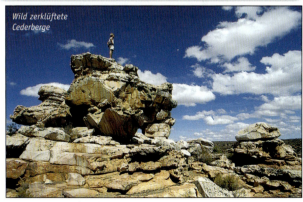

Wild zerklüftete Cederberge

San und Khoi lebten hier schon Tausende von Jahren, bevor die ersten Europäer ins Land kamen. Auf vielen Felsen ist die Geschichte der Urbewohner teilweise erhalten geblieben. Auf dem vier Kilometer langen **Sevilla Trail** sind besonders schöne Freiluftgalerien zu besichtigen. Auf der Farm, wo der Felsmalereien-Pfad liegt, kann günstig übernachtet werden. Es geht allerdings auch sehr luxuriös – und teuer. Der Eingang zu **Bushman's Kloof** liegt direkt an der R 364. Alle internen Zäune wurden entfernt, Antilopen und Zebras laufen nun frei in dem Reservat herum. Auf dem alten Farmland und auf den ehemaligen Viehweiden wurden und werden natürlich vorkommende Gräser und Pflanzen wieder ausgesät. Bushman's Kloof Wilderness Reserve hat kürzlich eine weitere Nachbarfarm gekauft und damit sein privates Schutzgebiet auf 80 km^2 vergrößert. Begleitet von kundigen Rangern, meist Archäologie-Studenten aus Kapstadt, können hier über 150 verschiedene Buschmann-Zeichnungen bewundert werden.

Clanwilliam

Information

Clanwilliam Tourism Association, Main St, Tel. 027-4822024, Fax 4822361, Mo–Fr 8.30–17, Sa 8.30–12.30 Uhr; gute Tipps zur Blumenblüte und zu den Felsmalereien, Unterkünften, Restaurants und Geländewagenstrecken.

Restaurants

Khoisan Kitchen (RR), Traveller's Rest, an der R 346, 36 km von Clanwilliam entfernt Richtung Wuppertal, von Aug–Sept. tägl. Frühstück, Lunch & Dinner, außerhalb der Saison nur nach Vereinbarung, Tel. 027-4821824. An einem Fluss gebautes, rustikales Restaurant, wo ein Buffet-Menü serviert wird, das u.a. selbstgemachtes Brot, hausgemachte Marmeladen, am Spieß gegrilltes Lamm, hausgemachte *boerewors,* Gemüse- und Ochsenschwanz-Bredie und Malva-Pudding beinhaltet ... Zwei Tage vorher buchen! Oder am besten gleich in Traveller's Rest Farm übernachten.

Reinholds Restaurant (RR), Main Street, gegenüber vom Strassberger Hotel, Tel. 027-4821101, Dinner Mo-Sa, Aug.-Sept. tägl.ich; diverse Starter, Fischgerichte und Grillspezialitäten, traditionelle südafrikanische Küche.

Rooibos Tea

Gesund und gut. Einer der erfrischendsten Getränke an heißen und kalten Tagen ist der südafrikanische *Rooibos Tea*, auch *Khoi San Tea* genannt, in Deutschland unter dem Namen *Rotbusch-Tee* bekannt (eine völlig falsche Bezeichnung ist „Massai-Tee").

Den Namen, der „roter Busch" bedeutet, hat der Tee von seiner Farbe. Er gedeiht nur in einem kleinen Gebiet in den Cederbergen, ein paar Stunden nördlich von Kapstadt. Die Rooibos-Pflanze ist relativ klein, hat feine Nadeln wie ein junger Tannenbaum. Nur die äußersten Blattspitzen werden geerntet, dann zerkleinert und zerstampft, mit Wasser versetzt, gelüftet und dann zum Fermentieren gelagert. Danach wird er in der Sonne auf einen Feuchtigkeitsgrad von 10% getrocknet. Schließlich folgt eine Dampf-Pasteurisierung, um sicher zu gehen, dass vor dem Verpacken und Versand jedes Blatt komplett steril ist.

Der Tee schmeckt gut und ist gesund. Er ist reich an Anti-Oxidanten und enthält kein Koffein und nur wenig Tannin. Generationen von südafrikanischen Müttern haben damit ihre Babies beruhigt und ihnen damit viel Gutes getan. Rooibos-Tee enthält Mineralien, Ascorbinsäure, Vitamine und Spurenelemente von Calcium, Magnesium und Fluor. Der Tee ist völlig natürlich und wird ohne Zusatz-, Konservierungs- und Farbstoffe hergestellt. Er hat einen charakteristischen süßen, dezenten Kräutergeschmack. Er wird wie normaler Tee zubereitet und auch so getrunken, also mit oder ohne Milch, Zucker, Honig oder Zitrone. Rooibos-Tee gibt es in Südafrika in allen Supermärkten, in Deutschland gute Sorten in Reformhäusern. Die beste Qualität ist Premium Grade.

Infos im Internet:
www.khoisantea.co.za.

Clanwilliam: Hier wird der Rooibos-Tee geerntet

Unterkunft

Traveller's Rest Farm (R), an der R 346, östlich vom Pakhuis Pass, Tel. 027-4821824; einfache Farmhäuser für Selbstversorger (oder Gästen der Khoisan Kitchen), direkt am *Sevilla Trail,* wo sich zahlreiche sehr schöne Buschmann-Felsmalereien befinden.

Strassberger's Hotel (RR-RRR), Main St, Tel. 027-482 1101, das nette Stadthotel liegt mitten in Clanwilliam.

Bushman's Kloof Private Wilderness Reserve (RRRRR), 20 km von Clanwilliam auf der R 346, Eingang rechts der Piste, Tel. 027-4822627, Fax 4821011 o. 021-7970990, info@bushmanskloof.co.za, www.bushmanskloof.co.za. Die schönste und luxuriöseste Übernachtungsmöglichkeit auf dieser Route, gutes Essen, afrikanisch-ethnisches Lodge-Ambiente; Pirschfahrten mit Rangern in offenen Geländewagen. Fly-in-Safaris vom Kapstädter Flughafen möglich. Transfers von Clanwilliam im geschlossenen Geländewagen.

Sehenswert

Rooibos Tea Factory, Ou Kaapseweg, Tel. 027-4822155; hier entsteht Südafrikas berühmter Gesundheitstee, der nur in der näheren Umgebung von Clanwilliam in den Cederbergen perfekt gedeihen kann. Interessantes Rooibos-Museum.

Strassberger Veldskoen Factory, Ou Kaapseweg, Tel. 027-4822140, Mo–Fr 7.30–12.30 u. 13.30–17 Uhr. Seit über 150 Jahren werden hier die für Südafrika typischen, weichen Lederschuhe, *veldskoene* genannt, handgefertigt.

Der **Sevilla Trail** mit Felsmalereien, gegenüber der Traveller's Rest Farm, zwischen Pakhuis Pass und Bushman's Kloof (Tel. 027-4821824), ist vier Kilometer lang; auf der Farm bekommt man gegen ein kleines Eintrittsgeld eine erläuternde Karte mit Hinweisen zu dem, was die Felsmalereien darstellen sowie das Ticket, um den Pfad durch die Felsen zu begehen. Achtung: sehr heiß, unbedingt etwas zu trinken mitnehmen.

2. Teil der Fahrt nach Wuppertal

Hinter Bushman's Kloof Wilderness Reserve geht es, 40 km hinter Clanwilliam, von der R 364 nach rechts ab ins Biedouw-Tal und nach Wuppertal. Die nächsten 30 km führt die Staubpiste auf und ab durch die Berge und man hat fast das Gefühl, überhaupt nicht mehr anzukommen. Und dann ist es endlich zu sehen, tief unten im Tal des

Westküste und Cederberge

Tratra River: **Wuppertal,** das kleine, 1830 von Deutschen gegründete Missionsdorf. Einer der abgelegendsten Orte in Südafrika! Etwa 500 Menschen leben in der Siedlung, und etwa 2000 weitere in der Umgebung, in den Gemeinden *Eselbank, Langkloof* und *Cederberg*.

Als der erste deutsche Missionar, Johann Leipold, in das Tal kam, lebten dort sieben Khoi-Familien und es gab weder einen Wegweiser, geschweige denn eine Piste. Mit dem Bau der weißverputzten, strohgedeckten Häuschen bekam der Ort ein fast alteuropäisches Aussehen, was er sich zum Glück bis heute erhalten hat.

Das Dorf ist ein ruhiger Ort und „Nightlife" ein Fremdwort. Der Ort produziert zwei Produkte, für die er heute bekannt ist. Dank Leipold war Wuppertal einst die Veldskoene-„Hauptstadt" Südafrikas. Er lehrte den Khoikhoi sein Schusterhandwerk vor 170 Jahren, und diese produzieren seither die sehr bequemen, weichen Lederschuhe und Wanderstiefel, ohne die kein burischer Farmer aufs Feld geht. Noch Anfang des 20. Jahrhunderts trug man „Wuppertaler" in ganz Südafrika. Die Manufaktur steht heute noch, aber Schuhe der Marken Nike, Caterpillar und Hi-Tech u.a. haben sich in den letzten Jahren produktionssenkend ausgewirkt. Von einst 40 Angestellten arbeiten momentan nur noch sieben. Kürzlich wurde mit einer internationalen Vermarktungskampagne begonnen. Wuppertal-Besucher können direkt in der sehenswerten Fabrik anprobieren und kaufen. Ebenfalls seit kurzem produziert Wuppertal einen qualitativ sehr hochwertigen Rooibos-Tee. Die Gemeinde erntete 2001 etwa 90 Tonnen. Der Ortspfarrer hofft, durch Neupflanzungen in wenigen Jahren bis auf 500 Tonnen zu kommen.

Tante-Emma-Laden in Wuppertal, dem deutschen Missionsdorf mitten im Nichts

Im August und September ist Wuppertal von einem Wildblumen-Meer umgeben. Die anfangs erwähnten Geländewagenfahrer kommen aber das ganze Jahr über. Für sie beginnt ein spektakulärer Trail mit Übernachtungsmöglichkeiten. Pkw-Besitzer müssen von Wuppertal aus den gleichen Weg wieder zurück nach Clanwilliam fahren.

Wuppertal

Information

Wuppertal Information Centre, Tel. 027-4823410; das Information Centre vermittelt die drei im Ort vorhandenen Gäste-Cottages für Selbstversorger, die etwa 150 Rand pro Häuschen und Nacht kosten.

Wuppertal 4x4 Route, zwei Geländewagenstrecken „Tra Tra Valley" und „Citadel", einsam und anspruchsvoll; 49 km/9 h oder 14 km/3 h lang, einfache Übernachtungsmöglichkeit an der Strecke, Tel. 027-4823410.

Restaurant

Lekkerbekkie (R), Die Werf Street, Tel. 027-4823410 o. 3033; traditionelles Essen, das die kulinarische und kulturelle Geschichte der Region reflektiert – überraschen lassen!

Geländewagenbesitzer können den extrem steilen Schotterpass aus Wuppertal hinaus Richtung *Eselbank* wählen und von dort auf einer nicht ganz einfachen 38 km langen Piste bis nach **Matjiesrivier** gelangen. Hier liegt das Wanderparadies der Cederberge mit den berühmten Felsformationen *Malteser Kreuz* und *Wolfberg Arch*. Es gibt einige schöne Farmunterkünfte in *Driehoek, Sanddrif, Dwarsrivier* und *Kromrivier,* viele mit Fluss-„anschluss" – ein Genuss bei der hier meist vorherrschenden Hitze!

Wer von Clanwilliam kommt, fährt auf einer Piste Richtung *Algeria Cederberg Wilderness,* dann über den gleichfalls nicht asphaltierten *Uitkyk Pass* weiter bis *Driehoek, Sanddrif, Dwarsrivier* und *Matjiesrivier*.

Weiterfahrt

Von Matjiesrivier über Cederberg Oasis und Mount Ceder nach Op die Berg, dort auf die R 303, die über den Gydo Pass nach **Ceres** führt. In Ceres trifft die Westküste/ Cederberge-Route auf die Weinland-Route (s.S. 141) und kann von da aus mit dieser verbunden werden.

Der Felsbogen Wolfberg Arch ist ein Wahrzeichen der bizarren Gesteinsformationen der Cederberge

Cederberg

Information

Es gibt eine informative Website über das gesamte 1620 km² große Schutzgebiet der **Cederberg Conservancy,** das sich vom Pakhuis Pass im Norden bis Grootrivier im Süden zieht: www.cederberg.co.za. Dort können auch die nachfolgend gelisteten Unterkünfte im Bild betrachtet werden.

Unbedingt besorgen sollten sich Besucher die übersichtliche Karte **„Cederberg Conservancy Map",** die alle Pisten und Straßen zwischen Wuppertal und Citrusdal zeigt. Sowohl das Tourism Bureau in Clanwilliam (Tel. 027-4822024) als auch das in Citrusdal (Tel. 022-9213210) hat die Karte.

Wanderpermits für das Gebiet gibt es bei *Cape Nature Conservation,* Clanwilliam, Tel. 027-4822812. Permits und Unterkunftsbuchungen für die Cederberge und für 28 andere Schutzgebiete in der Western Cape Province können auch über das Kapstadt-Büro von CNC vorgenommen werden: **Cape Nature Conservation,** Cape Town Head Office, Tel. 021-4834051 o. 4834615, Fax 021-4833713, www.capenature.org.za.

Unterkunft

Mount Ceder Lodge (R-RR), südliche Cederberge, Tel. 023-3170113 o. -0848, Fax 3170543, mountceder@lando.co.za, www.mountceder.co.za. Verschiedene Häuschen mit Schlaf- und Wohnzimmer, kleiner Küche und offenem Feuerplatz; die beiden letzten Steinhäuschen (Blinkberg und Waboomhoek) sind ganz besonders zu empfehlen, sie liegen ruhig und fernab, mit Blick auf den Fluss; tolle Bademöglichkeiten im ganzjährig fließenden River; das Restaurant *Old Mill Countryhouse* (R-RR) serviert Frühstück, leichte Lunch-Gerichte und Dinner, die allerdings vorgebucht werden müssen. Favorit der Autoren in den Cederbergen.

Cederberg Tourist Park (R-RR), Tel. 027-4822807, Kromrivier, Chalets für Selbstversorger, Bed&Breakfast, Camping, Wander- und Mountainbike-Trails, Geländewagen-Trail, Reiten, Schwimmen im Fluss.

Sanddrif Holiday Resort (R-RR), Dwarsrivier, Tel. 027-4822825, sanddrif@mweb.co.za; direkt am Ufer des Dwarsrivier-Flusses, von den Chalets für Selbstversorger kann man praktisch direkt ins kühle Nass springen.

Klein Cedarberg Nature Reserve (R-RR), Tel. 023-3170783, Fax 3170625, info@kleincedarberg.co.za, www.kleincedarberg.co.za. Von der R 303 nördlich von Ceres abgehend, 5 km gut unterhaltene Piste, Steinhäuschen mit Duschen und eigenem Eingang, in einer grandiosen Felslandschaft; das Essen wird im *Pioneer's House* aus dem 18. Jh. serviert; Touren mit den Besitzern zu San-Felszeichnungen; schöne Wanderungen, Super-Sternenhimmel; Swimming-Pool. Schweizer Besitzer.

Cederberge-Landschaft

Anhang

Logenplatz: Blick auf Camps Bay vom Lion's Head aus

Anhang

Der Autor, die Fotografin

Elke und Dieter Losskarn, Jahrgänge 1963 bzw. 1958, kamen Ende Dezember 1993, also einige Monate vor den ersten demokratischen Wahlen, nach Südafrika. Nelson Mandela war bereits seit über drei Jahren nach insgesamt 27 Jahren Haft freigelassen worden. Die Verhandlungen für ein neues, demokratisches Südafrika waren in vollem Gange. Elke und Dieter sollten eine Reise-Reportage produzieren und flogen dazu samt zwei Motorrädern im „Gepäck" nach Johannesburg. In fünf Wochen und auf über 6000 Kilometern „erfuhren" sie praktisch das ganze Land – und waren begeistert. Völlig begeistert und sehr optimistisch, was die Zukunft des Landes anging. In Franschhoek, im Weinland, der erste verstohlene Blick in das Schaufenster eines Maklers. In der Nähe von Kapstadt wurden sie schließlich fündig. Eine Bauchentscheidung. Und noch kurz vor dem Rückflug nach Deutschland war ein Grundstück gekauft, ein Bauplan erstellt und der Auftrag zum Hausbau erteilt. Nach weiteren Besuchen in ihrem Traumland entschlossen sich die beiden 1995, ihren Job bei einem großen Verlagshaus zu kündigen und auszuwandern. Seither schreiben und fotografieren sie Reiseführer und -bildbände, sowie Reportagen über das südliche Afrika für verschiedene Magazine. In der Website von Elke und Dieter Losskarn, **www.lossis.com**, erfahren sie mehr zu deren Aktivitäten.

Elke und Dieter Losskarn

Fotonachweis Alle Fotos in diesem Buch von Elke Losskarn, außer Helmut Hermann: Seite 122, 193, 214 und 220

Bitte schreiben oder mailen Sie uns (rkhhermann@aol.com), wenn sich in der Kap-Provinz Dinge verändert haben oder Sie Neues wissen. Vielen Dank!

Register A-Z

A
Abseiling 43
Addo Elephant National Park 247
Amalienstein 206
Anreise 14
Arniston 191
Ashton 198

B
Bain's Kloof Pass 169
Banken 24
Bantry Bay 136
Barrydale 201
Bartholomeus Klip 173
Baviaanskloof 237
Betty's Bay 182
Big Five 241
Biltong 41
Blouwbergstrand 252
Bloukrans-Brücke 233
Bluetrain 15
Bo-Kaap 86
Bobotie 41
Boerewors 41
Boschendal 148, 151
Bottle Store 41
Braai 41
Bredasdorp 190
Bredie 41
Bungee 43

C
Calitzdorp 207
Campingplätze 17
Camps Bay 135
Canal Walk 91
Cango Caves 214
Cango Wildlife Ranch 212
Cape Agulhas 190
Cape Columbine Nature Reserve 259
Cape Hangklip 181
Cederberg 269
Cederberge 252, 262
Ceres 268
Chapman's Peak Drive 129
Clanwilliam 262
Clifton 136
Constantia 113
Coon Carnival 66

D
Darling 254
De Hoop Nature Reserve 192
Die Kelders 189
Diplomatische Vertretungen 21
Du Toitskloof Pass 195
Dwarskersbos 260

E
Einreise-Formalitäten 23
Elands Bay 260
Elim 190
Essen und Trinken 37

F
Fahrrad 43
Fauna 48
Feiertage 23
Ferientermine 32
Fernkloof Nature Reserve 183
Feste 23, 81
Fliegen 43
Flora 59
Fotografieren 24
Franschhoek 145
Fußball-WM 2010 169

G
Garden Route 218
Geländewagen 16, 46
Geld 24
George 222
Geschichte 61
Gesundheit 25
Golf 44
Gordon's Bay 181
Goukamma Nature u. Marine Reserve 225
Grabouw 145
Grahamstown 245
Grand West Casino 91

H
Harold Porter National Botanical Gardens 182
Helderberg Wine Route 143
Helshoogte Pass 153
Hermanus 185
Highgate Ostrich Show Farm 212
Hout Bay 130

I
Immobilienkauf 178
Infostellen 25
Internet 26

J
Jan van Riebeeck 62
Jazz 102

K
Kap der Guten Hoffnung 66, 124
Kap-Halbinsel 109
Kapstadt 76
Kariega Game Reserve 245
Karoo 195
Kassiesbaai 192
Kenton-on-Sea 245
Khayelitsha 139
Kingklip 42
Kirstenbosch 112
Kleinmond 183
Kloofing 44
Knysna 226
Knysna Elephant Park 231
Koeksisters 42
Kogelberg Biosphere Reserve 182
Kogman's Kloof 199
Kruispad 201
Kwandwe 245
KWV International 162

L
Lambert's Bay 260
Langebaan 257
Linefish 42
Lion's Head 86

M
Malgas 194
Mamre 254
Märkte 92
Matjiesfontein 67, 216
Mealie Pap 42
Medizin-Tourismus 36
Meiringspoort 212
Melkbosstrand 252
Melktart 42
Mietwagen 16
Miller's Point 124
Montagu 199
Montagu Pass 222
Mossel Bay 219
Motorrad 20

Mountainbike 43
Muizenberg 118, 181
Musik 102

N
Nationalparks 27, 29
Nationalparks in den
Kap-Provinzen 29
Natur-Reservate 27
Nature's Valley 235
Noordhoek 128
Notruf-Nummern 30
Nuwekloof Pass 173

O
Observatory 109
Öffnungszeiten 31
Old Georg Road 224
Oldtimer-Szene 18
Oudtshoorn 209

P
Paarl 160
Pakhuis Pass 262
Paternoster 259
Paul Sauer Bridge 235
Pflanzen 48
Plettenberg Bay 231
Port Elizabeth 242
Post 31
Prince Albert 214
Pringle Bay 181

R
Ratanga Junction 91
Reisezeit 31
Reiten 44
Restaurants 39
Riebeek-Kasteel 174
Riebeek-West 174
Robben Island 68, 87
Robertson 195
Rondevlei Nature Reserve 117
Ronnie's Sex Shop 204
Rooi Els 181
Rooibos Tea 265
Route 62 199

S
Safari 69
Sandboarding 45
Scarborough 127
Sea Kayaking 45

Sea Point 136
Sevilla Trail 266
Seweweekspoort 206
Shamwari Game Reserve 247
Sicherheit 32
Signal Hill 86
Simon's Town 121
Sir Lowry's Pass 144
Somerset-West 143
Sprache 32
St. James Beach 118
Stanford 189
Stellenbosch 153
Stellenbosch Wine Route 156
Strände 119
Straßenverkehr 20
Strom 33
Sundowner 70
Surfen 45
Swartberg Pass 71, 212
Swartland Wine Route 175, 255
Swellendam 203

Taal Monument 160
Tafelberg 72, 86
Tankstellen 33
Tauchen 45
Telefonieren 33
Townships 139
Tiere 48
Trinkgeld 34
Tsitsikamma National Park 235
Tulbagh 171

Übernachten 34

VAT Return 22
Velddrif 260
Vergelegen 141
Victoria & Alfred Waterfront 88
Victoria Bay 225
Voeleiland 262

Waenhuiskrans 191
Wale 72, 184
Walküste 181
Waterfront 88
Weine 39

Weinland 141
Weinprobe 73
Wellington 168
Wellington Wine Route 169
Wellness 35, 164
Westcoast National Park 256
Westküste 252
Wilderness 226
Wilderness National Park 225
Willowmore 239
Witsand 194
Wohnmobil 16
Woodstock 109
Wuppertal 267

Yzerfontein 256

Zeitunterschied 35
Zollbestimmungen 35

Ihre ganz persönliche Traumroute wird wahr.

Reisen etappenweise planen, Hotels selbst wählen, den Wunschreiseplan erstellen. Lassen Sie sich von unserem intelligenten Navigationssystem inspirieren und profitieren Sie von unserem Know-How.

Alles was Sie dazu brauchen:
www.tourdesigner.de

Mehr nicht.

tourdesigner®
[reisen selber planen]

Safari-Afrika
für Entdecker!

Safari – ein Wort, das uns sofort an Savanne, stampfende Elefanten, donnernde Büffelhufe und schleichende Katzen denken läßt!

Erleben Sie herrlichste Safaris im Tierparadies Botswana mit dem berühmten Okavango-Delta. Entdecken Sie Afrikas Tierwelt in Etoscha und im Ost-Caprivi Namibias; in Zambia – ein absoluter Geheim-Tipp; oder in der Serengeti und im Selous in Tanzania, in Kenia, Berggorillas in Uganda...

Wir bieten Entdecker-Reisen durch Süd- und Ostafrika unter hochqualifizierter Reiseleitung, sorgfältig geplante Selbstfahrer-Touren, Fly-In-Safaris oder Sonderreisen nur für Sie, Ihre Familie oder Ihren Freundeskreis.

Moderne, gut gewartete PKW, Allrad-Fahrzeuge und Campmobile bieten wir Ihnen für Ihre geplante Selbstfahrer-Reise zu supergünstigen Preisen. Wir beraten Sie gerne.

Fragen Sie doch Karawane, wenn es um Safaris geht.

seit 1950
Karawane Reisen

Schorndorfer Straße 149
71638 Ludwigsburg
Tel. (07141) 2848-30 · Fax 2848-38
E-Mail: africa@karawane.de
www.karawane.de

Südafrika

NEU! Die 4. vollständig überarbeitete und aktualisierte Auflage des Buches kombiniert detailgenaue, vor Ort recherchierte praktische Informationen mit unterhaltsamen und informativen Exkursen zu Geschichte, Hintergründe und Menschen des Landes.

Für alle neun Provinzen gibt es sorgfältige Beschreibungen der sehenswerten Orte, der schönsten Naturschutzgebiete, Tier- und Nationalparks. Mit vielen Wanderungen und Tipps zur aktiven Freizeitgestaltung. Entdecken Sie bekannte Sehenswürdigkeiten und Naturschönheiten mit Mietwagen und Camper, Transporthinweise für Busse, Flugzeug und Eisenbahn. Mit präzisen Streckenbeschreibungen und detaillierten Karten, praktische Tipps und Wissenswertes zur Reisevorbereitung und zum täglichen Reiseleben. Zahllose Unterkunftsempehlungen und kulinarische Tipps für jeden Geldbeutel …

Christine Philipp
Südafrika

4., aktualisierte und erweiterte Auflage

792 Seiten, über 250 Abbildungen und Fotos, 90 Stadtpläne und Karten, Reisen durch Afrikas 9 Provinzen, umfangreiches Register und Glossar, …

ISBN 3-89662-344-3
REISE KNOW-HOW VERLAG

€ 23,50 [D]

Namibia

NEU! Die 4. komplett aktualisierte Auflage des Buches kombiniert detailgenaue, vor Ort recherchierte praktische Informationen mit unterhaltsamen und informativen Exkursen zu Geschichte, Hintergründe und Menschen des Landes.

Das Buch nennt und gewichtet nahezu alle Unterkünfte in Namibia mit Internetkontakt. Es enthält Stadtpläne und erlaubt mit integriertem Routenplaner die einfache Planung der Reise und macht mit GPS-Daten- und exakten Kilometertabellen jedes Ziel auffindbar.

Das Reisehandbuch führt in die Nachbarländer nach Victoria Falls, Botswana und in den südafrikanischen Kgalagadi Gemsbock Park und schlägt eine Unzahl an Aktivitäten vor, wie Ballonfahren, Reiten, Wandern, Angelausflüge, Quadbike-Fahren und Kajaktouren.

Daniela Schetar
Friedrich Köthe:

Namibia

4., komplett aktualisierte Auflage

528 Seiten, über 100 Fotos und Abbildungen, mehr als 50 Stadtpläne und Karten, umfangreiches Register, 650 Unterkunftsadressen, unzählige GPS-Daten …

ISBN 3-89662-323-0
REISE KNOW-HOW VERLAG

€ 23,50 [D]

Die Salzkarawane

ist ein jahrhundertealtes, erprobtes Transportmittel der Tuareg durch die Ténéré. W. Gartung nimmt den Leser mit auf diese Extremreise durch eine unbarmherzige Sahara-Wüste. Es ist nicht nur ein Abenteuerbericht, sondern beschreibt das Leben und die Kultur der Tuareg, die Begleiter der Karawanen-Schicksalsgemeinschaft und gibt Einblicke in die Tiefen ihrer Seelen: Eine literarische Reisereportage erster Güte, getragen vom Respekt vor der Wüste und den Tuareg, die das »Unbewohnbare bewohnbar machen« ...

Werner Gartung:
Die Salzkarawane

288 Seiten, 2. Auflage, Hardcover, über 100 Farb- und s/w-Fotos sowie Abbildungen, Klappkarte ...

ISBN 3-89662-380-X
€ 14,90 [D]

REISE KNOW-HOW VERLAG

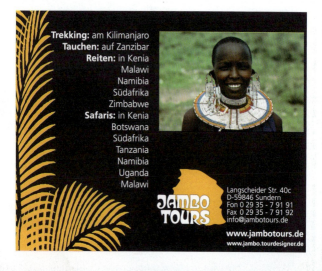

Trekking: am Kilimanjaro
Tauchen: auf Zanzibar
Reiten: in Kenia
Malawi
Namibia
Südafrika
Zimbabwe
Safaris: in Kenia
Botswana
Südafrika
Tanzania
Namibia
Uganda
Malawi

JAMBO TOURS

Langscheider Str. 40c
D-59846 Sundern
Fon 0 29 35 - 7 91 91
Fax 0 29 35 - 7 91 92
info@jambotours.de

www.jambotours.de
www.jambo.tourdesigner.de

Es gibt keinen besseren Weg nach Südafrika.
Und keinen schnelleren nach Kapstadt.

NEU
Nonstop und über Nacht zum Non-Stop-Sommer in Kapstadt.

Seit 1. September fliegen wir Sie auf dem schnellsten Weg von Frankfurt nach Kapstadt. Nonstop, über Nacht, 3 × pro Woche (Mi, Fr, So) und ab 1. Mai 2005 sogar **täglich** Und hier können Sie am schnellsten buchen: **In Ihrem Reisebüro.** Direkt bei SAA per Telefon: **069-299 803 20** Oder unter: **www.flysaa.com**

reisebuch.de

Schnell. Direkt. Informativ.

- Reisetipps
- Hintergrundinformationen
- Schnäppchenmarkt
- Reiseführer
- Spezial-Reiseziele
- Sprachführer
- persönliche Erfahrungen
- Reiseführer zum Download
- Novitäten
- Service
- Nützliche Links

„Mit fast 200 Titeln deckt Reise Know-How mehr Gebiete auf dem Globus ab als jede andere deutschsprachige Reiseführer-Reihe für Individualtouristen"

www.reisebuch.de

www.jacana.de

AFRIKA HAUTNAH

**Jacana Tours ist ein erfahrener Spezialveranstalter für Safaris und Individualreisen ins südliche und östliche Afrika.
Lassen Sie sich von unserem umfangreichen Katalog inspirieren! Einfach anfordern!**

Jacana Tours GmbH
Willibaldstraße 27
80689 München
Tel.: 0 89/ 580 80 41
Fax: 0 89/ 580 85 04
e-mail: info@jacana.de
www.jacana.tourdesigner.de

Landkarten von REISE KNOW-HOW

Die Landkarten des **world mapping project** bieten gute Orientierung – weltweit.

- **Aktuell** recherchierte Daten
- Moderne **Kartengrafik** mit Höhenlinien, Höhenangaben und farbigen Höhenschichten
- **GPS-tauglich** durch eingezeichnete Längen- und Breitengrade und ab Maßstab 1:300.000 zusätzlich durch UTM-Raster
- Einheitlich klassifiziertes Straßennetz mit Entfernungsangaben
- Wichtige Sehenswürdigkeiten, herausragende Orientierungspunkte und Badestrände, durch einprägsame **Symbole** dargestellt
- Der ausführliche **Ortsindex** ermöglicht das schnelle Finden der Orte.
- **Wasserabstoßend** imprägniert
- **Kein störender Pappumschlag,** der den behindern würde, der die Karte unterwegs individuell falzen möchte oder sie einfach nur griffbereit in die Jackentasche stecken will
- Derzeit rund 80 Titel lieferbar

world mapping project
REISE KNOW-HOW Verlag, Bielefeld
www.reise-know-how.de

Kauderwelsch?
Kauderwelsch!
Sprechführer von
REISE KNOW-HOW

Die **Sprechführer der Reihe Kauderwelsch** helfen dem Reisenden, wirklich zu sprechen und die Leute zu verstehen. Wie wird das gemacht?

Die **Grammatik** wird in einfachen Worten so weit erklärt, dass es schnell möglich wird, ohne viel Paukerei mit dem Sprechen zu beginnen, wenn auch nicht gerade druckreif.
Alle Beispielsätze werden doppelt ins Deutsche übertragen: zum einen **Wort für Wort,** zum anderen in "ordentliches" Hochdeutsch – so wird das fremde Sprachsystem sehr gut durchschaubar.
Die **Autorinnen und Autoren** der Reihe haben die Sprache im Lande gelernt. Sie wissen daher genau, wie und was die Leute auf der Straße sprechen. Außer der Sprache vermitteln die Autoren Verhaltenstipps und erklären Besonderheiten des Landes.
Jeder Band hat 96 bis 160 Seiten.
Zu jedem Titel ist begleitendes **Tonmaterial** erhältlich.
Viele Titel gibt es auch als e-book.

Kauderwelsch-Sprechführer gibt es für über 100 Sprachen und Dialekte in mehr als 150 Bänden, z. B.:

REISE KNOW-HOW Verlag, Bielefeld
www.reise-know-how.de

Alle Reiseführer auf einen Blick

Reisehandbücher
Urlaubshandbücher
Reisesachbücher
Rad & Bike

Afrika, Bike-
  Abenteuer
Afrika, Durch, 2 Bde.
Agadir, Marrakesch
  und Südmarokko
Ägypten individuell
Alaska ⌀ Canada
Algarve
Algerische Sahara Amrum
Amsterdam
Andalusien
Äqua-Tour
Argentinien, Urug., Parag.
Athen
Äthiopien
Auf nach Asien!

Bahrain
Bali und Lombok
Bali, die Trauminsel
Bali: Ein Paradies …
Bangkok
Barbados
Barcelona
Berlin
Borkum
Botswana
Bretagne
Budapest
Bulgarien
Burgund

Cabo Verde
Canada West, Alaska
Canadas Ost, USA NO
Chile, Osterinseln
China Manual
Chinas Norden
Chinas Osten
Cornwall
Costa Blanca
Costa Brava
Costa de la Luz
Costa del Sol
Costa Dorada
Costa Rica
Cuba

Dalmatien
Dänemarks Nordseeküste
Dominikanische Republik
Dubai, Emirat

Ecuador, Galapagos
El Hierro
Elsass, Vogesen
England – Süden
Erste Hilfe unterwegs
Europa BikeBuch

Fahrrad-Weltführer
Fehmarn
Florida
Föhr
Fuerteventura

Gardasee
Golf v. Neapel, Kampanien
Gomera
Gran Canaria
Großbritannien
Guatemala

Hamburg
Hawaii
Hollands Nordseeinseln
Honduras
Hongkong, Macau, Kant.

Ibiza, Formentera
Indien – Norden
Indien – Süden
Iran
Irland
Island
Israel, palästinensische
  Gebiete, Ostsinai
Istrien, Velebit

Jemen
Jordanien
Juist

Kairo, Luxor, Assuan
Kalabrien, Basilikata
Kalifornien, USA SW
Kambodscha
Kamerun
Kanada ⌀ Canada
Kap-Provinz (Südafr.)
Kapverdische Inseln
Kenia
Kerala
Korfu, Ionische Inseln
Krakau, Warschau
Kreta
Kreuzfahrtführer

Ladakh, Zanskar
Langeoog
Lanzarote
La Palma
Laos
Lateinamerika BikeBuch
Libyen
Ligurien
Litauen
Loire, Das Tal der
London

Madagaskar
Madeira
Madrid
Malaysia, Singapur, Brunei
Mallorca
Mallorca, Leben/Arbeiten
Mallorca, Wandern auf
Malta
Marokko
Mecklenb./Brandenb.:
  Wasserwandern
Mecklenburg-Vorpomm.
  Binnenland
Mexiko
Mongolei
Motorradreisen
München
Myanmar

Namibia
Nepal

Reise Know-How

Neuseeland BikeBuch
New Orleans
New York City
Norderney
Nordfriesische Inseln
Nordseeküste Niedersach.
Nordseeküste Schl.-Holst.
Nordseeinseln, Deutsche
Nordspanien
Normandie

Oman
Ostfriesische Inseln
Ostseeküste MVP
Ostseeküste SLH
Outdoor-Praxis

Panama
Panamericana, Rad-Abenteuer
Paris
Peru, Bolivien
Phuket
Polens Norden
Prag
Provence
Pyrenäen

Qatar

Rajasthan
Rhodos
Rom
Rügen, Hiddensee

Sächsische Schweiz
Salzburg
San Francisco
Sansibar
Sardinien
Schottland
Schwarzwald – Nord
Schwarzwald – Süd
Schweiz, Liechtenstein

Senegal, Gambia
Singapur
Sizilien
Skandinavien – Norden
Slowenien, Triest
Spaniens Mittelmeerküste
Spiekeroog
Sporaden, Nördliche
Sri Lanka
St. Lucia, St. Vincent, Grenada
Südafrika
Südnorwegen, Lofoten
Sydney
Sylt
Syrien

Taiwan
Tansania, Sansibar
Teneriffa
Thailand
Thailand – Tauch- und Strandführer
Thailands Süden
Thüringer Wald
Tokyo
Toscana
Transsib
Trinidad und Tobago
Tschechien
Tunesien
Tunesiens Küste

Uganda, Ruanda
Umbrien
USA/Canada
USA, Gastschüler
USA, Nordosten
USA – der Westen
USA – der Süden
USA – Südwesten, Natur u. Wandern
USA SW, Kalifornien, Baja California
Usedom

Venedig
Venezuela
Vereinigte Arab. Emirate
Vietnam

Westafrika – Sahel
Westafrika – Küste
Wien
Wo es keinen Arzt gibt

Edition RKH

Abenteuer Anden
Burma/Myanmar – im Land der Pagoden
Durchgedreht
Finca auf Mallorca
Geschichten aus dem anderen Mallorca
Goldene Insel
Mallorca f. Leib u. Seele
Mallorquinische Reise
Please wait to be seated!
Salzkarawane, Die
Schönen Urlaub
Südwärts durch Lateinamerika
Traumstraße Panamerikana
Unlimited Mileage

Wo man unsere Reiseliteratur bekommt:

Jede Buchhandlung in der BRD, der Schweiz, Österreichs und in den Benelux-Staaten kann unsere Bücher beziehen. Wer sie dort nicht findet, kann alle Bücher über unsere Internet-Shops unter **www.reise-know-how.de** oder **www.reisebuch.de** bestellen.

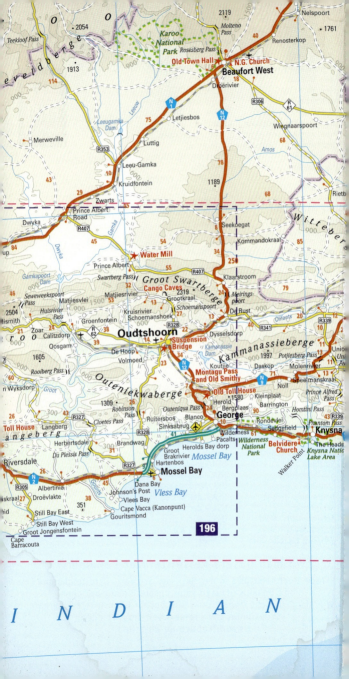